国家公共文化示范区乡村文化阵地效能建设研究

李连璞 宋红梅 著

科学出版社

北京

内 容 简 介

本书以乡村文化阵地建设效能提升为主题，进一步阐释乡村文化阵地服务效能建设的目标和内涵，以期作为衡量乡村文化阵地建设工作结果的一种尺度。本书分析了乡村文化阵地效能建设存在的问题和乡村居民对公共文化服务的需求，明确乡村文化阵地服务效能提升的目标和重点。结合相关理论，提出乡村文化阵地效能建设的路径和对策，在此基础上，对提升乡村文化阵地效能进行保障体系和制度设计。

本书适合人文地理学科科研院所科研工作者，高等院校相关专业师生及政府文化职能部门工作者参考使用。

图书在版编目 (CIP) 数据

国家公共文化示范区乡村文化阵地效能建设研究／李连璞著 . —北京：科学出版社，2017.6

ISBN 978-7-03-053358-6

Ⅰ.①国… Ⅱ.①李… Ⅲ.①农村文化–文化事业–建设–研究–中国 Ⅳ.①G127

中国版本图书馆 CIP 数据核字（2017）第 123896 号

责任编辑：林 剑／责任校对：彭 涛
责任印制：张 伟／封面设计：无极书装

科 学 出 版 社 出版
北京东黄城根北街 16 号
邮政编码：100717
http://www.sciencep.com

北京九州迅驰传媒文化有限公司 印刷
科学出版社发行 各地新华书店经销

*

2017 年 6 月第 一 版 开本：720×1000 B5
2018 年 1 月第二次印刷 印张：12 3/4
字数：260 000

定价：**78.00 元**
（如有印装质量问题，我社负责调换）

前　言

公共文化服务体系建设作为文化建设的重要部分，对于推动社会主义文化大发展大繁荣，提高国家文化软实力，满足人民群众日益增长的精神文化需求，更好地保障人民基本文化权益具有重要意义。为了推动公共文化服务体系建设的更好发展，在遵循基本性、均等性、公益性与便利性的基础上，国家采取了建设公共文化服务体系示范区这一创新举措，在全国范围内逐步创建了一系列结构合理、网络健全的示范区。2010年12月财政部与文化部联合下发了《关于开展国家公共文化服务体系示范区（项目）创建工作的通知》，标志着国家公共文化服务体系示范区建设工作的开端。这项工作为探索建立公共文化服务体系可持续发展的长效保障机制，制定相关政策提供了科学依据和实践经验。

长期以来，人们将比较多的目光投向城市公共文化的建设和发展，对农村公共文化建设关注则相对较少。农村基层公共文化服务不仅是我国现代公共文化服务体系建设的重要内容，同时也和社会主义新农村建设相互交映。然而由于我国长期以来存在的城乡二元制结构，农村公共服务的完善性、可持续性、均衡性等实际问题突出，因此，农村现代公共文化服务体系建设是一项具有研究价值的课题。从目前的研究现状来看，国内专家学者的研究主要围绕公共文化产品和服务的性质、公共文化服务体系、公共文化服务供给、公共文化创新、公共文化绩效管理与评估等方面展开。

公共文化服务效能建设是一项系统工程，表现为公共文化阵地建设目标设置得当及其实现的程度，涵盖了公共文化服务供给分析、需求分析、服务体系、管理效能及文化创新等问题。学界对公共文化服务效能提升的方法主要有通过引入公共文化服务市场购买机制、建立公共文化服务的需求表达以及监督反馈机制等，然而对公共文化服务效能提升目标的研究并未达成共识。

改革开放以来，东部沿海地区率先富裕起来，而西部地区却发展缓慢。长期的历史遗留问题导致东西部差距、城乡差距逐渐扩大。在这些不均衡发展过程中，西部农村地区发展最为缓慢，其公共文化服务体系也是最薄弱的。虽然政府在西部农村地区的公共文化服务上，不断加大投入力度和支持，也取得了一系列显著成绩。但公共文化投入、公共文化机构、公共文化产品等总体上仍处于落后水平，农村地区公共文化服务总体供给更是堪忧。例如，甘肃省公共文化投入综合指数（总量）在全国各省份中的排名仍然靠后，人均值也低于全国平均水平。公共文化服务在西部农村地区怎样才能达到优化，怎样供给才能增加人们的满意度和幸福感，这些都是急需解决的问题。

2015 年 6 月，甘肃省白银市获得第三批国家公共文化服务体系示范区创建资格。根据白银市创建国家公共文化服务体系示范区工作要求，2016 年本课题组受白银市文化广播影视新闻出版局（以下简称"文广局"）委托，以白银市乡村文化阵地为调研对象，对如何提高白银市乡村公共文化服务效能进行课题研究，积累了大量的实践素材。本研究以白银市为案例地，以乡村文化阵地建设效能提升为主题，进一步阐释乡村文化阵地服务效能建设的目标和内涵，分析乡村文化阵地效能建设存在的问题和乡村居民对公共文化服务的需求，明确乡村文化阵地服务效能提升的目标和重点。结合相关理论，提出乡村文化阵地效能建设的路径和对策，在此基础上，进行提升乡村文化阵地效能的保障体系和制度的设计。

本书共分六个部分。

第 1 章为研究背景和研究述评。重点分析本书的理论和现实背景，国内关于农村公共文化体系建设的研究概况，明确了本书的研究目的和意义，并对相关概念进行了界定。

第 2 章为国内乡村公共文化服务体系建设的典型案例分析。本章对国内部分地区乡村公共文化服务建设的成功案例进行了对比研究和模式总结。

第 3 章主要内容为分析白银市农村公共文化服务体系建设现状及存在问题。本章对白银市近年来在公共文化服务体系建设和乡村文化阵地建设方面的成就进行了梳理，分析存在的问题。

第 4 章对乡村文化阵地的价值体系和效能进行分析。本章提出了乡村文化阵地建设的四大价值维度，即满足基本的文化需求，引导积极健康的生活方式，塑造文化政治认同，促进产业融合；通过实地调查研究，分析了白银市乡村群众的文化需求，并对白银目前的乡村文化阵地服务效能进行了对比分析，指出了存在的问题和原因。

第 5 章主要内容为乡村文化阵地效能建设目标与措施。在前期调研和理论分析的基础上，本书认为乡村文化阵地建设应遵循"价值化引导、网络化建设、有效化供给、社会化共建、专业化管理和大众化参与"的乡村文化阵地效能建设思路，明确"阵地均衡化、活动品牌化、队伍常态化、机制长效化"的建设目标；并具体提出了创新制度理论体系、重视农民文化需求、强化农村公共文化服务供给体系、健全基层流动文化服务设施、构建科学有效的社会力量参与农村公共文化服务的模式等 11 个方面的重点举措。

第 6 章为乡村文化阵地效能建设的保障机制建设研究。为确保乡村文化阵地效能建设目标的实现，本书提出了包含建立多元化财政管理体系，建立群众文化需求反馈机制，建立和完善社会力量参与公共文化服务机制，建立健全乡村公共文化服务标准体系，完善乡村文化阵地建设管理机制，创新公共文化队伍建设机制，创新文化阵地的融合机制促进文化产业的发展，加强农村公共文化服务绩效评估体系建设保障机制等八大方面的保障体系。

第 7 章为白银市乡村文化阵地制度设计。本章利用本课题研究提供的理论支撑和实践依据，将国家、甘肃省对于公共文化服务的政策要求与白银市的实际情况深入结合，制定了相关政府文件、方案、标准。形成了 8 个制度设计文件。

本书的完成离不开合作者德州学院高勇善讲师、德州漳卫南运河管理局刘全胜规划师的参与。本书具体分工为：第 1 ~ 第 5 章由李连璞撰写；第 6 章由高勇善撰写；第 7 章由刘全胜撰写。最后由李连璞负责修订、总纂、定稿。

李连璞

2017 年 1 月于北京

目　录

1 绪论 …………………………………………………………………… 1
　1.1　研究背景 ……………………………………………………… 1
　1.2　研究目的和意义 ……………………………………………… 13
　1.3　国内关于农村公共文化建设的研究概况 …………………… 15
　1.4　相关概念界定 ………………………………………………… 18
2 国内乡村公共文化服务体系建设的案例及启示 ………………… 22
　2.1　公共文化服务体系建设篇 …………………………………… 22
　2.2　公共文化服务网络布局篇 …………………………………… 30
　2.3　公共文化阵地建设篇 ………………………………………… 33
　2.4　公共文化品牌建设篇 ………………………………………… 39
　2.5　公共文化资源利用篇 ………………………………………… 41
　2.6　公共文化服务社会参与篇 …………………………………… 45
　2.7　公共文化服务市场篇 ………………………………………… 51
3 农村公共文化服务体系建设现状及存在的问题：以白银市为例 … 56
　3.1　白银市公共文化建设总体情况 ……………………………… 56
　3.2　白银市乡村文化阵地建设进展 ……………………………… 59
　3.3　白银市乡村公共文化服务体系存在问题 …………………… 65
4 乡村文化阵地价值体系和效能分析 ……………………………… 67
　4.1　价值体系构建 ………………………………………………… 67
　4.2　农民对公共文化服务的需求分析：以白银市为例 ………… 71
　4.3　白银市乡村公共文化设施效能建设分析 …………………… 77
5 乡村文化阵地效能建设目标与措施 ……………………………… 96
　5.1　乡村文化阵地效能建设的目标 ……………………………… 96
　5.2　指导思想与原则 ……………………………………………… 97
　5.3　提高乡村文化阵地效能建设的具体措施 …………………… 98
6 乡村文化阵地效能建设的保障机制建设 ………………………… 115
　6.1　建立多元化财政管理体系，拓宽资金来源渠道 …………… 115
　6.2　建立群众文化需求反馈机制，实现供需有效对接 ………… 116

6.3　建立和完善社会力量参与公共文化服务机制 ……………… 118

6.4　统一规范，建立健全乡村公共文化服务标准体系 ………… 120

6.5　完善乡村文化阵地建设管理机制，提高公共文化使用效率 …… 121

6.6　创新公共文化队伍建设机制，提高服务水平 ………………… 122

6.7　创新文化阵地的融合机制，促进文化产业的发展 ………… 123

6.8　加强农村公共文化服务绩效评估体系建设，提高服务效率和
　　　产品质量 ……………………………………………………… 124

7　白银市乡村文化阵地制度设计 …………………………………… 125

7.1　白银市乡村舞台建设与提升方案 ……………………………… 125

7.2　白银市群众基本文化需求反馈办法 ………………………… 133

7.3　关于进一步加强乡村文化阵地公共数字文化建设的意见 ……… 137

7.4　关于建立白银市公共文化服务体系协调机制工作方案 ……… 141

7.5　关于政府向社会力量购买公共文化演出服务实施方案 ……… 150

7.6　白银市公共文化服务体系科学实绩考核办法 ……………… 154

7.7　关于加强流动文化服务建设的办法 ………………………… 159

7.8　关于加快构建现代公共文化服务体系的实施意见 ………… 164

参考文献 ……………………………………………………………… 175

附录 …………………………………………………………………… 180

1 绪　　论

1.1　研究背景

1.1.1　现实背景

目前我国已成为世界第二大经济实体，并进入了全面建成小康社会阶段。经济高速发展，必然要求精神文明与物质文明协调均衡。因此，文化大发展大繁荣的任务得以凸显。旨在发展社会主义先进文化，满足广大人民群众精神文化需求，保障广大人民群众文化权利的现代公共文化服务体系建设任务迫在眉睫。另外，随着以"乡风文明"为内容的社会主义新农村建设目标的确立，农村基层公共文化服务不仅成为了我国现代公共文化服务体系建设的内容，同时也和社会主义新农村建设相互交映。

然而，在我国近 14 亿人口当中，超过 9 亿为农村人口。再加上由于我国社会主义初级阶段的国情和一些历史遗留原因，我国一直存在着难以打破的城乡二元制结构。除此之外，农村公共服务的完善性、可持续性、均衡性等实际问题突出。因此，农村现代公共文化服务体系建设是一项很有意义且具有研究价值的课题。

另外，我国西部地区农村公共文化服务在供给方面还需要继续优化。近年来，虽然政府在西部农村地区的公共文化服务上，不断加大投入和支持力度，也取得了一系列显著成绩；但是，公共文化投入、公共文化机构建设、公共文化产品供给总体处于落后水平，农村地区公共文化服务总体供给堪忧。例如，甘肃省公共文化投入综合指数（总量）在全国各省份中排名仍然相当靠后，人均值也低于全国平均水平。目前在西部农村地区，虽然兴建了一批公共文化基础设施，每年也会举办一些文化活动，但是很多文化设施使用率不高，村民对文化活动参与积极性不高，供需出现矛盾，等等。这些问题造成总体供给未达到最优化。目前，党和国家都在提倡供给侧改革，在西部农村公共文化服务的供给上，首先要保证供给总量能够满足农民的需求，其次要从提高供给质量出发，用改革推进结构调整,农民需要什么,就供给什么,从而更大程度上满足基层农民群体的真实需求。

由于我国长期的城乡二元结构导致城乡发展的不均衡,尤其是改革开放以来,以经济建设为中心,城市得到日新月异的发展,东部沿海地区率先富裕起来,而西部地区、农村地区却发展缓慢。长期的历史遗留问题导致东西部差距、城乡差距逐渐扩大。在这些不均衡发展过程中,西部农村地区发展尤为缓慢,其公共文化服务体系也是最薄弱的。近年来,国家和地方政府出台了一系列政策文件来鼓励支持推动西部农村地区的公共文化建设。"西部大开发"战略的实施推进、国家财政转移支付的倾斜、人们对于先进文化的渴望追求等都助推着西部农村公共文化建设向着更好的方向发展。改革开放以来,西部农村人口大量涌向城市涌向经济发达地区,农民工栖身在城市的各个角落。这些外出务工和求学群体返乡之后带回了新的理念新的生活习惯和生活方式。除此之外,随着信息化的发展,农民可以更直接从广播、电视及网络上获取外界的信息。如果政府还是按照以前的文化供给方式给村民们看看书、读读报、听听广播,那就完全与村民的需求脱钩。

虽然在农村公共文化服务的建设上,西部地区也制定了相应的政策,出台了一系列的举措,但是相对于东部地区和城市居民,还是处于落后状态,还有更多的挑战需要去应对。逐渐变化的生活方式也让原有的文化供给日益不能满足人们的需求,公共文化服务在西部农村地区怎样才能达到优化,怎样供给才能增加人们的满意度和幸福感,这些都是急需解决的问题。我国改革开放已实施近40年,西部农村不能也不可能继续停留在以前的状态,而是要积极向城市向东部沿海地区靠拢,这是中国"两个百年"目标的必然要求。

1.1.2 国家政策背景

文化是人类文明的集体表达,文化软实力已发展成为衡量一个国家综合国力的重要指标之一,文化软实力的不断发展对于增强一个国家的国际竞争力更有着不言而喻的作用。

现代公共文化服务体系建设对于实现中华民族伟大复兴具有重要战略意义,同时也是构建社会主义和谐社会和全面建成小康社会的基本要求,党中央国务院一直以来都给予了高度重视。毛泽东主席曾认为,在我们新中国成立初期,随着经济建设的高潮的到来,不可避免地将要出现一个文化建设的高潮。文化建设同政治建设、经济建设、国防建设上升到同样重要的位置。之后,在社会主义市场经济条件下和转变政府职能改革浪潮中,公共文化服务体系建设思路逐步变得清晰。

公共文化服务体系建设作为文化建设的重要部分，对于推动社会主义文化大发展大繁荣，提高国家文化软实力，满足人民群众日益增长的精神文化需求，更好地保障人民基本文化权益具有重要意义。同时，公共文化服务体系命题的提出也是我国应对西方价值观对中国社会的强烈冲击的要求，是和谐社会实践对公共文化服务的战略诉求，公民文化权利对公共文化服务的理性期待。

2002 年，党的十六大首次将文化事业和文化产业作为两个并列的概念提出，这是文化建设思路上的一个重大突破，标志着我国社会主义文化发展进入了一个全新的阶段。文化上升为国家核心战略之一，文化建设不再居于辅助或从属地位，而成为全面建设小康社会过程中政治、经济、文化、社会"四位一体"中的重要组成部分。

2005 年党的十六届五中全会首次提出"加大政府对文化事业的投入，逐步形成覆盖全社会的比较完备的公共文化服务体系"，公共文化服务体系的概念进入了政府编写的文件。同年 12 月，《中共中央办公厅国务院办公厅关于进一步加强农村文化建设的意见》对农村公共文化的发展做出了重要指示。

2006 年，我国出台了第一个专门部署文化建设的中长期规划《"十一五"文化发展规划纲要》，明确将"完善公共文化服务体系"作为"十一五"时期文化发展的重点工作。

2007 年，党的十七大把建设"覆盖全社会的公共文化服务体系"作为实现全面建设小康社会的重要目标之一。

2007 年国家开始全面部署公共文化服务体系建设，公共文化服务体系建设成为全面建设小康社会的重要目标之一；8 月中共中央办公厅、国务院办公厅联合下发了《关于加强公共文化服务体系建设的若干意见》（以下简称《意见》），对加强公共文化服务体系建设做出了专门部署。《意见》明确规定，以广播电视村村通、文化信息资源共享、乡镇综合文化站建设、农村电影放映、农家书屋建设五个重点文化工程保障公民读书看报、听广播、看电视、看电影、进行公共文化鉴赏、参加大众文化活动等基本文化权益。

2011 年 3 月，《中华人民共和国第十二个五年规划纲要（2011－2015 年）》将公共文化纳入到基本公共服务领域。同年 10 月，中共中央《关于深化文化体制改革推动社会主义文化大发展大繁荣若干重大问题的决定》首次提出了公共文化服务体系的几大明显特征。

2012 年 11 月，党的第十八大提出要完善公共文化服务体系，提高服务效能；坚持面向基层、服务群众，加快推进重点文化惠民工程，加大对农村和欠发达地区文化建设的帮扶力度，继续推动公共文化服务设施向社会免费开放。这是比较完整地对农村公共文化服务体系建设的主要任务进行了规划。

2013年十八届三中全会提出"构建现代公共文化服务体系"的理念，"现代"二字成为点睛之笔。至此，国家公共文化服务体系建构的战略规划基本形成。

2013年1月，文化部首次发布国家层面的公共文化服务体系建设规划——《"十二五"时期公共文化服务体系建设实施纲要》。

2015年伊始，中共中央办公厅、国务院办公厅印发了《关于加快构建现代公共文化服务体系的意见》，该文件的制定是落实十八届三中全会关于构建现代公共文化服务体系战略部署的具体举措。对未来五到十年现代公共文化服务体系建设的发展下达了主要目标；力争在"十三五"期间基本建成现代公共文化服务体系，从标准化、均等化等方面着手继续推进基本公共文化服务。

经过多年的文化建设，我国公共文化服务体系在建设目标上，明确了保障广大人民群众基本文化权益，促进基本公共文化服务均等化；在建设原则上，逐步体现了公益性、基本性、均等性、便利性的"四性"要求；在建设重点上，确定了中西部地区、农村和基层为建设重点；在资金投入上，明确了公共文化服务体系建设的投入以政府为主导。这些政策和思路为公共文化服务体系的长期健康发展奠定了坚实的基础。

1.1.3 国家公共文化服务体系示范区命题的提出

为了推动公共文化服务体系建设的更好发展，在遵循基本性、均等性、公益性与便利性的基础上，中央政府采取了建设公共文化服务体系示范区这一创新举措，在全国范围内逐步创建了一系列结构合理、网络健全的示范区。2010年12月，财政部与文化部联合下发了《关于开展国家公共文化服务体系示范区（项目）创建工作的通知》（文社文发［2010］49号），并颁布了《国家公共文化服务体系示范区（项目）创建工作方案》和《国家公共文化服务体系示范区（项目）创建标准》。这项工作的根本目的是推动各地研究和解决公共文化服务体系建设面临的突出矛盾和问题，探索建立公共文化服务体系可持续发展的长效保障机制，为同类地区提供借鉴和示范，为国家制定相关政策提供科学依据和实践经验。

（1）内涵及意义

国家公共文化服务体系示范区是指：结合当地实际，坚持公益性、基本性、均等性、便利性，在满足群众基本文化需求的基础上，积极探索如何形成网络健全、结构合理、发展均衡、运行有效、惠及全民的公共文化服务体系，进一步推动公共文化服务广覆盖、高效能，为构建基本完善的公共文化服务体系提供实践示范和制度建设经验的地区。

国家公共文化服务体系示范区是文化部、财政部在"十二五"期间共同开展的一项战略性文化惠民项目，是在国家层面推动我国公共文化服务体系建设科学发展上水平的创新举措，主要是按照公益性、均等性、基本性、便利性的要求，在全国创建一批网络健全、结构合理、发展均衡、运行有效的公共文化服务体系示范区，承载了"率先实现公共文化服务体系建设发展目标"的领路者、探索者使命。这项工作的根本目的是推动各地研究和解决公共文化服务体系建设面临的突出矛盾和问题，探索建立公共文化服务体系可持续发展的长效保障机制，为同类地区提供借鉴和示范，为国家制定相关政策提供科学依据和实践经验。

2010 年 12 月，财政部与文化部联合下发了《关于开展国家公共文化服务体系示范区（项目）创建工作的通知》（文社文发〔2010〕49 号），并颁布了《国家公共文化服务体系示范区（项目）创建工作方案》和《国家公共文化服务体系示范区（项目）创建标准》。为进一步加大对国家公共文化服务体系示范区（项目）创建过程的管理力度，2011 年文化部办公厅印发了《创建国家公共文化服务体系示范区（项目）过程管理几项规定》，就示范区创建的领导机制、联络员制度、经费管理制度、督导检查制度、信息报送制度等做了进一步的规定，扎实推进创建国家公共文化服务体系示范区和示范项目各项工作。

示范区创建工作引起了地方党委、政府的高度重视，已经成为各示范区创建城市推动公共文化服务体系建设的重要抓手。第一批 31 个示范区创建城市中，由市委书记或市长担任创建工作领导小组组长的就有 23 个，并首次全部以市委、市政府文件形式制定下发了创建规划和创建方案，形成了党委、政府领导，文化、发展改革、财政、人事等多部门协调联动的创建工作格局，使公共文化服务体系建设转化为党委、政府的决策部署，由文化部门行为上升为党委、政府行为。他们在资金投入、设施建设、体制机制建设等方面优先考虑、重点推进，推动了公共文化服务体系的跨越式发展：一是撬动地方大幅投入。粗略估算，首批中央财政 3.05 亿元示范区创建补助资金撬动了 31 个城市财政资金投入超过 100 亿元。二是设施建设大幅提速。许多示范区创建城市将重大公共文化设施项目列入"十二五"规划并加快施工建设，公共文化设施建设至少提速 5 年。三是突出矛盾加快解决。例如，各创建城市纷纷增设编制，落实创建标准中每个乡镇文化站配备 3 名专职人员、每个社区配备不少于 1 名财政补贴的文化管理员的要求，使长期存在的乡镇文化站无人员编制和村（社区）无配置文化管理员的问题得到了有效解决。四是课题研究引领实践。很多创建城市对社会力量参与公共文化服务、建立公共文化服务绩效考核机制等难题进行了制度设计研究，尔后上升到政府文件，并进行了广泛的宣传。

（2）工作机制

贯彻党中央、国务院关于公共文化服务体系建设的指示精神，按照文化部党组对公共文化服务体系建设的工作部署，根据《文化部财政部关于开展国家公共文化服务体系示范区（项目）创建工作的通知》（文社文发〔2010〕49 号）和《国家公共文化服务体系示范区（项目）创建工作方案》、《国家公共文化服务体系示范区（项目）创建标准》，通过对示范区、示范项目的统一、集中、有序的宣传，发挥典型的示范、影响和带动作用，促进示范区创建工作的开展。

由国家公共文化服务体系制度设计办公室（即国家公共文化服务体系建设专家委员会办公室，设于中国文化传媒集团国家公共文化发展中心）具体联系实施，并接受文化部社会文化司和中国文化传媒集团的领导。

在文化部机关报和创建工作指定宣传平台《中国文化报》开辟专栏和专门版面，组织重要稿件，有效推动、指导各地文化部门开展示范区创建工作。

建立示范区（项目）信息报送制度，通过《创建国家公共文化服务体系示范区（项目）工作动态》沟通信息。每个创建单位确定 1 名信息员，负责信息报送和宣传工作的组织，由国家公共文化服务体系制度设计办公室整理后，在《创建国家公共文化服务体系示范区（项目）工作动态》及有关内刊刊发。

各创建单位制订宣传工作方案，并报送国家公共文化服务体系制度设计办公室。通过"创建国家公共文化服务体系示范区管理平台"（即"国家公共文化网"），发挥专家委员会作用，对创建单位进行针对性指导。"国家公共文化网"以专题报道方式反映创建工作动态，并通过图片、视频等形式进行全面报道。

在文化部社文司指导下，组织中央重要新闻媒体适时进行集中宣传。各创建单位参加中央媒体宣传统一由国家公共文化服务体系制度设计办公室协调安排。

（3）建设进程

经过严格的申报、评审、公示等程序，2011 年 5 月，第一批创建示范区（项目）名单公布，共有 31 个单位获得示范区创建资格。在"分类指导东、中、西部和城乡基层文化建设"的要求下，国家公共文化服务体系示范区（项目）创建工作领导小组办公室分别针对东、中、西部颁布了《国家公共文化服务体系示范区（项目）创建标准》，就示范区公共文化设施网络建设，公共文化服务供给，公共文化服务组织支撑，资金、人才和技术保障措施，公共文化服务评估等方面提出了具体要求。

经过两年的创建，2013 年 9 月，首批国家公共文化服务体系建设示范区完成创建验收，加上同期入围的 32 个第二批创建城市，公共文化服务体系建设"国家队"初具规模。同时北京、浙江、广东等省（直辖市）也陆续启动了省级公共文化服务体系示范区的创建工作。可以说，示范区带动了新一轮公共文化服务的热潮。2016 年 5 月，第二批共 32 个（城市）通过了国家公共文化服务体系示范区（项目）验收，标志着该项工作取得阶段性成果。2015 年 6 月，国家公共文化服务体系建设专家委员会完成第三批国家公共文化服务体系示范区（项目）创建资格评审工作，共有 30 个创建示范区和 52 个创建示范项目申报单位符合创建资格条件，进入成果验收和规划实施阶段。

1.1.4 甘肃省文化强省战略的提出

（1）甘肃省文化资源现状

甘肃拥有丰富的文化资源，在西部大开发中可发挥重要的带头作用。甘肃省文化资源种类齐全而且丰富多彩，历史文化积淀深厚，敦煌文化、丝绸之路文化、伏羲文化和黄河文化在此汇集；革命文化历史遗存丰富，是红军长征途经的主要省份之一，红军长征遗址遗迹众多，红色文化闪耀光辉；民族民俗文化特色鲜明。同时，在提升文化软实力，文化产业创新发展的推动下，甘肃省大力发展现代文化也较具实力，可以打造一批具有甘肃特色、传播甘肃文化的著名文化品牌：甘肃省拥有中国首座百万千瓦级水电站——刘家峡水电站；我国创建最早、规模最大的导弹、卫星发射中心——酒泉卫星发射中心；一大批国家重点科研基地和工农业旅游示范点。

2013 年，华夏文明传承创新区建设获得国务院正式批复，是继兰州新区之后甘肃转型跨越发展的又一战略平台，明确了甘肃省将以建设华夏文明传承创新区为平台，推进文化大省建设。华夏文明传承创新区的目标是至 2020 年，建成全国独具特色的文化产业基地、西部现代文化创新发展的新高地，文化产业增加值占 GDP 的比重达到 5% 以上的战略目标。

如今，在社会主义文化大发展大繁荣的难得历史机遇面前，甘肃省更提出了抓住历史发展机遇，应对多方挑战，培育"文化强省"的战略定位。

甘肃省文化建设和文化产业发展成效显著，"十二五"时期，甘肃省文化产业实现高位持续快速增长，由起步阶段进入了快速发展阶段，全省文化产业增加值占全省生产总值比重从 1.26% 增长到 2.3%；资产总量从 227.5 亿元增长到

578.45 亿元；建立了 1 个国家级文化产业示范园区、9 个国家级文化产业示范基地、3 个省级示范园区、23 个省级示范基地，新建数字影院 109 家，实现县级以上城市数字影院全覆盖。

（2）甘肃省文化强省战略的主要举措

近年来，甘肃省对文化产业的认识进一步提高，相继出台了一系列发展文化产业的政策。2002 年甘肃省政府出台了《甘肃省人民政府关于加快和促进文化产业发展的意见》，做出了加快文化事业发展，建设特色文化大省的重大决策；2003 年下发了《甘肃省文化厅关于贯彻落实〈甘肃省人民政府关于进一步放手发展非公有制经济的意见〉的实施意见》；2007 年甘肃省委文化体制改革工作领导小组制定了《关于印发〈甘肃省文化产业示范基地和园区认定（暂行）办法〉的通知》；2008 年甘肃省委宣传部和省财政厅联合下发了《甘肃文化产业发展专项资金管理暂行办法》，并设立每年 1000 万的专项资金；2009 年，着手制定《甘肃省文化产业发展振兴规划》、《关于加快甘肃戏剧大省建设的若干意见》；2010 年，制定了《甘肃省"十二五"文化事业与文化产业发展规划》。甘肃各州市也根据自己的实际出台了一批发展文化产业的政策。这些文件的出台，为甘肃全省文化产业的快速发展提供了强有力的支撑。

在国家产业政策的引导和文化体制改革的推动下，甘肃文化产业发展势头良好。据统计，2012 年甘肃文化产业呈现超常规发展态势，全年实现文化产业增加值 78.17 亿元，增速达到 26.02%，占 GDP 比重约 1.4%；全省文化产业机构 3887 家，资产 259.51 亿元，从业人员 9.65 万人。甘肃目前初步形成了广播电影电视业、音像业、新闻出版业、文化旅游业、动漫制作、文物和艺术品业等门类相对齐全，结构趋于合理，一个较为完备的现代文化产业体系，文化产业的发展正在成为甘肃省经济发展新的增长点。

2016 年甘肃省出台了《甘肃省"十三五"文化产业发展规划》，提出到 2020 年文化产业整体实力和竞争力显著增强，基本形成结构优化、布局合理、特色鲜明、配套完善的文化产业发展格局，全省文化产业年增加值超过 500 亿元，占当年全省 GDP 比重达到 5% 以上，成为甘肃省国民经济支柱性产业，使甘肃成为全国独具特色的文化产业基地、西部现代文化创新的新高地。

为响应国家公共文化服务建设的精神，推动文化建设深化改革、促进转型发展，推进基本公共文化服务标准化、均等化建设，2015 年甘肃省出台《加快构建现代公共文化服务体系的实施意见》。突出"精准扶贫、保障基本"、"改革创新、共建共享"等基本原则，以大力开展文化扶贫攻坚，深化文化体制改革，不断提高文化服务综合效益，充分保障人民群众基本文化权益等为基本思路，确立了甘肃省公共文化服务体系建设的目标和主要任务。至 2015 年年末文化艺术、广播电视和新闻出版等各项事业取得新成绩，全省共有文化馆 103 个，公共图书馆 103 个，博物馆 150 个，艺术表演团体 70 个；广播综合人口覆盖率 98.01%，比 2014 年提高 0.12 个百分点；电视综合人口覆盖率 98.47%，比 2014 年提高 0.12 个百分点；有线电视用户 233.58 万户，有线数字电视用户 191.78 万户；省级报纸出版 4.88 亿份，期刊出版 1.06 亿册，图书出版 5925 万册。

2016 年 7 月，为深入贯彻习近平总书记在文艺工作座谈会上的重要讲话精神，落实《中共中央关于繁荣发展社会主义文艺的意见》要求，甘肃省提出了《中共甘肃省委关于繁荣发展社会主义文艺的实施意见》，为新时期推动甘肃文艺事业繁荣发展，加快文化强省建设步伐提出了指导意见。

2013 年 11 月，甘肃省贯彻落实党的十八届三中全会关于"整合基层宣传文化、党员教育、科学普及、体育健身等设施，建设综合性文化服务中心"的精神，为推动文化惠民项目与群众文化需求有效对接，省委宣传部、省文化厅等 6 个单位联合下发了《甘肃省"乡村舞台"建设方案》，决定在全省范围内组织实施"乡村舞台"建设。

经过半年多的试点建设，这项工作已经进入推广建设阶段。截至目前，甘肃全省各市（州）、县（市区）通过政府财政扶持、社会资本支持、个人捐助等方式，投入乡村舞台建设资金达到了 2.76 多亿元，参与民间自办文化社团人员达到 63 万多人，受益群众达到 120 多万人次。

"乡村舞台"是在整合甘肃省农村现有的宣传文化、党员教育、图书出版、电影放映、体育健身、科学普及等多方面的资金、项目、场所、设施、人才等资源的基础上，充分利用村文化室、文化信息资源共享工程基层服务点、党员活动室、农家书屋、乡村体育健身工程等阵地，组建村级文化阵地和自办文化社团，搭建群众自娱自乐的综合性文化服务中心。

甘肃"乡村舞台"建设，是农村民间自办文化社团的新形式，是创新农村公共文化服务体系建设、创新农村公共文化服务模式、实现文化惠民的重大举措。

1.1.5 白银市创建国家公共文化服务体系示范区工作

（1）白银市地域文化现状

白银市位于甘肃省中部，地处黄土高原和腾格里沙漠过渡地带，辖白银、平川两区和靖远、景泰、会宁三县。共有 64 个乡 17 个镇，8 个街道办事处，79 个居民委员会和816个村民委员会。白银市面积2.12万平方公里，人口171万人，其中城镇人口71万人。

白银因矿设企，因企设市，是中国有色工业的摇篮，我国重要的能源化学工业基地。文化资源厚重，在黄河文化基础上叠加交织了其他多种文化，成为文化荟萃地。

黄河流经白银258公里，占黄河甘肃段的58%。白银黄河流域遗留有大量彩陶、岩画、古村寨、古泉、古井、古建筑、古树木等古文化遗址，构成特有的黄河文化符号。

红色文化特色鲜明。第二次国内革命战争时期，靖远三次起义是甘肃规模最大、影响较广的起义，红西路军在此组建并悲壮西征，打拉池、虎豹口等革命遗址，特别是会宁三军大会师，成为中国革命的重要里程碑，会师旧址也被纳入全国"30条红色旅游精品线"、"全国爱国主义教育基地"和经典景区。

白银是古丝绸东路重镇，是连接中原与西域的重要桥梁。索桥、虎豹口、黄湾、北城滩都是丝绸之路黄河古渡口，有鹯州城、媪围城、柳州城、迭烈孙堡等丝绸之路古城堡遗址20多座，汉唐烽燧、法泉名寺、北魏壁画、索桥古渡、红罗古刹、长城驿站等都展示着丝路文明，记录着世界政治、经济、文化融合的痕迹，形成白银开放兼容、吸收融合的文化特色。

民间民俗文化积淀深厚，种类繁多。古琴演奏、宝卷艺术、皮影小戏、孤本缮书、名人字画等文化遗产，剪纸、刺绣、奇石、陶艺、铜艺、蛋雕和社火等民俗文化，都是精品甚至绝品。

2015年白银市正式进入了全国文明城市提名资格城市行列，"五城联创"、（全国双拥模范城市、国家卫生城市、国家环保模范城市、省级园林城市、全国文明城市）、"六城同建"（厚德之城、礼仪之城、诚信之城、洁净之城、秩序之城、书香之城）使白银更加文明和谐、充满活力。

"艰苦奋斗、创业奉献"的白银精神，曾经让白银在荒漠中崛起；新时期，白银市全市上下抢抓机遇，深化改革，扩大开放，积极开拓，奋力拼搏，使国民经济实现了持续快速健康发展。经济总量从1990年以来一直处于甘肃省十四个地州市的第三位。2015年，全市生产总值达到434.27亿元，同比增长6.8%。文化产业实现增加值7.34亿元，同比增长17.41%，占生产总值的1.69%。

公共文化事业取得新进展。全市共有专业艺术表演团体2个、民间艺术表演团体530个、文化馆5个、群众艺术馆1个、公共图书馆6个、博物馆4个、纪念馆4个、文化广场12个、文化站78个、农家书屋737家、各类文物保护单位1064处；全市现有广播电视台5座，广播人口综合覆盖率97.5%；电视人口综合覆盖率99.8%。

（2）白银市加快公共文化服务体系示范区的建设

近年来，白银市不断加快文化产业发展步伐，强化文化引领，文化建设的发展基础更加牢固，全市完成文化产业增加值稳步提升。围绕"黄河文化、工矿文化、红色文化"，重点实施"十个一"文艺精品创作工程，启动实施了八大重点文艺创作系列工程，编印了白银人文系列图书（第一辑）；电视连续剧《三军大会师》被列为全省重点创作选题参评中宣部"五个一"工程创作并开机拍摄；戏剧《郭虾蟆》荣获第四届甘肃戏剧红梅大奖赛红梅剧目大奖；纪念恢复建市30周年纪录片《山菊花》和《大爆破》、《黄河古渡》荣获第一批甘肃优秀本土纪录片一等奖和三等奖。2015年签约大型文化产业项目28项，实现实质性合同签约金额46亿元，落地率达到100%；完成文化产业增加值达7.34亿元，增速17.41%。

为加快白银市文化与相关产业融合发展，完成"12352"文化旅游融合发展目标，2016年4月，白银市委、市政府召开全市文化旅游体育产业大会，加快推进文化旅游体育产业发展。提出树立"大融合、大发展"的理念，加快产业深度融合发展，推动文化旅游与制造业、信息、科技、体育、会展等资源融合发展，并拓展到工业、农业、城市建设等各个领域。

以构建现代文化产业体系为目标，着力打造一批文化氛围浓厚、体现白银特色的文化旅游产业园区和产业基地；结合"大众创业、万众创新"行动，鼓励、引导、扶持投资小、见效快的个体文化实体和文化企业加快发展；创新文化旅游产品，引进参与式、体验式的特色旅游项目，增强旅游的吸引力。强化文物保护管理，坚持合理开发利用，传承发展非物质文化遗产；着眼共享发展，积极推动产业惠民、利民、富民，全力助推脱贫攻坚，坚持把发展旅游产业作为群众脱贫致富的重要途径，促进基础设施改善，把景区景点公共服务设施的配套与群众生产生活条件的改善结合起来，使农村环境面貌明显改观。

2015年6月，白银市获得第三批国家公共文化服务体系示范区创建资格。同年12月白银市制定了《白银市创建国家公共文化服务体系示范区工作方案》，明确了示范区建设的主要任务、创建步骤、保障措施，并对工作任务进行了部门分解，确定了完成时限。2016年2月中共白银市委、市政府发布了《关于加快构建现代公共文化服务体系的实施意见》，明确了构建现代公共文化服务体系的主要目标、基本任务，做出了构建现代公共文化服务体系的重点任务推进计划，在加强公共文化基础设施建设、增强公共文化产品供给能力、提高公共文化服务水平、提升公共文化科技服务能力、保障公共文化管理规范有序、加大公共文化服务保障力度等方面进一步明确责任，确定完成时限。以上政策的贯彻实施对白银市公共文化服务基础建设，推进公共服务标准化、均等化，进一步满足人民群众的精神文化需求具有重要意义。

为着力推进公共文化服务体系示范区建设，白银市把文化建设重心下移，不断加快文化设施建设步伐，完善公共文化服务工程，公共文化服务体系日臻完善。体育场建设并投入使用，广播电视"村村通""户户通"、村级农家书屋实现了全覆盖；加大资金投入力度，全市建成255个乡村舞台，57个村被列入中宣部"贫困地区百县万村综合文化服务中心示范工程"项目，完成中堡村等在内9个村级文化服务中心示范点建设；组织开展了全市凤凰文艺奖评选活动；扶持重点文艺创作项目52项，落实扶持资金50万元；全年投入2350.7万元，新建"乡村舞台"69个；利用各类节庆开展群众性文化活动达500余场次，全面丰富了城乡群众的文化生活。

深入实施文化惠民工程，着力夯实文化基础设施和公共文化服务两大基础，积极培育工业文化、红色文化、黄河文化、丝路文化和民间民俗文化"五大品牌"，大力实施精品带动、特色文化、人才培养三大工程。加大资金投入力度，积极争取项目支持，加快市文化艺术中心等公共文化基础设施建设进度，积极推进公共体育设施免费向群众开放，广泛开展全民健身活动。积极引导广大农民群众加入文体活动大军行列，特别是把送文化下乡和"三区"人才支持计划文化培训与实施文化惠民工程和培养基层文化骨干相结合，开展点菜式和一对一结对服务。

非物质文化遗产保护与传承工作进展顺利。打铁花、滚灯、丝绸宫灯、树皮画以及具有地方特色的社火、秧歌等技艺，构成了白银市非物质文化遗产的丰富图景。为了加大传承与保护，白银市在各县区成立了非物质文化遗产保护中心，大力挖掘整理文化资源，摸底排查非物质文化遗产项目80多个。高度重视历史文化名村的保护与利用工作，进一步充实组织，科学编制，强化管理，加大投入，加强对历史文化名村保护力度。争取申报永泰村、三合村、宽沟村入选中国传统村落名录；宽沟城遗址、红水姜窝子沟岩画、五佛沿寺石窟荣列甘肃省第八批省级文物保护单位。

大力推进全市城乡公共文化资源共享工程。计划新建"乡村舞台"146个、街道综合性文化服务站3个、社区综合性文化服务中心36个。组织开展文化扶贫，实施文化信息资源共享、政府购买公共文化服务产品、文化科技卫生"三下乡"、农家书屋图书升级、农村电影放映、贫困地区文化人才培养工程等文化惠民活动。加快白银市文化艺术中心、国际青少年美术馆、白银市非物质文化遗产展示馆、"智慧城市"公共文化资源平台等公共文化基础设施建设进度。

白银市在"乡村舞台"建设中，各部门共同发力，在试点阶段为全省提供了有益的经验：白银市委组织部为"乡村舞台"建设配套了电脑和电视；市委农办发放了新农村基础设施建设资金补助；市文明办提供了音响设备；市财政配套了音响、乐器和服装等；市文广新局给予了文化活动经费补助并更新了农家书屋图书、桌椅、投影仪等设备；市体育局提供了篮球架、乒乓球桌等；市妇联配送了扇子和腰鼓；等等。各部门通力协作，共投资 3400 多万元，新建或提升了74 个集宣传文化、党员教育、科学普及、文艺演出、农技培训、体育健身为一体的村级综合文化服务中心，建筑总面积达 6.6 万平方米，占地面积达 17.5 万平方米。

白银市的"乡村舞台"建设紧紧围绕黄河文化、红色文化、工矿遗址文化、丝路文化、民间民俗文化，在"乡村舞台"的建筑风格、展示内容、活动样式等方面形成特色，培育"一村一品"特色文化品牌。例如，白银区四龙镇双合村黄河战鼓艺术团、水川镇大川渡"曲子戏"演唱团、平川区宝积乡吊沟村吊沟秦腔业余剧团等民间自办文化社团，发挥本村群众文化活动优势，形成了本村的文化活动品牌。

1.2　研究目的和意义

1.2.1　研究目的

效能是指选择适当的目标并实现目标的能力，它包括两方面内容：一是所设定目标必须适当；二是目标必须实现。本研究认为公共文化服务体系的效能是指公共文化服务体系目标设置得当及其实现的程度。公共文化服务效能提升至少包括两个基本步骤：第一步是为公共文化服务体系设定正确的目标；第二步是通过科学的方法提高公共文化服务体系目标实现的程度。

学界对公共文化服务效能提升的方法路径研究已经展开，例如，通过引入公共文化服务市场购买机制、建立公共文化服务的需求表达以及监督反馈机制等途径提高公共文化服务效能，然而对公共文化服务效能提升目标的研究并未达成共识。

乡镇文化站、村级活动室处于社会主义文化服务体系的终端前沿，直接面对广大农民群众，肩负着凝聚思想、维护团结、增进感情、提高素质等责任，其发挥情况直接影响着农民群众的文化生活质量。

1）通过本研究，进一步阐释乡村文化阵地服务效能建设的目标和内涵，以期作为衡量乡村文化阵地建设工作结果的一种尺度。

2）通过本研究，分析乡村文化阵地效能建设存在的问题。在系列政策引导下，白银市基层文化面貌逐步改观，但是，相对于群众日益增长的精神文化需要，白银市乡镇文化站、村级文化活动室、农家书屋建设依然存在着经费投入不足、硬件设施落后、业务骨干缺乏、文化活动开展有限、作用发挥不好等问题。而在这个过程中，基层综合性文化服务中心的效能提升应得到足够重视。

3）通过研究，首先明确乡村文化阵地服务效能提升的目标和重点，从而将公共文化服务效能提升的某些外部效应纳入可控的预期范围；其次提出乡村文化阵地效能建设的路径和对策。

1.2.2　研究意义

乡村文化阵地作为农村文化生活的载体，是实现农民文化权益的根本，在一定程度上决定了一个国家的精神生活质量和精神文明程度。党和政府作为公共产品的提供者，高效地向社会大众提供乡村公共文化产品是其职责和义务所在，乡村公共文化阵地是建设公共文化服务体系的基础，是推动社会主义文化建设新高潮的重要阵地。作为一个农村人口比重过半的大国，农村的发展在很大程度上影响着国家的发展，农村稳则国家稳，农村强则国家强。因此，农村公共文化阵地对繁荣农村文化，推进农村精神文明建设，丰富农村群众文化生活，提高农村群众文化素质有着举足轻重的作用。

（1）现实意义

贫困地区全面有效精准扶贫是实现共同富裕的内在要求，是推动全面建设小康社会的必经之路，是构建社会主义和谐社会的重要抓手。贫困地区的文化建设是贫困地区从贫穷走向富裕、从落后走向发达的重要内容，而公共文化服务体系建设又是文化建设的一个重要方面。总体来看，当前贫困地区的公共文化服务体系建设取得了一定的成绩，在肯定成绩的同时，我们也要清醒地看到，由于我国仍处于社会主义初级阶段的基本国情没有根本改变，社会的基本矛盾仍然是落后的社会生产力与人民群众日益增长的物质文化需求之间的矛盾没有根本改变，我们的文化建设尤其是贫困地区的公共文化服务体系建设的任务还相当艰巨。因此，加快建设贫困地区的公共文化服务体系，已成为当前一个重大课题，必须引起高度重视并认真加以研究。根据研究背景，我们不难看出，党和政府高度重视社会主义文化建设，而且为了更好地面向基层，服务群众，繁荣农村文化，相继出台了一系列"文化下乡"、"文化惠民"的政策，加大了对农村地区的帮扶力度，致力于实现农村群众的文化权益，为他们提供丰富的精神食粮。因此，为了响应党和政府的号召，研究农村公共文化建设有效性，能在一定程度上检验相关政策的落实情况，衡量文化建设取得的有关成果。除此之外，这对促进白银市农村公共文化建设，满足广大农民日益增长的精神文化需求，实现富民强市和"弯道超车"有着积极的作用。

（2）理论意义

西部贫困地区构建公共文化服务体系，是贯彻落实党中央、国务院决策部署的重要举措，有利于完善基层公共文化设施网络，补齐短板；是加快推进现代公共文化服务体系，打赢脱贫攻坚战的必然要求，有利于统筹利用资源，提升贫困地区公共文化服务效能；是打通公共文化服务"最后一公里"，提升贫困地区群众"获得感"的有效途径，有利于丰富群众精神文化生活，凝聚人心，促进社会稳定。长期以来，人们将比较多的目光投向城市公共文化的建设和发展，对农村公共文化建设关注则相对较少。需要从发展全局的高度，充分认识加强贫困地区公共文化服务体系建设的重要性和紧迫性。

本书以白银市乡村文化阵地为研究对象，以新公共服务理论、公共产品理论和多中心治理理论为研究视角，对农村公共文化阵地建设有效性进行调查和分析，以期探索出提高乡村文化建设有效性的对策和措施，加深人们对乡村公共文化阵地建设有效性问题的认识，丰富关于乡村文化阵地建设的相关理论，为国内其他地区乡村文化阵地效能建设提供示范价值。

1.3　国内关于农村公共文化建设的研究概况

近年来，随着我国"三农"问题、新农村建设、和谐社会等一系列政策导向的提出，对农村公共文化服务的研究越来越多地成为专家学者们关注的焦点。从目前的研究现状来看，国内专家学者主要围绕以下几个方面进行研究。

1.3.1　对公共文化产品和服务的性质的研究

章建刚（2008）认为所有文化产品本质上都是具有公共性，市场失灵是公共文化服务存在的合法性依据。按照公共经济学的相关理论来分析公共文化产品和服务的特性，具有正外部效应、非排他性以及非竞争性。

在现实生活中，纯公共物品和服务很少出现，比较多的是准公共物品或者混合公共物品，魏鹏举（2010）就认为公共文化服务是准公共产品。

齐勇峰（2012）认为虽然在消费上具有私人产品的竞争性，但是在公共文化服务的消费上，非排他性却难以实现，还是会存在搭便车现象，即有的人不付出却能享受到服务。所以公共文化服务不能满足纯公共物品的要求，所以是准公共物品或者混合公共物品，这就要求政府联合市场和其他社会部门来进行混合的公共文化服务供给。

1.3.2 关于农村公共文化服务体系的探讨

王凤青（2009）提出同意文部社会文化图书司司长张旭对公共文化服务体系建设内容的提法，即至少应包括五个方面内容：一是政策法规的体系；二是基础设施的建设；三是现代服务手段的运用；四是人才的培养和队伍的建设；五是经费保障。李燕（2006）根据国外的实践经验和我国当前农村文化建设的实际，将政府对农民的公共文化服务分为三大类型：一是政府免费直接提供农村公共文化服务；二是政府全额出资购买农村文化服务；三是政府对公共文化服务给予适当奖励。陈坚良（2007）认为，公共文化服务是指与经营性文化产业相对应，主要着眼于社会效益，以非盈利性为目的，为全社会提供非竞争性的公共文化产品和服务的文化领域。新农村建设的"生产发展、生活富裕、乡风文明、村容整洁、管理民主"的二十字要求，大都与公共文化服务密切相关。

1.3.3 关于农村公共文化服务供给方面的研究

（1）供给主体方面的研究

窦维平（2005）和曹志来（2007）等提出了以政府为主导发展农村公共文化事业。何兰萍（2007）认为，加强农村文化建设，应注农民的文化生活和农村公共空间。胡海鹏（2009）等认为政府在农村公共文化服务起主导作用，但是在农村公共文化产品供给上应发挥政府、市场和社会三方面的力量，实现农村公共文化产品供给的多元化。

（2）供给现状的研究

疏仁华（2007）认为，受传统体制下"城乡分割、工业优先、城市倾斜"发展战略的影响，我国公共产品供给长期重城市、轻农村，使得目前我国农村文化供给处于一种严重的缺失状态。主要表现有：农村公共文化供给的经费不足、人才缺失、体制和机制缺失。李少惠和崔吉磊（2007）指出，随着新农村建设的推进，农村文化建设越来越得到重视，但缺乏必要的研究及对农村文化需求的忽视，导致了政府对农村文化的无效供给，进一步掩盖了文化缺乏，使得农村文化缺乏更加严重。同时，集镇生活对现代都市生活的模仿和对周边农村的辐射，带来了城市文化下沉和乡村文化模仿现代都市文化的诱因，使农村原有的文化价值体系和社会记忆正在逐步消失，一些优秀的传统文化和民间艺术生存空间日益萎缩。

（3）供给不足的原因研究

对于农村公共文化产品供给不足的原因分析主要围绕以下三个方面展开：其一，建设主体缺位的原因。例如，曹士文（2008）分别从三个方面阐述了农村公共文化建设的主体缺失，作为投资主体和引导主体的政府能力的缺失；作为承载者和建设者的农民主体的缺失；农村文化建设中市场主体的缺失。其二，内生机制不足的原因。例如，吴理财（2007）指出，农村文化建设单靠人才输入是不够的，最根本的是要建立一支本土的农村文化精英队伍，只注重"输入"文化，不注重"培育"文化，不去挖掘、开发和保护优秀的农村民间文化，最终还是会导致农村公共文化日渐式微。

1.3.4 关于农村公共文化创新的研究

曹爱军和方晓彤（2009）从制度变迁的角度提出，实现我国农村公共文化服务机制创新的基本路径，即在统筹城乡的基础上采取多元方式提供公共文化服务，促进基层政府文化行政模式现代转型。王公尚和车凯龙（2010）认为，对西部地区新农村公共文化服务的创新思路和创新举措应从以下几个方面进行：①观念、理念创新；②体制机制创新；③内容形式创新；④科学技术创新。廖章庭（2009）认为海西农村公共文化服务机制创新举措有以下几个方面内容：①拓宽投资渠道，加大农村文化投资力度；②加快海西农村文化管理体制和运行机制改革；③加快海西农村文化活动内容和形式的创新。

1.3.5 关于农村公共文化绩效管理与评估的研究

蒋建梅（2007）认为，政府公共文化服务体系绩效评估主要包括：一是文化对经济、社会发展的反作用所体现出来的总体指标；二是公共文化服务的有效供给指标；三是公共文化服务的保障指标。向勇和余文益（2008）给出了公共文化服务绩效评估的初步模型，即公共文化服务的任务结构模型，并提出了公共文化服务绩效评估制度化的必要性与立法保障的可行性。李宁（2009）提出构建农村公共文化服务绩效评估机制是改革农村公共服务供给体制，优化公共服务资源配置，提高公共服务质量的有效途径。李少惠和余君萍（2010）认为，我国农村公共文化服务绩效评估研究的缺失，在一定程度上导致了我国农村公共文化供求错位，阻碍了农民群众对公共文化的有效参与。

因此，从公共治理视角提出对农村公共文化进行绩效评估，从而形成公共文化的多中心治理机制、提高农民群众对公共文化参与度和满意度，进而提升农村公共文化服务水平。

1.4　相关概念界定

1.4.1　公共文化服务

对公共文化服务概念，国内外学者们从不同角度进行了界定，形成了"财政说"、"公共产品说"、"公共性说"、"战略说"等。在此，将"战略说"做一些阐述。

"战略说"将公共文化服务视为政府文化战略的构成部分，认为文化广泛的社会价值和战略价值是政府提供公共文化服务时必然考虑的内容，也为政府选择服务提供方式以及管理手段设定了前提条件。"战略说"认为公共文化服务具有以下特征：①公共文化服务是由公共权力保障的一种社会支配性制度；②公共文化服务的提供主体是政府及其所属的文化机构；③公共文化服务需要公民的广泛参与，公民的文化参与是大众的生活方式；④公共文化服务的战略目的在于文化认同乃至政治认同的培育；⑤政府履行公共文化服务和管理的职责，实际上是它作为公共部门为整个社会创造公共价值的过程。

实际上，定义公共文化服务不能脱离公共服务这个大范畴。公共文化服务是把文化嵌在公共服务中间而成的，在公共文化服务的供给中更应该考虑"文化"因素。由于不同区域的公众存在着信仰、理念与实践上的文化差异，公共服务提供应强调文化能力的建设，由此使得文化正当与文化有效。公共文化服务提供有两种方式：一种方式是要求服务提供者在与公众接触的过程中在文化上是胜任和熟练的；另一种方式则直接采用与当地的文化特殊性相关的具有针对性的服务供给和项目建设。所以公共文化服务提供尤其应考虑到文化的特殊性。如果提供的文化服务有冲突，即便提供的公共文化服务具有很大的可及行，那也将是不适当的甚至是无效的。

本书定义的公共文化服务是指由政府为主的公共部门提供的，社会力量参与的多主体、多机制、多方式满足社会成员文化需求，保障公众基本权益的各种文化价值理念、公益性文化设施、文化产品和服务的总和。需要说明的是，公共文化服务在中国凸显是在文化事业和文化产业相对分离提出之后。因此，有必要对"文化产业"进行说明。

文化产业的初始概念源于法兰克福学派代表人物西奥多·阿多诺和马克斯·霍克海默对文化工业的思考。他们着重批判了文化工业的"大批量生产"，认为其损毁了"高雅文化"的纯洁性。自此，出现了许多关于文化产业的研究，其中较为普遍的是科特勒和劳尔等人的观点，他们认为文化产业不仅是主要的经济力量和财富来源，也是强有力的城市印象、认同和回忆的控制手段。文化产业主要有三类：第一类为"大众消费型文化产业"；第二类为"地方文化产业"，它有着强烈的地域特色、身份认同和历史记忆；第三类为"文化设施产业"，它通常与当地企业联盟并刺激房地产业的发展。总之，文化产业是一种特殊的文化形态和经济形态。

综上所述，公共文化服务、文化事业和文化产业，最大的区别不在于是由谁提供，而在于其公共性、公益性与经营性、营利性的区分。因此，只要提供的文化产品和服务主要是公益性的，不以营利为主要目的，都可以视为公共文化服务。

1.4.2　公共文化服务体系

国内学者通常基于对公共文化的理解来概括公共文化服务体系，并将与公共文化产品和服务供给相关的要素都纳入其中。关于公共文化服务体系的内容，并不存在一致的划分标准，理解也较为多样。齐勇锋从主体、价值、设施和制度四个方面将其分为文化理论和文化价值体系的创新机制、公共文化设施和文化生态环境、公共文化服务事业的混合主体、法律政策支持体系和监管体系。闫平认为，公共文化服务体系主要包含政策法规、基础设施建设、组织机构和人才、活动主体、活动方式和事业经费。苏峰和骆威等人的划分更细，包含了政策体系、人才体系等在内的十个要素。

结合以上观点，本书认为公共文化服务应包含主体体系、内容体系、制度体系和保障体系，它是一个庞大的系统工程，系统中的每一个构成要素均发挥着独特的、不可替代的作用。这些都有利于公共文化服务供给，有利于公共文化服务体系建设，有利于公民基本文化权利得以保障。

1.4.3　乡村公共文化服务

乡村从不缺文化，数千年的农耕文化是中华民族文化的主要阵地和源头，数不胜数的历史文化和风景名胜与广袤而贫穷的土地曾经演绎着繁华的盛世。但是怎样将这种文化进行筛选甄别，并结合到现代社会的公共文化服务理论中，从而提高人民的生活水平和精神追求，这就是我们需要研究的内容和为之奋斗的目标。

在党的十六届五中全会上，将"生产发展、生活宽裕、乡风文明、村容整洁、管理民主"作为社会主义新农村建设的主要目标。中央传达的意思是既要加强农村的经济建设，在实现物质文明的同时紧抓精神文明建设，使之与经济发展相互适应、协调发展，正如邓小平同志所说的"物质文明建设和精神文明建设，就像人的两个拳头，两手抓，两手都要硬"。这二十字目标真切地反映了我国当前建设社会主义新农村的物质基础和基层文化建设的重要性。在经历了近四十年的改革开放后，中国农村地区的经济较以前发生了翻天覆地的变化，在物质生活得到改善的同时，之前的乡规民俗也发生了变化，在受到外来文化的冲击，在"一切向钱看"的时代背景下，人们的思想意识也发生了较大的变化。所以"乡风文明"就是对农村精神文明建设提出的内在要求。只有在一种文明的社会环境中生活，人们才会积极向上的精神，科学精神才能被大力弘扬，科学知识才能得到广泛的传播，年轻一代才会有积极学习的精神面貌。良好的社会风气还有助于改善人们落后的生活方式和习惯，培养健康的生活方式，逐步缩小与城市的差距，在农村中树立一种积极、健康、充满正能量的淳朴民风。

我国西部地区目前的农村公共文化服务主要是由政府充当主要角色甚至是唯一的供给主体来提供的用来满足农民的精神文化需求。在政府的主导下，积极鼓励和支持市场企业、第三部门参与到文化服务供给中来，广泛开展普及科学文化知识、先进文化的传播、保障农民群众文化权益的文化产品及服务的供给活动（表 1.1）。

表 1.1　农村公共文化服务内容

农村公共文化设施	文化活动室或图书室、农家书屋、电影放映室电影院、戏台戏楼、有线电视、有线广播、公共电子阅览室、报刊栏、农技学校培训班、体育场和体育器材、青少年活动中心馆、老年活动室活动中心、农村文化科技中心户等
农村公共文化活动	文化下乡、送戏剧、放电影、劳动技能比赛、乡村游园会、民间艺术表演等

1.4.4　乡村文化阵地效能

效能是指选择适当的目标并实现目标的能力，它包括两方面内容：一是所设定目标必须适当；二是目标必须可以实现。国内也有学者指出效能一般是指选定正确的目标及其实现的程度。相应的，笔者认为乡村公共文化阵地的效能是指乡村公共文化阵地建设目标设置得当及其实现的程度。乡村公共文化阵地效能提升至少包括两个基本步骤：第一步是为乡村公共文化服务体系设定正确的目标；第二步是通过科学的方法提高乡村公共文化服务体系目标实现的程度。目标提供了导向和指引作用，不同的目标会导致不同的效能提升路径。

目前，针对公共文化服务效能提升的主要观点有以下几种：①引入市场机制，推进公共文化服务项目的政府购买行为。②建立公共文化服务体系的监督反馈机制，科学地设置公共文化服务体系的绩效考核标准，在此基础上配套监督反馈机制，以有效的考核和监督反馈提升效能。③采取高新科技改进公共文化服务模式，将计算机技术、数字技术、网络技术、移动通信技术等应用于公共文化服务体系，通过新技术实现资源的整合和共享。④建立健全公共文化服务需求反馈机制。⑤改革传统的公共文化服务体制机制。以"大部制"取代原来文化、广电、新闻出版等部门分散割裂的状态，赋予"大文化部"统一的文化管理权，以此整合文化资源。

还有一些学者在讨论公共文化服务体系的内涵和意义时认为它们是多元和复合的。郭妍琳认为，公共文化服务体系是实施公共文化政策的平台，是实现人民基本文化权益的媒介和建立社会主义核心价值观的制度保障。张桂琳认为，公共文化服务体系的建设不仅可以满足群众的基本文化需求以及保障公民的基本文化权利，还有助于提升公民素质和公民能力。李海娟认为，公共文化服务体系建设的意义不仅在于繁荣社会主义先进文化，推进社会主义核心价值体系建设，还有利于增进文化认同，提升中国文化软实力。吴理财认为，公共文化服务体系涉及资源分配、社会整合、政治认同以及这些过程的象征化、美学化和合理化。杨泽喜认为，西方价值观的强烈冲击、和谐社会建设的要求以及公民文化权利保护是构建公共文化服务体系的逻辑基础，因此，公共文化服务体系的路径应该包括社会主义价值观前置、政府职能的公共服务塑造以及公共文化资源均等性配置三个方面。

综上所述可以发现，现有的研究对公共文化服务效能提升的目标和路径研究是不对称的。对于路径的研究是重点，往往也是专门论述的，而对目标的研究则往往是不经意的，附带的。这就导致公共文化服务体系效能提升实践中出现有些结果往往是无意识的，某些目标的实现可能是溢出效应的结果，因此，要让正确的目标导向正确的方法，首先必须明确公共文化服务效能提升的目标和重点，从而将公共文化服务效能提升的某些外部效应纳入可控的预期范围。

2 国内乡村公共文化服务体系建设的案例及启示

我国各地资源条件相差较大，要实现农村公共文化服务体系建设目标，必须因地制宜地创造不同的农村公共文化服务体系建设模式，以充分利用和整合当地资源，提供实用高效的服务。近十多年来，全国各地在贯彻落实中央政策的过程中，从本地实际出发积极探索，形成了各具特色的农村公共文化服务体系建设模式，如网点建设模式、品牌带动模式、特色文化模式、中心管理模式、全面创新模式等。这些模式为进一步推进农村公共文化服务体系建设提供了具有操作和示范意义的有效参照。按照建立现代农村公共文化服务体系的要求，还需继续探索，形成新的公共文化服务体系建设模式。

2.1 公共文化服务体系建设篇

2.1.1 浙江嘉兴

2013 年 8 月，嘉兴市成为公共文化服务体系建设国家示范区。嘉兴市政府以满足农村居民的精神文化需求为目标，努力构建具有嘉兴特色的公共文化服务体系，提出了一个目标、三大保障、五大体系的创建思路。"一个目标"：创建具有嘉兴特色的、先进的国家公共文化服务体系示范区。"三大保障"：从经费、人员、政策三方面进行强化保障，保障经费的充足、人员的专业和专职及高效的配套政策。"五大体系"：从公共文化服务设施网络、供给、保障以及公共图书馆、文化站联盟这五个体系入手，大力发展嘉兴市的公共文化服务体系建设。

（1）城乡一体化公共图书馆体系

为了公共图书馆的城乡一体化建设，针对公共图书馆网络的建设嘉兴市不断创新，旨在建设一个公共图书馆服务平台，为民众提供一个方便快捷的优质图书网络。其主要做法如下：

1）嘉兴市政府高度重视公共图书馆服务体系的建设，从目标的创建、准备、实施等过程都严格把控，倾斜大量社会资源支持该建设的推进和执行。嘉兴市公共图书馆采用总分馆制建设，建设期间，全市建成市县中心馆8个，镇分馆57个，发展图书馆联盟，整合了社会资源。以市、县图书馆为核心，以乡镇分管为纽带，以村图书流动站和流动车为基础，覆盖城乡、资源共享。除此之外，还创新发展了新华书店"农村小连锁"模式，解决农民买书难、看书难的问题。

2）多级投入，集中管理。嘉兴市通过市县镇三级政府的监督和政策执行，财政的加大投入，运营补助的增加，保障了镇分馆的正常运营。

3）资源共享，服务创新。建立互联网信息平台，在总分馆体系内对数字资源和文献资料进行统一的收集和整理，实现城乡图书资源的共享。目前，全市每个公共图书馆的辐射范围基本达到3万多人，90%以上的受访居民对公共图书馆的建设非常满意。

（2）乡镇综合文化站和村级文化活动中心

嘉兴市通过创建"浙江东海文化明珠"工程来促进镇综合文化站的建设。截至2009年，全市74个镇均建有标准化综合文化站，"浙江东海文化明珠"镇达到69个。在村级文化活动中心建设中，有的县通过县财政拨款、"以奖代补"等形式，用于基层文化建设。

嘉兴市的文化活动团体数量多，种类多，参与人数多，群众基础广泛。例如，创办了"中国农民画艺术节"、"平湖西瓜灯节"等。另外，嘉兴市有2500多个村级文化队伍，这是全村百镇开展"一镇（村）一品"工程的重大成果。

（3）公共文化服务人才队伍

嘉兴市进行创新，通过探索建立了图书馆分馆馆长委派制度、村级文化室专职管理员制度、综合文化站专职工作人员编制量化制度、文化站工作人员下派制度等。

嘉兴市作为东部发达地区公共文化服务建设的代表，具体值得借鉴的有以下几点：第一、地方政府重视。地方政府应注重物质文明和精神文明双重发展，培养公民文化自觉，将公共文化服务体系建设作为一项民生工程。第二、注重城乡公共文化服务协调发展。不仅要在经济上注重城乡一体化建设，更要在公共文化服务上减小城乡存在的差距，维护农民文化权利。第三、发挥示范带头作用。通过树典型、评先进的方式，以模范村带动其他行政村共同进步，形成公共文化服务发展你追我赶的良好局面。第四、文化产品多样性。通过发展文化产业，利用文化资源，丰富公共文化产品，增强社会文化活力，为公共文化服务提供更多的产品选择性。

2.1.2 河北秦皇岛

2011 年 5 月，河北省秦皇岛市被列入全国首批创建公共文化服务体系示范区，成为河北省唯一被列入的城市。根据示范区建设要求，截至 2012 年年底，秦皇岛市全面完成国家级公共文化服务体系示范区创建任务要求，全市建成市、县（区）、乡镇（街道）、村　（社区）四级贯通的公共文化服务体系，标志着秦皇岛市文化建设全面进入新的历史发展时期。该市整体推进乡镇综合文化站、农家书屋建设、文化信息资源共享、广播电视村村通、农村电影放映五大工程，目标是建成覆盖城乡、结构合理、功能健全、实用高效、在全国示范意义显著的公共文化服务体系示范区。

（1）秦皇岛市公共文化服务体系建设主要内容

1）形成功能齐全的基层文化设施服务网络。截至 2011 年年底，秦皇岛市群艺馆、文化馆、图书馆等公益性服务机构达到 34 个，35 个乡镇新建农村文化室合计 1424 个，全市农家书屋达 826 个。作为公共文化服务主要提供者，秦皇岛市图书馆在省内率先使用新型智能管理系统、图书自动借阅系统和盲人阅览系统，陆续建成 3 个社区分馆和 25 个图书流动站，公共图书馆的文化传播功能日益强大。截至 2012 年年底，河北广电网络集团秦皇岛有限公司在海港区、山海关区、北戴河区累计发展有线数字电视用户 45 万户，河北广电网络集团秦皇岛燕山有限公司在该市各县发展有线数字电视用户 35 万户，基本实现了有线数字电视在城镇以上地区的全覆盖。图书大厦、文化广场、奥体中心等一大批代表秦皇岛市城市文化符号的标志性公共文化设施先后投入使用。

2）积极创新运作模式。例如，秦皇岛市农村公益电视放映工作走在全省前列，该市按照"政府买服务、市场化运作"的思路，在全省率先成立新农村数字电影院有限公司，建设覆盖所有行政村的农村数字电影放映体系，有超过 100 支农村数字电影放映队活跃在乡间地头。开通了数字电影片名网络菜单服务，广大农村群众可以通过电脑登录网络任意选择影视库内的影片观看，实现了由"演什么看什么"到"看什么演什么"的跨越。

3）大力提升服务品质。秦皇岛市通过三大举措来实现服务品质的提升。第一，打造本土文化品牌，包括以提高市民文化鉴赏能力和品位的"渤海大讲堂"、以促进学习型城市建设为目标的"全民读书活动"、以弘扬优秀传统文化为重点的"双六进"等。第二，开展本土文化活动，包括"送欢乐下基层"、

"彩色周末"、"广场艺术节"等群众性文化活动、"望海祈福旅游文化节"等地域文化活动，通过大型文化活动提升秦皇岛市文化氛围的浓厚程度。第三，加强非遗保护传承，特别注重昌黎地秧歌、皮影戏，抚宁太平鼓等国家级非物质文化遗产的保护和传承，通过文艺活动等形式，有效提高非遗展示的知名度和美誉度，提升秦皇岛地方传统文化的品位。

（2）秦皇岛市公共文化服务体系建设主要成效

1）创新投入保障机制。强化了政府对公共文化服务体系建设的主导，巩固住公共财政对公共文化服务体系建设的支撑，确保政府对于公益性文化事业的投入持续增长。

2）创新管理运行机制。紧密结合国有文艺院团转企改革、非时政类报刊出版单位转企改革等文化体制改革工作，打造充满活力、科学高效的文化行政管理体制和文化企事业运行机制，进而解放和发展生产力。通过深化文化事业单位内部的劳动人事、收入分配、社会保障制度改革，提高公共文化机构和经营性文化企业的管理水平和服务效率。

3）优化文化服务方式。打破按区域和行政级划分配文化资源的传统体制，引导公共文化资源向农村、学校、基层延伸，逐步实现不同门类的公共文化服务设施互联互通，数字化公共文化服务资源共享，更多的公共图书馆、文化馆、博物馆、群众艺术馆（站）免费开放，更大限度、更有效果地发挥公共文化服务设施的服务效能。

2.1.3　重庆市

我国西部地区经济相比于中、东部地区仍处于发展缓慢的状态，农村公共文化服务体系建设亦然。然而近年来，西部城市——重庆市在农村公共文化体系建设中取得显著的成效，其主要做法有以下几个方面。

（1）公共文化阵地覆盖城乡

市、区县、乡镇、村（社区）四级文化阵地构成网络。至2011年，重庆市累计投资建成市级大型文化设施17个，"两馆一站"达标率分别为90%、87%、94.4%。2011年，全市每万人拥有群众文化设施建筑面积200多平方米。2014年达到650平方米，全市共有文化馆和图书馆分别有41个和43个；博物馆和影剧院分别有72个和90个；乡镇文化站和村文化室分别有800多个和8000多个，文化场所和资源覆盖了全市所有城乡地区。同时，还创新经费保障机制，每年从主城九区城市建设配套费中按每平方米安排 4 元作为经费保障，三年累计筹资一个多亿，已建成规模 600 平方米的街道文化中心近 200 个、100 平方米的社区文化室 100 多个。

（2） 文化惠民工程扎实推进

广播电视村村通、农村电影下乡放映、文化信息资源共享、农家书屋建设四大工程全部提前完成。完成 3000 多个已通电行政村、6000 个五十户以上自然村、10000 多个二十户以上自然村的村村通建设任务。农村电影放映实现每村每月一场和农村中小学每学年六场，全市 700 多个惠民电影放映队活跃在农村，年均放映电影 18 万场以上。今年起，惠民电影放映向社区拓展，在主城 9 区 700 多个社区免费放映。建成标准农家书屋近 10000 个，书刊外借点近 30000 个，每个农家书屋配送图书至少 1500 册，音像制品和电子出版物至少 100 种。

（3） 城乡文化活动丰富多彩

每两年举办一次中国重庆文化艺术节，每年举办一次重庆演出季，成功承办第十二届亚洲艺术节、第十二届中国戏剧节等重大活动，培育出全市小品大赛、渝州大舞台、乡村文艺会演、美术书法摄影联展、社区歌曲大赛、少儿爱心图书接力服务等活动品牌；重庆读书月、院团周周演等常态文化惠民活动深受群众欢迎。鼓励扶持基层文化活动，创建国家级文化先进区县、中国民间文化艺术之乡各 11 个，培育出三峡移民文化节、武陵山民族文化节等 20 个区县文化品牌，年均开展群众文化活动 15000 场次，参与群众达 3000 万人次。

（4） 内容供给能力不断加强

近五年新创优秀剧目 25 台、电视剧 100 部、群众文化节目 800 多项，分别获全国性奖项 11 项、78 项、100 多项。"渝州大舞台" 城乡文化互动形成长效机制，每年开展送戏下乡演出 1000 场以上。《重庆日报》创立农村板块，给每个乡镇、村、社分别免费送 5 份、2 份、1 份。重庆出版社出版《农村实用知识丛书》等公益书刊近 900 种。

（5） 公共文化服务形式多样

推动全市图书馆、文化馆和乡镇综合文化站、村文化室全部免费开放，博物馆免费开放 56 家，美术馆免费开放 13 家，年均接待群众 3600 万人次以上。积极推动流动文化服务，全市 7 个市级专业文艺院团、重庆图书馆、市少儿图书馆和主城九区图书馆均配送流动文化车，全市文化馆流动舞台车（含流动舞台）

覆盖率100%，公共图书馆图书流动车覆盖率35%，乡镇文化站均配备图书、计算机、电视机、广场音响等基本设备。提高公共服务数字化水平，重庆图书馆与主城九区图书馆实现"一卡通"，图书馆、乡镇综合文化站均配备电子阅览室，平均每11个村配备一台数字电影放映设备。

2.1.4 四川成都

四川省成都市在2013年成功入选首批创建国家公共文化服务体系示范区城市。成都市以"城乡文化一体化"为目标，从以下三个体系方面，加强农村公共文化服务体系建设。

（1）公共文化服务供给体系

成都市采用新公益性文化单位运行机制，推动形成统一开放、竞争有序的文化市场供给体系，同时发展文化产业，鼓励多种所有制主体混合发展。

（2）公共文化服务支持保障体系

成都市推进城乡基层文化设施建设升级，实现广播电视播出机构数字化和网络化，农村广播电视覆盖网络日趋完善；另外，图书馆也实现了免费开放。

（3）公共文化服务管理控制体系

成都市2009年出台了《关于进一步加强基层文化建设的意见》，2012年4月又出台了《关于深入开展国家公共文化服务体系示范区创建工作的实施意见》，将乡镇（街道）、村（社区）公共文化服务常年经费全部纳入财政预算。

成都市同重庆市一样拥有深厚的历史文化底蕴。通过对成都市公共文化服务体系建设的研究可以看出，成都市非常注重理论体系的研究。其从系统论的角度出发，注重整体与部分的协调发展、整个建设体系由不同的系统或机制作为支撑，每个系统又由不同的要素构成，环环相扣，相互关联，共同支撑。因此，公共文化服务体系建设应注重每一个组成部分的构建，并且多借鉴学者专家的理论研究。

2.1.5 内蒙古鄂尔多斯

内蒙古鄂尔多斯市是地广人稀的少数民族地区，鄂尔多斯从当地实际出发，创新农村公共文化服务的机制、结构、形式、内容，形成了阵地与流动相结合、公办与民办相结合、集中与分散相结合、传统与现代相结合特色鲜明的农村公共文化服务模式。

（1）创新政府文化建设工作机制

从 2008 年起，鄂尔多斯就把公共文化服务设施建设作为惠民项目并以制度形式确定下来，要求全市各级政府对文化投入每年要达到本级财政一般预算支出的 5% 以上。市政府组织实施公共文化服务体系建设工程，提出 5 年总任务，实行目标管理。将总体目标逐年分解落实，确定公共文化服务设施建设年度任务，下达到各旗（区），每年由鄂尔多斯市分管文化的副市长与各旗（区）领导签订公共文化工程任务责任书，列为对各旗（区）绩效考核的重要内容。制定并公开公共文化服务设施的建设标准和各级公共文化机构的服务标准，形成政府与社会、服务对象共同监管的机制。

（2）创新农村公共文化服务体系结构，将服务网络延伸至家庭文化户

家庭文化户建设源于传统文化，以家庭为基础开展民俗活动，一直是鄂尔多斯农牧区的风俗习惯。家庭文化户家里备有图书、报纸、乐器、棋类等文化用品，自觉自愿地为左邻右舍提供文化服务，农牧民可以聚在文化户家里读书看报、吹拉弹唱、自娱自乐。在国家财力有限、居住分散的农牧民距离乡镇文化站几十公里甚至几百公里的情况下，把家庭文化户纳入公共文化服务体系，有力地补充了公共文化服务体系的不足，能有效实现农牧区公共文化服务的全覆盖。鄂尔多斯市于 1995 年启动小康文化建设工程，提出加强家庭文化户建设，形成市、旗（区）、乡镇苏木（街道）、村嘎查（社区）、家庭文化户五级文化服务网络。目前，全市农牧区达到旗（区）和市级标准的各类家庭文化户已有约 1 万，遍布广大农牧区的家庭文化户经常组织开展农牧民演唱会、诗歌会、敖包会、马奶节等，已成为农牧区群众文化活动的生力军。

（3）创新农村公共文化服务形式，抓好流动文化服务

20 世纪 80 年代，鄂尔多斯市为当时的 100 多个文化馆、乡镇苏木文化站配备了各种类型的文化车，这些"流动文化站"带着图书、电影、录像、科技资料、小型演出等，按照"三定一日"（定点、定时、定线、过文化日）的服务制巡回演出，把文化送到偏僻的农牧区。近几年乡镇文化体制改革后，综合文化站减少，文化服务点与农牧民的距离也在拉大。针对这一变化，鄂尔多斯市于 2012 年一次性安排资金，统一购置 91 辆文化车，为市、旗（区）两级图书馆、文化

（群艺）馆和各乡镇文化站配备了新一代流动文化车—机动越野型小面包车，加强流动服务。

（4）创新公共文化服务内容，突出民族地域特点

鄂尔多斯市有着丰富的民族地域文化特色，为此市委、市政府强调无论是发展文化事业还是发展文化产业，都要突出地域民族文化特色。在公共文化服务中，鄂尔多斯市注重以民族文化为基础组织文化活动，将时代元素融入丰富的民俗活动中，使之与当代社会相适应，更富有活力，吸引更多的群众参与。

鄂尔多斯根据区域特点全面创新，因地制宜地建设农村公共文化服务体系，创造性地开展文化服务，尤其是发展家庭文化户、抓好流动文化服务的经验很值得边远地区、山区学习。

2.1.6　海南省澄迈县

澄迈县位于海南省西北部，毗邻省会海口市，是一个具有2100多年历史的文化古县。全县辖11个镇、176个村（居）委会、867个自然村。全县陆地面积2072平方公里，海域面积1100平方公里，总人口约53万。近年来，澄迈县全面融入海南国际旅游岛建设，先后获得中国长寿之乡、中国生态文化建设示范县、全国文物工作先进县、全国版权工作先进单位、全国群众体育工作先进单位、全国实施农民体育健身工程先进县等30多项国家级以上殊荣。

近几年，澄迈县投入了大量的资金建设县、镇、村三级公共文化设施建设。目前，已经建成县图书馆、县文化馆、县展览馆（博物馆）、金江绿地广场和金江影剧院、千秋文化体育广场、县青少年文化活动中心、广播电视中心等一些县级文化基础设施。全县标准化综合宣传文化站已基本建成。除此以外，澄迈县还正在推进农村文化场地标准化的建设。全县群众文化活动场地有600多处。目前全县宣传文化系统干部职工共有200多人，其中，县文化馆10人，县图书馆10人，城镇文化广播站33人以及村级体育辅导员152人。每年举办各类培训班12次，共培训了300多名农村社会文化辅导员和社会体育指导员，平均每个行政村都有2名辅导员。每年组织全县性的活动36次，群众自娱自乐活动近1000场。积极开展文化下乡活动，全县每年安排琼剧演出30多场，文艺晚会演出专场30多场，电影下乡1700多场。群众文化活动各具特色，形成品牌。因为常年开展文化活动，澄迈县现有的120多支文艺团队的文艺水平都得到了很大提高，县乡各社区各农村基本都有自发组织的宣传队伍和文化队伍。

澄迈公共文化服务体系建设所取得的成绩，与政府的支持投入分不开，与社

会各界的广泛响应分不开，也与人民群众的积极参与分不开，最终使人民群众享受更多的文化发展的实惠，不断满足人民群众求知、求富、求乐、求美、求健康、求长寿的需求。总结其经验，主要有以下几点。

（1）科学完善的制度是公共文化服务体系建设最有效的保障

澄迈县除了以县级财政的投入来保证平均每年近30%的文化事业投入增幅外，还把基本文化服务列入"8+2"民生工程，与教育、社会保障、就业、金融服务以及新农村建设一样，受到同等重视，不断提高文化资源的利用效率和社会效益。

（2）品牌的构建和模式的创新是体系化建设的推动力

澄迈县在这方面的建设已形成上下联动、文化活动体系化的长效机制，它主要通过县、镇、村自上而下层层推动，从而构成了共建文化的巨大磁场，并因此还催生了生产文化产品的新形式，即产品主要来自群众生产，并反过来服务群众，转换了客体和主体之间的关系，激活了群众办文化的积极性，形成以群众主动参与、广泛参与和自我管理为中心，有很强的文化整合功能和教育功能新模式。

（3）服务性是公共文化服务体系建设的主要目的

澄迈县在坚持满足居民基本文化需求的基础上，积极探索构成结构合理、发展均衡、网络健全、运行有效的体系化建设新路，确保公共文化服务的主体是社会与群众，农村为重点，力争解决由于城乡发展不均衡等一些因素所客观造成的建设不平衡以及引起的矛盾和问题，从而进一步提高文化体系的建设力和服务力，让每一个居民都能享受到更多的文化实惠。

2.2 公共文化服务网络布局篇

2.2.1 江苏张家港

2011年以来，江苏省张家港市在加快经济社会发展的同时，坚持重心下移、资源下移、服务下移，积极构建县域公共文化服务体系，探索实施"网格化"公共文化服务。张家港市的"网格化"公共文化服务模式有两大创新和亮点。

(1) 建立政府公共文化服务的基本单元"文化网格"

张家港市把全市 253 个村（社区）按照一定标准划分为 955 个"文化网格"，将全市所有区域、所有群众均纳入公共文化服务体系的服务范畴，从而形成了市、镇、村（社区）、网格四级服务管理体系。每个"文化网格"配 1~2 名网格文化员，这些从基层选拔的网格文化员，一般具备文化活动的组织和管理能力，有热情、有活力。网格文化员是整个网格文化服务体系的灵魂人物，其职责主要是：收集群众的文化需求；发现和团结各类文化艺术人才；向群众传递文化资讯与信息；引导群众走入公共文化设施，开展各类群文活动；组建特色文艺团队；配合上级文化部门做好服务；组织群众参加各级各类群众文化活动和有关赛事。同时以资讯服务、阵地服务、菜单服务、数字服务、导向服务等多种服务方式，将公共文化服务送到每一位群众身边，进而实现公共文化服务的精细化、人性化和均等化，全面提高公共文化服务的有效覆盖率和服务水平。建立文化网格后，张家港市文化生活变得红红火火、精彩纷呈。

(2) 创新文化服务机制

建立需求反馈和文化服务信息发布机制。以服务对象的文化需求为导向，提供有针对性的文化服务，即将全市公共文化资源列成"菜单"，按群众的选择提供服务。及时发布文化活动信息，发动群众参与。建立层级分工、统筹协调、群众评价的管理机制。市、镇、村（社区）、网格四级管理者都有特定的职能，网格内文化服务的供给由网格文化员负责，重大公共文化服务项目和活动则由张家港市网格化公共文化服务委员会统筹协调。文化服务活动效果的好坏由群众评价，把群众满意度作为重要的考核指标。建立志愿参与和多元供给、交互供给机制，公共文化服务由政府、公益性文化单位和社会力量共同提供，同时鼓励和支持"网格"之间、社区之间交互供给。切实尊重群众在公共文化服务体系建设中的主体地位，引导群众在文化建设中自我创造、自我服务、自我发展。

张家港市的"网格化"公共文化服务模式优势在于文化服务网点贴近服务对象，使公共文化服务便利化，农村公共文化服务的覆盖率全面提高；能充分激发"草根"的文化热情，使群众从"被动接受"向"主动参与"转变，自办文化，极大地丰富文化服务供给；推动政府文化部门从"包办者"向"组织者"转变，充分调动公益性文化机构服务的积极性，整合公共文化资源；以农民的文化需求为导向，拓宽了农民表达文化需求的渠道，促进了农村公共文化服务供给与需求的有效对接、提高了农民文化需求的满意度，有利于化解基层文化供需矛盾。

这种网格化服务，打破了原先的行政界限，从而使公共文化服务可以更细致的传播到了群众中去，让更多的人走进公共文化设施，去享受政府带来的文化成果。张家港市委书记徐美健表示，通过用"小网格，撬起公共文化服务的大体系"，让文化资源真正做到全民共享，提升文化民生福利。

文化部副部长杨志今赞扬说，张家港市"网格化"公共文化服务，充分体现了公平均等理念，以服务质量和效益为本的意识，以人为本、共建共享的文化参与精神，因地制宜、开拓创新的示范区创建精髓。各级文化部门和各创建示范区要认真学习借鉴张家港等地公共文化服务的思路、机制、做法和经验，学习其观念创新、机制创新、服务创新的精神实质，因地制宜，充分考虑本地公共文化服务体系建设的各项基础条件，找准突出矛盾和关键环节，通过实践探索和制度设计，形成富有地方特色的公共文化服务体系建设模式。

2.2.2 江苏昆山

昆山市作为长三角地区的"经济高地"，"十分钟文化圈"是其公共文化服务体系的标签。昆山市近年来加大文化设施建设力度，千方百计为百姓搭建舞台，提出"文化昆山"三年规划，打造市、镇、村三级公共文化服务体系，基本形成"十分钟文化圈"。昆山市印发了《昆山市公共文化服务指南》使得昆山人可以从中十分便利地找到适合自己的"文化大餐"。昆山面向基层和村、社区已先后有284个文体活动室向村民、社区居民开放，使市民出门即见文化设施、开窗即闻文化气息。统计数据显示，目前昆山全市人均拥有公共文体设施面积4.9平方米。同时昆山文化部门还在开发区等11个区镇修建总面积达10.8万余平方米新昆山人文化俱乐部。新昆山人文化俱乐部可以说是城市三级公共文化服务体系的延伸。俱乐部大都建设在工业园区附近、各区镇人才公寓，尤其是外来人员集聚区，使得外来务工人员在为昆山经济社会发展做出积极贡献的同时，还能享受到各类的文化活动。

昆山的"十分钟文化圈"使得居民在家门口就能欣赏到丰富多彩的文化活动，"新昆山人俱乐部"使得外来务工人员也可以像本地人一样享受丰富的公共文化服务，充分地体现了公共文化服务的均等性。

2.2.3 江苏江阴

地处"苏锡常"金三角几何中心的江阴市自实施"幸福进万家·文化欢乐行"工程以来，按照公益性、均等性、便利性的原则，坚持以政府为主导，以财政投入为保障，以城乡均衡发展为要求，创新举措，加大投入实现城乡公共文化服务全覆盖，载体建设亮点频现，一条覆盖城乡、便捷畅通的公共文化服务渠道已经形成。江阴市采取企业赞助、冠名联办、文企联姻等一系列手段吸纳民间资本，让丰富多彩的文化活动"落地生根"，让各种文化设施遍布城乡。

近年来，江阴市突出均衡普惠，建立和完善以市级综合性文化中心为龙头，集博物馆、图书馆、文化馆、展览馆、艺术馆、大剧院为一体的总投资超过 6 亿元的天华文化中心，这也是江阴历史上投入最大的公益文化设施，年接待参观人次超过 35 万。江阴还完成了"风情江阴"、"诗韵江阴"、"忠义江阴"等 22 条城区街道的文化景观建设，累计建成 50 多个文化景点。各个社区都建有文化活动室，镇、街道文化服务中心总面积超过 6 万平方米，让所有的江阴市民在家门口一公里之内就能找到合适的文化活动场所。构建了"覆盖城乡、结构合理、发展均衡、运行高效、全民普惠"的公共文化服务体系。

江阴市打破了原先政府部门一统文化服务的格局，将企业资本引入了公共文化服务当中去，丰富了文化服务的种类和品质，使得文化资源得到多元化的发展。

2.3　公共文化阵地建设篇

2.3.1　浙江海宁

花大力气建成的农村文化站，因为管理制度不健全、管理和服务者素质低而成为摆设，这在农村屡见不鲜。

为了充分发挥农村文化阵地的作用，浙江省海宁市加强了农村文化阵地制度建设和管理队伍建设，先后出台《海宁市农村文化阵地管理制度》、《海宁市农村文化阵地群众监督制度》、《海宁市农村文化阵地督察办法》等。

从 2005 年开始，每年围绕一个主题抓农村文化建设，先后开展了"农村文化活动年"、"农村文化阵地管理年"、"农村文化繁荣年"及"农村文化阵地规范管理年"等活动。

2007 年，海宁市试点公开招聘村级文化阵地专职管理员、监督员。2008 年，在试点工作取得显著成效的基础上，海宁市以招聘专职管理员、完善制度、稳定村级文化阵地为重点，制定管理员招聘工作办法。按照文化活动中心配备 2 名、文化活动室配备 1 名专职管理员、每个村配备 1 名监督员的要求，面向社会公开择优招聘。规定村级文化专职管理员的职责为：在镇文化站、村委会的指导下，专门负责村文化活动中心的日常管理和服务、村级文体活动策划、室内外保洁等工作。通过公开选拔，海宁大胆聘用年轻人，使专职管理员平均年龄从63岁降到40岁。为了吸引和留住有才干的年轻人，按照市财政50%，镇、村各25%的比例出资，用于村级文化阵地专职管理员的经费开支，为村级文化专职管理员提供较丰厚的收入。海宁的政策吸引了一批文化青年，建立了一支活力迸发的农村文化队伍。年轻人把村里的文化活动组织得有声有色、热热闹闹，促进了农村文化繁荣，一改过去由于管理人员年龄老化或无管理人员，村文化活动中心难运转的局面。

2.3.2 广东东莞

2011年，东莞市成为国家第一批公共文化服务体系创建示范城市。东莞市政府积极响应，对东莞农村公共文化服务体系的建设进行科学统一的布局和规划，并制定相应的政策措施，大力建设公共文化基础设施。东莞示范区创建以来，已成功建成了图书馆、文化活动室、文化活动广场等基础设施，基本覆盖了东莞农村社区。此外，室内文化设施面积、健身场地及配备都达到了国内一流水平，具有较为完善的公共文化基础设施网络体系。

"东莞模式"在全国具有较大的影响，为我国其他地区的公共文化服务体系的建设中提供了宝贵经验。

（1）构建长效机制，促进公共文化服务常态化

东莞市不断创新完善保障制度，大力扶持农村公共文化服务体系建设，建立了一套标准的供给运行体系框架，突破了城乡区域界限，打造了良好的文化发展环境。

（2）整合内外资源，提升公共文化供给能力

积极整合内外资源，加大与其他地区的文化合作交流，大力倡导市内文化艺术精品的继承和发展，用实践和合作不断创新，极大提高了东莞农村公共文化服务的供给能力。此外，东莞努力发展本地品牌文化，通过不求回报的服务群众推进城乡公共文化资源的整合和共享，提高公共文化的服务能力。

（3）争取标准化试点领跑全国

东莞市结合本地实际情况进行实地调研，以群众的实际文化需求为依据，研究和制定能够满足东莞市公共文化服务绩效评估的标准，以标准化、可复制化的

评估机制保障其正常运行和发展。

2012 年东莞市启动"提升公共文化服务水平"工程，重点推进村级公共文化服务队伍建设，突破农村公共文化服务"最后 1 公里"不到位的难题。市政府下发《2012 年东莞市"提升公共文化服务水平"工程实施方案》，规定东莞市每个村（社区）各聘任 1 名专职文化管理员、配置 2 名以上兼职文化志愿者，逐步建立一支以专职文化管理员为主、兼职文化志愿者为辅的村（社区）文化管理服务队伍。文化管理员实行"村用、镇聘镇管、市指导培训"的管理模式，在市文化部门的指导下，由镇（街道）按照规定程序公开招聘，经考试择优录用，人员经费由市镇两级财政共同承担。文化志愿者分别由市、镇（街道）文化志愿者服务队招聘、培训和管理，市设专项资金扶助奖励重点文化志愿服务项目。2012 年东莞首次公开招录村（社区）文化管理员，全部具备大专以上学历，平均年龄在 25 ~ 35 岁。东莞市重视对新录用村（社区）文化管理员和文化志愿者的培训，明确培训内容主要包括公共文化服务体系建设、基础文化设施管理、现代化设备操作、主题活动组织策划、非物质文化遗产保护等；建立培训考核评估制度，加强对学员的考勤、考核，每期培训结束，由有关部门对参加培训的学员颁发结业证书，作为从业资质和年度考核、任职晋升的重要依据；通过多种措施，有效解决了文化管理服务队伍"缺、差、弱"的问题。

2.3.3 上海打浦桥社区

"活力打浦，魅力文化"是打浦桥社区文化中心在上海市市民文化节期间推出的服务主题。自 2013 年 3 月首届市民文化节开幕之日起，围绕这一主题，社区共开展了"茶艺学堂"茶文化主题活动、仲夏夜之梦——2013 中外小钢琴家夏季音乐会、"赏申曲"沪剧折子戏专场、"梦想远航"小主持故事朗诵比赛等百余次文化活动。社区文艺团体如东方中东舞队、和韵民乐团、青年京剧沙龙、乐艺青年舞蹈队等每月都会为社区群众献上精彩纷呈的节目。

打浦桥社区目前形成了众多知名的活动项目，例如，针对青年白领推出"午间一小时"活动，为年轻人提供瑜伽健身等休闲锻炼课程；对于老年人，则定期为他们推出免费电影和剧目演出，还开办了专业的书法和绘画班；同时，还针对收藏爱好者推出收藏展览，对于歌唱和舞蹈爱好者开设歌舞社团，图书馆还有专门为儿童开辟的儿童图书室等。在不到 6000 平方米的社区文化服务中心里，既有格调高雅的活动，也有通俗易懂的节目，服务人群上至年迈的老人，下至幼小的儿童。活动中心不仅吸引了本社区和相邻社区的居民，还吸引了在附近工作的群众，甚至还有外国人，全方位地满足了各个层次居民的文化需求。此外，社区还拥有一支无偿为社区奉献演出的志愿者团队，他们由文艺社团、文化沙龙、高校专业院团等构成。打浦桥社区文化活动中心依靠多年的服务经验，为社区提供了众多公益和便利的惠民文化活动。

打浦桥社区文化中心自 2006 年建立至今，逐渐探索出一套由政府部门订购文化服务、由民间专业机构运作的管理运营模式，也积累了许多宝贵的管理经验。一是专业化和社会化运作相结合模式。打浦桥社区管理人员首先完成了由活动的直接组织者向监督指导者的角色转变，并选择了服务经验丰富、社会资源充足的上海华爱社区服务中心作为专业的运营机构，从而实现公共文化活动的管办分离。二是建立社区民主决策制度。打浦桥社区创立了由街道、居民和服务提供方三个主体共同组成的文化中心管理委员会，同时设立联席表决制度，使各主体都能在委员会议中民主表达自己的想法，更加自主地做出决策。三是建立反馈监管制度。打浦桥社区文化中心特别注重对活动效果的反馈，中心会定期对所举办的活动进行效果评估，搜集参与群众的意见，形成调查报告，并根据调查结论对服务方案进行改善。同时，还把评估结果与服务费用、奖金等挂钩，以此来提高公共文化服务的供给效率。通过建立这种社区主导、街道管理、专业机构运作的合作模式，实现各主体的互相支持、互相监督、各取所需、共同提高，真正提升了公共文化服务的质量。

2.3.4 宁夏海原县

针对乡镇综合文化站人才缺乏、利用率不高、文化经费投入不足以及村级文化活动无固定场所、无保障性开放时间等实际问题和困难，宁夏海原县探索出了一套契合当地实际、适应群众需求的新型管理体制与运行机制——乡镇综合文化站"公建民营公助"的运行管理模式，有效激活了基层文化服务体系建设。

（1）政府主导，协会运作

按照"政府主导、社会参与、协会运作、增强活力"的思路，海原县在当地选择了文化基础较好的西安镇、树台乡等乡镇综合文化站开展"公建民营公助"创新改革试点工作，即由政府投入建设，乡镇文化站管理，民间文化协会运行，吸引社会各方面力量参与和支持乡镇综合文化站建设管理运行的一种改革模式。一是县委宣传部、文广局和乡镇政府共同参与组织成立民间文化协会，隶属乡镇政府，业务上受县主管部门指导，同时建立健全协会运行各项规章制度。县文广局和各乡镇按照申请报名、志愿服务、资格审查、民主推选、择优聘用等程序产生出1名文艺骨干任协会会长，并将该辖区民间组织的优秀文艺队、社火队、村级文化活动室、文化示范户纳入到协会中管理，各队负责人任理事，并把懂文化、善经营、会管理的民间优秀人才吸收到协会中来。二是乡镇政府以合同形式将文化站及设备使用权无偿委托给民间文化协会运行，并由文化站工作人员监管协会及文化站资产，也可委派大学生青年志愿者担任文化站副站长，共同指导文化协会开展工作。县委宣传部、文化主管部门和乡镇政府逐步加大对农村公共文化基础设施建设投入，并及时落实国家对农村文化的扶持优惠政策。三是由文化协会运行后的文化站要全面实行无障碍、零门槛进入，文化阵地公共空间及设施全部免费开放，所提供的基本服务项目全部免费，真正为群众提供一道道丰盛的"免费文化大餐"。统筹农村广播电视、远程教育、农家书屋、文化信息资源共享工程等，组建集图书阅读、广播影视、宣传教育、文艺演出、文化市场监管、非物质文化遗产保护、科技推广、科普培训、体育和青少年校外活动等职能于一体的综合性文化站，并以此为模式，复制"一室多用"的村级文化活动室，基本解决农民群众看书难、看戏难、看电影难、收听收看广播电视难等问题，真正发挥文化在社会主义新农村建设中的作用，做到资源共享、优势互补。四是在农村公共文化服务项目规划和决策上充分尊重广大群众的意愿，使政府决策与民主反映需求有机结合起来，鼓励广大群众参与监督文化站和文化协会开展活动及设备使用管理情况。

（2）加强管理，明确职责

乡镇综合文化站是公共文化服务体系的重要组成部分，要激活文化站的书籍报刊阅读、文艺娱乐、科普培训、信息服务、体育健身等各项文化要素，积极开展形式多样的群众文化活动，有效改善农村文化面貌。一是根据当地群众的需求，结合乡镇综合文化站设施、场地条件，制定出乡镇综合文化站（民间文化协会）"公建民营公助"工作量化标准，组织开展丰富多彩的、群众喜闻乐见、健康向上的文体活动和电影放映活动；指导村文化室和农民自办文化团队（文化大院、业余剧团、文化户等）的工作，并经常性开展群众文艺骨干的辅导和培训工作。民间自办文艺团队要充分利用"星级评定，创优争先"管理办法，承担起当地文艺演出和文化下乡的责任，使文化下乡常态化、固定化，真正变送文化为种文化。二是开展流动文化服务，开办图书室，为当地群众提供图书报刊借阅服务，建好全国文化信息资源共享工程基层服务点，开展数字文化信息服务，建立留守儿童之家、留守妇女之家等慈善文化服务，组织好全民健身活动，确保公共文化资源进村入户。三是搜集整理非物质文化遗产，开展非物质文化遗产的普查、展示、宣传活动，指导传承人开展传习活动，并积极开展文物的宣传保护工作。四是定期不定期举办各类展览、讲座，普及科学文化知识，传递经济信息，为群众求知致富提供优质服务。五是做好所辖乡镇直播卫星公共服务"户户通"管理维护运行工作，及时协调解决农户收视中出现的问题。六是做好农村文化市场监督报告工作。

（3）绩效挂钩，经费保障

根据乡镇综合文化站职能，按照"基数不减、适度调整、协会管理、联合考核、以奖代补、资金直达"原则管理使用文化站专项资金。一是乡镇政府要在年度财政预算中给予文化站适当比例的运行经费，县文化主管部门要积极争取项目资金，灵活分配各乡镇综合文化站文化专项资金，根据各协会（文化站）年终考核结果，采取"以奖代补"方式给予拨付，切实解决乡镇综合文化站运行经费问题，确保上级文化部门和县委、政府确定的公益性文化活动正常开展。二是对大型公益性文化活动和农村文化事业专项建设项目，乡政府通过"一事一议"办法，定向购买文化协会的服务，拓展协会的服务功能和发展空间，满足广大群众的文化需求，切实发挥出乡镇综合文化站和民间文化协会在促进新农村建设、维护农村和谐稳定中的作用。三是民间文化协会可按照自愿原则，通过文化慈善向民间募集善款，弥补文化经费不足的问题。

乡镇综合文化站"公建民营公助"实施后，海原县西安镇、树台乡等6个乡镇文化站将11个村级文化示范室、49个农村文艺示范队、13个农民示范文化户纳入民间文化协会管理。海原县宣传部还针对各乡镇民间文化协会对入会的农民业余文艺团队和社火队缺乏抓手，特制定了《海原县街道（社区）、农村文艺团队星级评定方案》和《海原县街道（社区）、农村文艺团队星级评定标准》，对全县18个乡镇入会的175个村级文化活动室和191个农民业余文艺团队开展了星级创建和评定，对取得二星级以上的团队，在设备配发上和经费补贴上予以重点考虑，有力促进了民间团队艺术水准的提高，加强了团队整体管理，增加了基层文化活动的场次和交流次数，使全县农村文艺团队走上协会管理、自我参与、自我发展、自我创新的良性轨道来，进一步巩固和扩大了"公建民营公助"成果。

海原县乡镇综合文化站"公建民营公助"改革模式，有效地盘活了乡镇文化站文化资源资产，改变了有场所无人组织的基层文化活动局面，活跃了城乡群众文化生活，有力促进了基层文化发展繁荣，闯出了乡镇文化站管理运营新路子，起到了很好的示范、引领、带动作用，保障了群众的基本文化权益，为全区公共文化服务体系建设创造了新鲜经验。

2.4　公共文化品牌建设篇

2.4.1　江苏太仓

江苏省太仓市多管齐下打造"百团大展演"的公共文化服务品牌，取得显著成效。2008～2012年，太仓市已连续举办5届"百团大展演"。每届"百团大展演"主题鲜明，内容和形式不断创新，演出场点多，参与人数广，丰富了农民的文化生活。

太仓模式有效解决了农村公共文化服务存在的"剃头挑子一头热"的问题，其值得借鉴的经验可概括为三点：一是农村公共文化服务要创新理念和思路。农村文化服务要取得良好效果，关键是动员农民广泛参与，突出农民在文化服务活动中的主体地位。"百团大展演"以"人人参与文化，人人享受文化"为主题，农民群众由原来的观众和配角变成文艺演出的主角，激发了农民的文化创造活力，从而开创了农村公共文化服务的新模式。二是农村文化服务活动要创新内容和形式。"百团大展演"演出的节目大多是农民自编自创自演，形式多样，内容贴近乡村生活、贴近实际、贴近群众，题材鲜活，吸引力强。三是农村文化服务活动要创新机制和方式。太仓市积极构建政府主导、社团引导、企业参与的新格局。每届"百团大展演"都由政府有关部门主办，政府购买文化服务为村、社区、社会福利院、农民工寄宿区等地送演出。注重抓好农民自办文化，大力培育和扶持大批业余文艺团队，积极引导民间文艺社团和企业等社会力量广泛参与公共文化服务。民间文艺社团综合社会各层面的文艺资源，开展宣传教育和自娱自乐的文化活动，深受群众欢迎，队伍发展迅速。企业和民间资本则通过冠名、赞助等方式资助文艺团队以及比赛、创作和演出活动。同时，充分调动镇、村社区的积极性，形成镇、村（社区）联动的局面。与"太仓样本"相类似的还有湖南常德的"百团大赛"等文艺演出。

2.4.2　江苏镇江

镇江市是一座具有3000年历史的国家级历史文化名城，当地有着丰富的文化遗产资源和深厚的文化沉淀。在公共文化服务体系建设中，镇江市充分利用传统文化资源的优势，打造富有地方特色的文化品牌。镇江的民间口头文学极其丰富，"白蛇传传说"、"董永传说"、"甘露寺刘备招亲"等故事广为流传。2006年镇江的"白蛇传传说"和"镇江恒顺香醋酿制技艺"入选首批国家级非物质文化遗产名录。镇江市充分挖掘这些非物质文化遗产，先后举办了"长三角地区嘴上功夫大赛"、"长三角地区民间艺术手上功夫大赛"、"金山脚下话白蛇"等活动，增强了文化活动的吸引力。镇江是南朝梁文学理论家刘勰世居之地，刘勰所著《文心雕龙》是我国第一部体系完整的文学理论巨著。镇江市以"文心"命名公益文化活动，着力打造"文心系列公益文化行动"品牌，包括举办和开设"文心讲堂"、"文心艺术讲座"、"文心大舞台"、"文心剧场"、"文心展览"、"文心书场"，通过"文心播客"手机短信和市级主要媒体定期发布全市主要公益文化活动信息，吸引群众积极参与。2010年，"欢乐家园·文心大舞台"广场文化活动获得文化部项目类群星奖，"文心讲堂"被评为全省优秀文化服务品牌，如今，"文心系列公益文化行动"内容丰富，品牌影响力越来越大。

公共文化服务要坚持有效性原则，既要追求实际的社会效益，即有实效，能够有效地实现组织的既定目标，最大限度地满足民众的公共文化需求；又要具有运营的经济效益，即有效率，能用较少的成本投入，提供尽可能多的公共文化服务。坚持有效性原则须理顺政府与社会在农村公共文化服务领域的关系，政府应主要负责制定规划和文化政策，采取灵活多样的方式投入资金，激发社会文化生产和文化服务的活力，引导社会投资，而具体的文化生产和文化服务则交给社会。鉴于我国农村公共文化服务的现状，政府要千方百计地动员农民和社会其他力量参与文化服务活动，扶助农民自办文化，组织群众文化活动，增强文化活动的吸引力，让农民在参与和体验各类文化活动中更好地满足文化需求，提高文化服务的效率。江苏太仓模式是通过政府组织、购买、奖励，农民演出，打造"百团大展演"公共文化服务品牌，促进了群众文化社团的发展，吸引了民间资金的投入和农民的广泛参与。镇江模式体现了政府的精心设计和组织，通过挖掘当地传统文化资源组织群众文化活动，创造文化服务品牌，使文化服务活动能更好地"接地气"，更具吸引力，更有生命力，同时又促进了文化遗产的保护和传承。古代中华文化主要是农耕文化，发源于农村，我国农村蕴藏着非常丰富的传统文化资源，各地都拥有许多地方特色浓郁的文化资源，深受农民喜爱。农民也爱热闹，有参与的潜力，只要组织得当，加强文化人才的培养，就能激发农民和社会其他力量参与文化服务的热情，推动群众文化活动有声有色地开展，因此太苍和镇江经验具有普遍推广的价值。

2.5 公共文化资源利用篇

2.5.1 浙江苍南

苍南县位于浙闽两省交界处。随着农村经济的发展，苍南县普遍出现新建祠堂现象，几乎村村都有，数量最多的村达 6 个，这些祠堂大多处于闲置状态，而全县 776 个行政村仅有 210 个建有文化活动室。针对这一县情，2005 年苍南县委、县政府决定将农村宗祠改建为村文化活动中心，出台了《关于加快推进农村宗祠改建文化中心工作的实施意见》，提出争取在 2015 年改建 200 所，使每一个中心村都有一个文化活动中心，这一目标现已基本实现。

为推进宗祠改建工作，苍南县建立了一整套机制。首先，明确改建目标，制定项目管理办法。县委、县政府成立领导小组，建立联络员队伍，制订中央补助资金和地方创建资金管理使用方案，明确资金使用范围，细化项目预算，优化资金用途及预算的效果，做到创建资金专款专用。其次，确立了"产权不变，政府适当补贴，群众自主改建"的双赢机制。在祠堂所有权不变的情况下，政府对农村祠堂改建以奖或补的形式提供一定经费。祠堂改建为文化中心后把图书、广播、影视、演出、科技文化培训、体育等各种资源集中起来，设立图书阅览室、电子信息室、文体活动室等场所，为农民群众提供多元、便捷、长效、形式多样、健康有益的文化服务。近两年来，改建后的村文化中心举办各类培训班 120 多期，组织各类群众文化活动近 1200 场次，这些活动既富有现代气息，又展示和传承了本地非物质文化遗产资源，满足了群众求知、求乐的需要。最后，出台改建利用政策。苍南县委、县政府把改建利用工作纳入"文化苍南"建设和浙江省文化先进县创建的内容，纳入县乡党委、政府的重要议事日程，纳入经济发展规划和政府财政预算，纳入年度单位目标考核和领导干部政绩考核中。制定考核细则，对改建的村文化中心，通过当地乡镇政府审核后，县农村宗祠整治领导小组组织考核验收，验收合格后根据不同规模和层次，县财政给予 3 万~5 万元奖励。对文化活动开展得较好的改建文化中心，以奖代补的方式再给予 2 万~3 万的奖励。乡镇也安排专项资金给予补助奖励。县委宣传部会同县文化广电新闻出版局等单位每年对村文化中心进行抽查，每两年进行一次考核，对考核不合格的村文化中心限期整改或撤销资格。

苍南农村公共文化服务走出了一条利用农村闲置资源和民间资本、整合各种农村文化建设资源、采取新的投入方式建设文化阵地的新路子，为农村公共文化服务体系建设积累了新经验。苍南县通过宗祠改建还把宗族之间祠堂建设的热情引导到文化阵地建设上来，引导到全民性文化活动中来，使宗祠成为丰富农村精神文化生活的大舞台，可谓一举多得。2014 年，浙江省启动了农村文化礼堂建设五年行动计划，将在全省建成一大批农村文化礼堂，在试点年全省将率先建成1000 家具有示范意义的文化礼堂，使这一模式进一步提升和推广。

2.5.2　浙江德清

浙江德清县将乡村文化建设纳入年度考核指标体系，统一基础设施建设标准，着力推进"一村一品、一村多品"的文化建设工程，打造了一批文化特色村。例如，钟管镇钟管村挖掘名人资源，开设文学大师俞平伯纪念馆、外交特使傅云龙纪念馆；筏头乡后坞村建起"和美乡风馆"，展示当地民俗，建起一批"农家乐"、"洋家乐"吸引游客；钟管镇曲溪村、东舍墩村展示柳条编织技艺、剪纸艺术等山村特色民俗文化；劳岭村则发展观光农业，"沈约故里"东沈村打造"十里长春"八大自然景观，等等，从而使农耕文化和体闲文化建设有声有色。

文化特色村的建设，活跃了当地经济，为公共文化服务设施建设和群众文化活动的开展提供了资金保障。德清县不仅基本实现了规定的公共文化服务设施全覆盖，而且先后投入 200 多万元建起 80 个"乡村亮舞台"，培育发展农村文化队伍，通过搭建"文化走亲"平台，带动村与村、乡与乡之间的文化交流，丰富了当地文化生活，浓厚了农村文化氛围。同时还增加了农民的收入，提高了农民文化消费能力，激活了农民文化消费的热情，增强了农民参与文化活动的积极性。目前，浙江德清县农村文化活动活跃，全县已有乡镇文艺团体 80 个、村级文艺团体 180 个，全年开展群众文化活动超过 1000 场。此外，还投入 300 多万元建起了"农家书屋"。现在该县有省级文化示范村 7 个、省级小康体育村112 个。

浙江德清把文化建设与经济发展、农民增收结合起来，充分挖掘当地各种资源，较好地解决了农村文化建设资金缺乏、农民参与积极性不高、文化消费欲望和能力低下的难题，对推进广大农村经常性的文化服务活动具有重要参考价值。发展农村公共文化服务，还必须处理好政府与市场的关系，政府提供以保障群众看电视、听广播、读书看报、进行公共文化鉴赏、参与公共文化活动等基本权益为主要内容的文化服务，群众的其他文化需求则主要通过市场满足。要满足群众日益增强的文化需求，政府必须促进文化市场的繁荣，推动文化产业的发展。

2.5.3　河南宝丰

河南省宝丰县是"曲艺之乡"、"魔术之乡",民间文化底蕴深厚。近年来,河南省宝丰县依托当地民间文化,大力发展以魔术为代表的农村特色文化产业,涌现出 1400 多家民间演艺团体,吸纳 5.5 万多名从业艺人,2011 年演艺纯收入达 10.7 亿元,真正闯出了"农民创造文化,文化造福农民"的特色文化发展路子。

宝丰发展农村特色文化产业得益于四个方面因素:一是政府支持,主要是财政金融扶持。从 2005 年开始,县政府每年拿出财政收入的 2% 用于发展文化产业,并提供贴息贷款。2010 年以来,县财政还每年预算安排 300 万元设立魔术演艺发展基金,对做出突出贡献的魔术团体和魔术师进行奖励,扶持魔术演艺业的发展创新。同时,县政府做好规划和引导,推动产业集聚发展,促进产业链条延伸;积极开展服务,为演出社团解决困难,维护演出社团的权益。二是强化市场运作。演出社团按照市场规律组织魔术文化服务和产品的生产,根据观众多样多变的审美需求,自主研发,及时更新演出形式和节目内容,创作了一大批富有现代气息的魔术节目,从而提高了节目的观赏性,拓宽了市场。用市场机制整合表演团体,把过去"小、弱、散"各自为战的 120 多家演出团体收编组建成宝丰县演艺集团(公司),提高了企业的竞争力,经济效益连年翻番。根据市场需求延伸产业链条,着力发展魔术服装、道具、大棚、音响、运输和广告设计等相关产业,已初步形成包括创意、制作、包装、表演、旅游以及职业教育在内的魔术产业链。三是改革人才培养模式。改变过去单一的"师带徒"模式,采取"请进来走出去"的多样化培养模式,邀请近百名国内外魔术大师来宝丰考察,与本地魔术师交流、切磋技艺,选拔资助青年魔术人才到高等艺术学院深造,同时开办魔术学校。四是加强对外宣传推介。通过演出推介、重大节日推介和媒体推介,不断扩大宝丰魔术文化的对外影响力。

2.5.4　山西清徐

清徐县地处山西省中部,太原市南端,古称梗阳,迄今已有 2500 多年的历史,全县辖 4 镇 5 乡 1 个街道办事处,188 个行政村和 24 个社区居委会,总人口约 34 万。清徐县不仅是山西正宗老陈醋的发源地,而且还是全国四大葡萄名产地和晋商发祥地之一,因此该县素有"文化名城、醋都葡乡"的美誉。1997 年清徐县被文化部命名为"全国文化先进县";2009 年,被山西省政府命名为"山西省文化十强县"。近年来，清徐县提出打造"文化名城、醋都葡乡"，建设全省文化强县的口号，不仅文化馆、图书馆、体育馆等新建面积达 35 000 平方米，投资达 1.3 亿元，而且还另外投资 468 万元和 1200 万元分别建成了 9 个乡镇综合文化站和 110 个标准化的村级文化活动场所。从这些投资建设来看，清徐县基本上建成了覆盖三级（即县、乡、村）的文化服务体系。到目前为止，清徐县已有规模性文化团队 383 个，其中，秧歌队 43 支，锣鼓队 85 支，背铁棍队 175 支，旱船队 65 支，八音会 8 支。这些团队总的参与人数为 8980 人。更有一批先富裕起来的群众，走上了自办文化的道路，分别由个人投资兴建了"徐沟背铁棍传习所"、"民居砖雕传习所"；"西关村女子军乐队"。清徐县具有深厚的文化底蕴，其文化传统独具特色，在醋文化、贯中文化、葡萄文化、晋商文化方面都在国内很有影响力。老陈醋传统工艺、徐沟背铁棍、清徐砖雕、清徐彩门楼 4 个国家级非物质文化遗产项目和 30 多种民间艺术形式的完美结合，促成了中国清徐架火节、中国清徐醋文化节、葡萄采摘月、马峪桃花节、西谷荷花节等群众文化活动。在对于醋文化的挖掘保护中，编排醋系列舞蹈，编写《醋经》，在北京举办醋文化高峰论坛，将山西陈醋这一知名海内外的饮食品牌打造成了深具历史内涵的文化品牌。总结清徐的建设经验，主要有以下几点。

（1）突出特色，引领群众文化活动向品牌化发展

公共文化服务品牌的创建，一方面要充分和本地的文化实际相结合，挖掘传统资源，突出文化优势，从以往的"送文化"发展成为"种文化"，培育一批具有文化积淀、有地方气质的民间文化"高人"和民间文化活动，形成规模，形成声势。另一方面要更加注重社会各界的参与和创造，政府应该充分地参与到公共文化产品生产、服务提供的各个环节，同时积极鼓励广大群众通过组成民间社团、非营利性文化服务机构等社会组织进入公共文化服务领域，形成共同治理结构，实现政府与公民社会的良性互动。

（2）紧贴群众，广泛开展一系列文化惠民活动

清徐县在一系列惠民活动的开展过程中，一方面注重整合社会资源办文化，调动更多的社会力量，挖掘更多的资源投入文化事业，推动文化的改革和创新，建立灵活实用、监督到位的投入机制，更好地提高财政对文化投入资金的使用效率。另一方面注重增强文化惠民的品质和创新方式。清徐县认识到，文化惠民远不是送文化项目下乡这么简单，而是要从真正意义上改变农村相对落后的文化服务面貌，通过灵活多变、喜闻乐见的形式，宣传党的政策，振奋群众精神，传递致富法宝，提升文化内涵。要建立健全公共文化设施服务公示制度和反馈制度，

让群众知道政府都在干什么，让政府知道大家都在想什么。

（3）重视引导，激发广大群众自办文化的热情

过去农村自办的文化活动，多是在传统节日，以传统习俗的表现为主，轻松活跃，实践性强。其中不乏弘扬社会主义核心价值观，传递社会正能量的内容。健康的文化活动越经常越普及，流连腐朽、落后文化的农民群众越少，从而为形成文明乡风提供健康的养料和良好的导向。清徐县在广泛引导开展群众自办文化上，立足于本地丰富的文化积淀，突出对乡村民俗文化的传承，与广大群众其生活相适应和相融合，培养共同的兴趣爱好，发挥"启智"效应，提高农民文化素质，增强农民致富能力。

2.6　公共文化服务社会参与篇

2.6.1　上海市市民文化节

上海市市民文化节是上海市公共文化服务体系建设中的一项重要活动，不仅丰富了上海市民的精神文化生活，也大大增强了上海市的文化软实力。

自2013年起，上海市市民文化节正式举办。从举办至今，市民文化节得到了社会各界的广泛支持，这离不开政府的引导和社会力量积极参与，也让市民成为活动的真正受益者。市民文化节在空间上涵盖了上海各个区县，在时间上也跨越了全年四个季度。为了保证市民文化节的成功举行，上海市政府专门成立了文化节指导委员会，负责市民文化节的统筹协调工作。委员会委员由各区县政府、社会相关团体和组织的负责人担任，并且设定一人专门负责联络。

上海市市民文化节彻底改变了以往由政府一手包办的传统，创造出全新的参与模式。文化节在举办过程中不断凝聚社会能量，展现市民智慧，通过政府购买、赞助支持等方式，积极倡导文化类企业和非营利组织的参与，充分发挥非政府组织的能动性和创造力，这在国内尚属首例。

2.6.1.1　市民文化节的特点

（1）活动涵盖范围广

首届上海市市民文化节吸引了近百万上海群众的参与，文化节活动内容丰富、覆盖范围广。例如，影像的艺术之夜、室外音乐演奏、博物馆奇妙夜、儿童

服务日等特色活动。第二届上海市市民文化节则是围绕听、说、读、写四个主题，开展了朗诵名著经典、国学知识大比拼、演说大赛、沪语大赛、相声小品大赛、文学创作大赛等项目，还针对部分社区推出电影放映进社区活动，针对陆家嘴地区推出金融文化节等。这些活动不仅激发了群众的参与热情，满足了市民的文化需求，也大大提升了市民的文化涵养。

（2）服务机制的便捷性

前两届市民文化节的一个重要经验是：优化顶层设计，利用末端效应。文化节中的大部分活动都是在上海市二百余个社区文化中心举行的，不仅实现了群众在自家门前享受公共文化服务的愿望，也把社区文化中心变成了为市民们传送文化资源的平台。鉴于此，上海市政府专门建成了公共文化资源配送体系，增广配送资源、优化配送方式，将文化产品直接供给到社区，为市民提供更加优秀的文化资源和服务。另外还畅通市民意见反馈通道，尽可能地按照公众意愿改善服务品质，提高服务质量。

（3）公共文化服务空间的扩大

除了不断丰富公共文化服务内容，市民文化节还通过各种途径扩大公共文化服务空间。首先，发行活动指导手册。在手册上详细介绍活动时间和内容安排等，并免费提供给市民们。其次，定期举办文化节活动发布会。各个社区活动中心在每季都会举行文化节总结大会，每月都会公布活动的目录表和上月的相关参数，每周都会公布本周的活动安排、每天都会提前公布具体的活动内容，以方便市民随时获悉活动信息。最后，市民文化节还上线了公共文化网上服务，建立网络比赛机制，还在新民网上设立市民文化节专门站点，来实现活动的实时传播。

2.6.1.2　市民文化节的成效

（1）扩充公共文化服务内容

上海市市民文化节通过赛事的安排和组织，为群众搭建了一个可以随时参与的平台，丰富了社区公共文化建设的内容。首先，活动范围涵盖了器乐、舞蹈、阅读、合唱等各个方面，改变以往单一的比赛形式，为各个阶层的居民提供不同的文化服务，使活动更加贴近群众生活。其次，市民文化节的举办过程中始终把公众需求放在首位。具体的文化活动都是由各社区的群众、文化组织、民间文化团队自发组织和安排的。最后，市民文化节还拓展了文化信息的获取和反馈渠道，给社区群众提供更多的选择空间，进而激发群众的参与积极性。

（2）实现了公共文化供给主体多样化

首届市民文化节降低了社会力量的参与门槛，邀请众多的企业单位、民间文化类社团参与进来，共同策划和组织活动。活动期间主要通过以下方式来扩大参与主体：一是邀请上海市交响乐团等一大批文化类机构的专业人士参加表演和指导。二是通过加大对上海市各博物馆、艺术馆等展览场馆的财政补贴，来增强节庆艺术展览的普惠性。三是利用政府购买等方式购买民间文化服务项目，鼓励社会力量参与。四是通过冠名权和赞助权的发放等吸引市场力量的加入。种种鼓励方式的运用实现了公共文化给主体的多元化，充分发挥了企业、非营利组织等非政府力量的能动性和创造力。

（3）促进了公共文化服务均等化

公共文化服务均等化是指公众能够有均等的机会和权利去享受、参与公共文化服务。然而，由于上海市各区县经济水平的差异，各地区的公共文化服务供给现状也不同，主要体现在上海市区如黄浦、静安、徐汇等经济发展较快的区县公共文化服务供给过剩，而上海市一些远郊地区如青浦、宝山、奉贤等公共文化服务供给则相对滞后。而市民文化节的举办就有效改善了这一现状，不仅通过公共文化事业单位对各区县、社区进行相关财政补贴，还建立了公共文化资源的多级配送体系，为社区提供更加丰富的、高品质的培训和展演等，在一定程度上弥补了过去公共文化资源配置方面的不足，也促进了公共文化服务的均等化。

2.6.2 湖南岳阳

作为第二批创建国家公共文化服务体系示范区城市，近年来，岳阳市委、市政府在坚持政府主导，加大财政投入，提高公益性文化单位服务效能的同时，积极引导和鼓励社会力量参与公共文化服务体系建设，从八个方面进行有益探索，形成社会力量参与公共文化服务体系建设的"岳阳模式"。

（1）社会资本进入公共文化设施建设的"资本运营"模式

1）强化政策引导。出台《岳阳市社会力量参与公共文化服务促进办法》《屈子文化园招商引资暂行办法》等，鼓励、引导和支持社会资本参与文化建设。

2）保障投资权益。根据有关政策要求，做好项目论证，兼顾投资效益和社会效益，确保项目正常运营，实现资本与服务双赢。

3）吸引社会资本。2013年来，全市已有50多家企业出资参与公共文化建设，市政府启动"十大文化工程"建设，总投资超过 20 亿元。各县市区还积极争取社会资金 65.74 亿元用于公共文化事业，形成政府、社会共建公共文化格局。

（2）文化产业助力公共文化服务发展的"产业助推"模式

1）坚持文化产业与文化设施同步开发。实行"捆绑式"招商，确保企业获利的同时，配套建设公共文化设施。君山印刷科技工业园目前入园企业 6 家，实现年产值 5 亿元以上，配套建设一批文化设施，服务周边群众 30 000 余人。

2）坚持文化营利与公益服务同步发展。采取"搭便车"方式，鼓励文化企业开展与经营相关的公共文化服务。汨罗市积极探索 PPP、基金、股权等文化建设投融资模式，总投资 50 亿元，对新市古镇等进行开发，提升基层公共文化建设水平。

3）坚持文化服务供给与文化消费引领同时兼顾。成立"岳阳市电影行业协会"，建成影院 17 家座位 10 000 个，年放映影片 240 多部，服务各类人群 1295 万余人，年放映收入达 1.2 亿元，有力促进了文化消费。

4）坚持文化招商与大众创业同步推进。一方面，将文化产业作为重要招商门类，制定专门的优惠政策，实行"一事一议、一项一策"的招商策略，营造宽松的经济发展环境。另一方面，抓住国家大力推动大众创业、万众创新的机遇，搭建大众创业创新平台，制定鼓励和促进大众创业创新的政策，营造良好的创新创业环境，激发社会大众文化创业活力。

（3）文化志愿服务协助公共文化机构的"编外参与"模式

1）强化团队建设。成立岳阳市文化志愿者服务支队和各县市区分队，构建了覆盖城乡的文化志愿服务网络。建立"文化志愿者之家"网络平台，全市注册文化志愿者已超过 10 000 名，文化志愿服务团队 1000 多个。"三千文化志愿者下社区、乡镇活动"被文化部评为示范项目。

2）丰富服务模式。搭建了群众文化、图书与文博志愿服务综合平台，形成建点辅导、办班培训、搭台演出、参与配合四种服务模式，成为有效参与公共文化服务的重要载体。

3）探索长效机制。制定《岳阳市文化志愿服务促进办法》，将文化志愿服务纳入党委政府工作安排，成为公共文化服务建设有益补充。

（4）民间文化组织参与公共文化服务的"扶持奖励"模式

1）激发内在活力。出台《关于进一步扶持社会文艺团队的实施意见》，积极搭建平台，培育活动品牌，一大批文艺团体与文化人才脱颖而出。例如，湘阴县"激情舞动·幸福湘阴"2015 全民广场舞大赛，参演团队 300 多个，参与人数 6000 余人。

2) 重视人才培养。岳阳市委、市政府开展"文艺岳家军"计划支持人才选拔工作，2015 年已选拔文艺人才 20 名，每人给予 5 万元专项资助。同时通过以奖代扶，解决民间团体资金问题。屈原民营花鼓戏剧团获市汇演一等奖后，得到市政府 30 万元奖励，并成为全市剧团改革与戏曲创作的典型。

3) 培植地域特色，发掘地域民间文化传统，不断培植特色品牌。云溪区"乡村文化礼堂"、"家规家训"文化品牌被中央文明委评为改革开放三十年十佳典型案例；岳阳县"文化百姓·一元剧场"文化惠民活动、汨罗市长乐镇"万人闹元宵"活动被评为第五届湖南艺术节项目类"三湘群星奖"；华容县建成中国首家民间"棉文化博物馆"，在乡镇综合文化站设立"同心·关爱"留守儿童服务站，被中央、省级媒体大力推介；临湘市建立湘鄂赣非遗保护交流联席会；汨罗市每年举办民间龙舟邀请赛，开展湘北地区"七十二本"传统花鼓戏剧目复排工程；岳阳楼区创作微电影剧本《洞庭恋歌》，建立"洞庭渔歌"非物质文化遗产传习馆；岳阳经济技术开发区建成 4 个少年宫，举办"暑期学校"和"周末课堂"，打造以青少年培育为特色的文化活动中心；屈原管理区"爱在金秋"活动成为该区残疾人的精神家园。

(5) 文化惠民活动参与公共文化服务产品供给的"文企联姻"模式

1) 搭建文企联姻合作平台。推出中国龙舟文化节等一系列文化平台，吸引企业通过赞助、冠名等形式，服务公共文化。君山区与北京一科技公司合作，共建内地省份县级首家公共文化综合数字服务平台，第一批 20 台一体机已投放，计划 5 年内投放 100 台一体机，将惠及群众 25 万余人。

2) 推出文企联姻合作方式。岳阳市政府每年拨付 200 万专项资金用于高雅艺术惠民演出，通过与文化企业合作，吸纳资金 1220 万元，降低演出成本，让群众得到低价消费，实现高雅艺术常态化、普及化、平民化，目前已演出 54 场。

3) 注重文企联姻合作效果。采取政府支持、企业冠名、社会赞助、自筹资金等方式，打造一系列文企联姻、文化惠民品牌。每年全市送书进村 10 000 多册；送戏送电影下乡 40 000 多场；"欢乐潇湘·幸福岳阳"群众文化活动演出1711 场；"周末一元剧场"演出 112 场；岳阳市美术馆展览 21 场；岳阳博物馆举行流动展览 45 场；建成非遗传习基地 18 个。花鼓小戏《老赵家的感恩节》获国家艺术基金扶持，并获第五届湖南省艺术节一等奖。声乐《水粼粼的洞庭湖》、舞蹈《薰风轻轻吹》、微电影《良心的守护》等多部作品获全省艺术节金奖。

4）试水公共文化服务外包。汨罗市文化馆引入社会专业机构参与公共文化机构的服务与管理取得较好效果；屈原管理区整合民间戏班，组建屈原花鼓戏剧团，政府通过购买文化服务支持剧团发展。

（6）基层群众参与公共文化设施建设的"民间众筹"模式

1）政府顺势引导。近年来，临湘市、云溪区等地方政府在规划、土地、融资等方面制定优惠政策，以奖代补，形成"自下而上"与"自上而下"相互促进的文化"民间众筹"模式。临湘市通过民间众筹模式已建成投资900万以上的乡镇文化广场1个、过百万的村级文化活动中心5个、50万元以上的文化广场10个。由重庆吉祥天公司参股的3000万元的白云湖文化休闲广场二期已启动，文化艺术活动中心项目完成选址。

2）民众乘势筹建。近两年，村组基层群众"众筹"办文化如雨后春笋般发展。例如，屈原管理区"众筹"2000多万元建成河泊潭村级文化活动中心，云溪镇四屋组投资400万率先建成农村"文化礼堂"，湘阴县新泉镇王家寨村投资2000万建"湖湘文化博物馆"等。据不完全统计，岳阳市通过民间众筹方式建设的公共文化设施达100多个，总投资超过60亿元。

3）注重规范整合。政府加强规范和引导，将众筹办文化的社会力量整合到公共文化服务体系中来。一方面坚持自愿原则，科学指导；另一方面通过以奖代投进行规范服务，并制定考核标准。

（7）全民参与提升公共文化效能的"公益阅读"模式

1）"24小时自助图书馆"。在全市城区主干道及人流聚集场所设立3个"24小时自助图书馆"，每个自助图书馆占地面积约22平方米，藏书量3000余册，实现全天候服务，服务半径可达2公里，服务人群达2万人以上。

2）"公益阅读吧"。由省级文明单位援建，市、区财政补贴，倡导社会赠书，鼓励社会各界捐资，鼓励文化志愿者参与管理和服务，建成6个"公益阅读吧"，藏书量18 000余册，每天接待读者2000人以上。

3）"公民图书漂流架"。开展"公民图书漂流"活动，已在公共休闲场所建成"公民图书漂流站"5个，前期社会捐书3000余册，吸引读者达60 000余名。

4）"爱心图书室"。整合社会捐助的图书，建立"爱心图书室"43个，辐射边远乡村与弱势群体，已为留守儿童、服刑戒毒人员、残疾员工等送爱心图书61 975册、光盘512张，价值160万元。

5）"高校图书馆联盟"。由市图书馆牵头，联合全市公共图书馆和高校图书馆成立岳阳"高校图书馆联盟",推动各级各系统图书馆的交流与合作。

(8) 公共文化共建共享的"资源整合"模式

1) 部门协调。出台《岳阳市公共文化服务体系建设协调机制工作方案》,围绕"构建现代公共文化服务体系",对跨部门、涉全局的问题例行沟通协调,确保全市公共文化服务均等化程度和服务效能显著提升。

2) 共建共享。出台《岳阳市关于加快整合公共文化资源的十条意见》,把工青妇科教等系统的设施和资源纳入公共文化服务体系。自创建以来,全市共新建文化设施 67 个,整合文化设施 455 个。洞庭湖博物馆、市图书馆新馆等十大文化项目的规划和建设,全面提升了城市公共文化设施整体水平。目前全市共建成乡镇综合文化站 186 个、农家书屋 3570 个、文化信息资源共享基层服务点 2631 个、村级文化活动室 2854 个,并配套建成文化广场 1137 个,市、县、乡、村四级公共文化设施网络日臻完善。

3) 互联互通。与湖北襄阳、江西新余共同组建"湘鄂赣"区域公共文化联盟,联合举办湘鄂赣三地书法美术摄影作品联展、非遗保护成果图片展等系列文化活动;承接文化部交办的"全国文化志愿者培训班";开展"长江经济带国家公共文化服务体系建设示范区城市、创建城市文化志愿服务成果展";承办 2015 年"春雨工程"——全国文化志愿者边疆行暨西藏山南地区赴湖南岳阳公共文化场馆免费开放服务跟班学习活动;连续两年举办"大地情深"国家艺术院团志愿服务走基层活动。

2.7 公共文化服务市场篇

2.7.1 浙江杭州大剧院

目前,我国大部分公共文化服务设施都是国家或当地政府部门出资兴建的,例如,国家大剧院、上海大剧院、杭州大剧院、江西艺术中心、湖南长沙田汉大剧院、内蒙古乌兰恰特大剧院等。其中,国家大剧院是我国有史以来投资规模最大的公共文化服务设施项目,其所有的投资都是由中央财政拨款解决。然而,与国家大剧院的融资模式不同的是,上海大剧院和杭州大剧院更多的是由地方政府财政承担其融资任务。这些公共文化设施在现阶段社会主义文化大发展大繁荣的背景下,其主要承担着三个主要的任务:首先是为了推动我国社会主义文化的大发展和大繁荣,并适当的引导我国社会主义主流文化的消费和发展;其次是服务当地人民大众的精神文化需要；最后，这些公共文化服务设施的建设和发展对于提升和弘扬我国的民族文化和区域文化具有非常重要的意义。

因此，现阶段我国公共文化服务设施的运营和管理中，首先必须放在第一位进行考虑的是社会效益，并在重视社会效益的同时，将社会效益和经济效益进行有效的结合，实现两者的有机统一。因此如果将这些公共文化服务设施定位为自负盈亏的企业，并实现现代企业制管理，当然可以很大程度上减轻中央或地方政府的财政负担，但是这样的定位往往会使公共文化服务设施的"公益性"被其商业性所侵蚀，同时也使地方政府形象受损，降低了当地文化的艺术品位，造成了社会文化资源的浪费。所以，在公共文化服务设施的运营和管理中，一方面必须确保政府的主导地位；另一方面，也必须引入企业式的管理方法，引入民间资本，多方位的融通资金，并有效地减轻地方政府的财政负担。

始建于2004年的杭州大剧院深谙此点，在建设之初，杭州大剧院是由杭州大剧院管理中心和杭州大剧院管理有限责任公司共同出资进行管理和运营，这个共同管理中心的工作人员依然与杭州市政府有着千丝万缕的关系，甚至直接是由杭州市政府委派，并由这些人员组成了共同管理中的管理小组。然而，在运营和管理的初期，由于这些管理人员大部分是来自于政府单位，并缺乏大型剧院的管理经验，并对于文化产业的运营管理缺乏先进的知识，这就造成了杭州大剧院在最初运营的几年中收益甚微，而且每年动辄千万的管理和维修费用，让杭州市政府苦不堪言。这样，杭州大剧院遇到了一个不得不面对的问题，它已经遇到了东莞大剧院运用中同样的困境——以6亿元打造的广东东莞大剧院，政府每年的补贴高达3000万元以上。

针对这种财务困境和大剧院品牌效应不强的局面，2007年年初，杭州大剧院管理中心决心对大剧院的运营和管理体制进行改革，并引入民间资本。杭州大剧院共同管理中心最初是希望通过委托管理的办法，将杭州大剧院的经营和管理通过委托管理的方法委托给先进的文化企业。2007年年底，北京保利大剧院、上海大剧院、韩国LG公司以及德国文化联合公司等公司都先后与杭州大剧院共同管理中心进行接洽，最终，德国文化联合公司赢得了对杭州大剧院的管理任务。2010年年底，德国文化联合公司和杭州市文化局分别出资2700万元和300万元，共同入股并筹建了一个新的杭州大剧院管理公司，在入股协议的规定下，在最初的5年时间内，德国文化联合公司无需向杭州市文化局交纳相应的管理费和补贴费，但是，5年以后，德国文化联合公司需要向杭州市政府交纳总计600万元费用。当然，在入股协议中，杭州市政府也对德国文化联合公司提出了相应的要求：德国文化联合公司在每年的文化季中必须向当地群众提供至少150场的一流文艺演出，而且每次的文艺演出必须覆盖杭州市当地的普通市民。这些对于德国文化联合公司是非常容易达到的，因为德国文化联合公司是一个具有近百年文化剧院经营管理经验的公司，具有文化企业运营和文化表演艺术的"资源优势"，而且杭州市文化局甚至也可以通过一定的政府购买的方式，促使德国文化联合公司对每年的文化季降低文化表演的票价，以最大程度上吸引普通市民能够走入大剧院观看表演。以2013年为例，2013年杭州大剧院演出季的票价均价仅为20元，而且，对于贫困居民、大剧院周围居民实施赠票和低价票的政策，从而吸引普通市民进入大剧院观看文化表演。所以，通过这种政府文化管理部门和民间资本的水平合作，不但提高了公共文化的服务水平，更重要的是，地方政府可以从每年高额的剧院管理费、维修费中解脱出来。可以说浙江杭州大剧院的新的运营方式是当前我国公共文化服务设施运营中比较成功的一个案例。

2.7.2 陕西渭南：一元剧场模式

渭南市地处关中平原东部，是陕西省（除省会西安市之外）的第二人口大市。渭南市虽然人口众多，但经济较为落后，2010年该市人均GDP为1.51万元，在陕西省地级市中名列倒数第四。然而，就是在这样一个经济落后地区，地方文化部门却运作出一个公众只花1元钱就能看到专业剧团表演的公共文化服务项目——"一元剧场"。"一元剧场"自2007年11月推出以来，至2010年累计演出近200场，受惠群众近20万人，推动该地区形成群众性"戏剧热"。"一元剧场"使渭南市秦腔剧团由原来处于连续四年排不出新剧目的瘫痪半瘫痪状态重新焕发出生机与活力，先后推出了《郭孝义》、《隋文大帝》、《关中往事》等全本秦腔优秀剧目，市场生存能力不断增强。目前，渭南市"一元剧场"已经获准成为首批国家级公共文化服务体系示范项目，备受社会各界关注。

渭南市秦腔剧团是一个有着优良传统和光辉历史的专业剧团。该团创建于1954年，曾排演了150余台节目，多次进京展演，囊括了包括国家级"五个一工程"奖在内的众多大奖，在三秦大地及周边省（自治区）颇具影响。然而，在"一元剧场"推出之前的多年时间里，这样一个优秀剧团却面临着无戏可演、演员无事可干、剧团内部"一盘散沙"、剧团成员不断上访的局面，这就是"一元剧场"的产生背景。

为扭转渭南市秦腔剧团几近崩溃的局面，渭南市委市政府大胆启用新干部，任命了新的文化广播电视局（以下简称文化局）领导班子。新班子上任以后，策划推出了"一元剧场"及"周末一元"品牌，从而在相当大程度上解决了剧团无戏可演、演员无事可干、群众无处看戏、地方性文化资源不断消解的问题。渭南市秦腔剧团活力不断迸发，其主要经验包括以下几个方面。

（1）让演员有事可干

有了新的领导班子，但仍然面临诸多困难，在深入调查的基础上，他们认为"抓问题要从主要矛盾入手"，"第一步是让大家都有事干，就这么简单"，"让演员有事可干"遂成为"一元剧场"产生的直接动因。但如何让演员有戏可演呢？通过与演员、干部的互动发现，靠商业化演出扭转被动局面很难走得通。因为剧团在面临发展的困境时，各种商业化演出的办法都想过了，办"茶社"演出，5元、10元票价演出等，效果都不理想。于是在"一元秒杀"、"低至一元"等具有较强冲击力广告启发的基础上，他们决定以"一元剧场"演出形成广告效应，从而为演出聚集人气，为剧团找回"观众"，为演员找回社会的"承认"。2007年11月23日"一元剧场"一经正式推出，现场群众买票及观看情绪就异常高涨，很多演员为之动容，一些演员后来回忆说，"那场演出之后，大家心情久久不能平静，一些演员都哭着说'很久没有见过这样的场景了'，'这样的演出才叫演出'，'说明戏曲不是没人看'"。"一元剧场"的推出，不但解决了群众看戏难的问题，更使得剧团有戏可演，演员爱演戏、想演戏、不断排出好戏。

（2）"产品"精细化吸引企业支持

演员虽然有戏可演，但收入来源单一、演员工资津贴得不到基本保障的问题并未得到根本解决。为此，"一元剧场"的决策者们将目光瞄向了企业。他们清醒地认识到，在渭南这样一个经济相对落后的地方，企业盈利能力相对有限，即便企业想支持公益事业也一下拿不出数额较大的赞助，这也是以往剧场演出难以获得企业赞助的重要原因。为此，他们提出，"企业也是我们的客户"，"要站在客户的角度想问题，拿出客户能买的、想买的产品"，要在提升产品美誉度的情形下，将"一元剧场""产品"精细化，把原来一年一冠名"谁也冠不起"的演出打包为一季（一般为十场）一冠名的"产品"，使大多数企业都"买得起"。通过对"产品"的精细化"制作"，"一元剧场"先后推出了多个"演出季"，获得了多个企业的多次赞助，在相当程度上缓解了剧团演出的成本压力。

（3）坚持公益性演出以获得政府支持

随着"一元剧场"演出的持续，渭南市的公益文化演出及区域性"戏曲热"在陕西省及周边省份产生了很大影响，其演出盛况被省内外多家媒体先后报道，引起了渭南市委市政府的高度重视。"以前很乱的剧团，怎么突然之间就有了这么好的社会影响？"渭南市委市政府领导在对剧团的调研中了解到"一元剧场"的基本做法、剧团发生的变化以及面临的困难之后，不但鼓励剧团继续坚持公益性演出，还决定按演出场次给予补贴，公共财政的补贴保障了剧团的日常运转。

（4）打造个性化"产品"拓宽市场空间

"一元剧场"坚持本戏演出，努力恢复传统剧目，精心打造新剧目，不但使演员把心思放在了表演上，观众"直呼过瘾"，从而保护和发展了传统文化资源，更使得这一特色"产品"受到市场青睐。在"一元剧场"演出之初，项目团队就提出"一元剧场演出必须有自己的特色"，"剧目是我们的核心产品，必须恢复和创新剧目"。经过反复讨论和请教专家，项目团队发现"目前戏曲演出主要以折子戏为主，演员几乎没有机会演全本戏，群众更没机会看到全本戏"，这既是制约剧团发展的重要因素，也是无法获得市场认同的重要原因。为此，"一元剧场"在演出之初即坚持"本戏演出"、"恢复传统剧目、创作新剧目"的"产品"制作思路，打造出了颇具特色的"产品"，获得了市场青睐，有秦腔传统区域（如陕西省的宝鸡地区、周边的甘肃省与河南省等地）的商业演出邀约不断，市场空间不断拓宽。

（5）铸造品牌以提升剧团产业化能力

在"一元剧场"推出之前，项目主要策划者就提出了剧团发展、公共文化服务建设与地方文化资源产业化相结合的品牌化战略构想。而随着"一元剧场"项目的持续推进，项目策划者更加意识到品牌化战略的重要性。"一元剧场"的品牌效应表现在不但能为剧团培养观众和商业"客户"，放大剧团商业演出的市场，更能增强剧团的市场谈判能力和产业化能力。目前，剧团注册商标"周末一元"已获国家工商行政管理总局商标局批准正式启用，成为陕西省首家拥有自主品牌和知识产权的文艺院团。依托"一元剧场"这一品牌，剧团不断推出的秦腔振铃、彩铃业务，剧场版、手机版、声讯台版、互联网版"周末1元剧场"也将进一步拓展产业化道路。

渭南市"一元剧场"的实践为地方专业剧团的体制改革和经济欠发达地区公共文化服务建设、文化产业建设探出了一条新路，具有重要的价值与启示作用。

3 农村公共文化服务体系建设现状及存在的问题：以白银市为例

3.1 白银市公共文化建设总体情况

3.1.1 公共文化产业规模和文化消费

近年来，白银市公共文化产业发展迅速，文化产业门类基本齐全，且已初具规模。据统计数据显示，白银市 2015 年完成文化产业增加值达 7.34 亿元，增速 17.41%，共有文化产业经营单位 1500 多家，文化及相关产业有从业人员 1.25 万人。白银市已初步形成了以文化旅游产业、生产加工产业、新闻出版发行和印刷包装产业等八大文化产业为基础，以 2 家省级文化产业示范基地、5 家市级文化产业示范基地载体和 20 家市级重点文化企业为龙头的产业格局。为"十三五"全市文化产业的发展奠定了良好的基础。

随着经济的不断发展，居民生活质量显著提高，白银城乡居民消费支出持续增长，消费结构也由吃、穿、用向住、行、休闲娱乐、健康方向转化，消费支出中用于文化娱乐产品及服务支出的比重不断增加。2015 年城镇居民人均消费性支出为 13 885.07 元，比上年增长 5.54%。城镇居民教育文化娱乐及服务人均支出为 1436.7 元，比上年增长 10.85%，其中人均参加团体旅游和其他文娱活动分别比上年增长 36.93% 和 23.25%。农村居民人均生活消费支出为 5497.62 元，比 2014 年增长 8.46%，农村居民人均用于文化教育娱乐消费支出 438 元，比 2014 年增长 9.5%。

3.1.2 白银市公共文化设施网络建设

(1) 公共文化设施趋于完善

截至 2015 年年末全市共有文化馆 5 个、群众艺术馆 1 个、公共图书馆 6 个、公共美术馆 1 个、博物馆 4 个、纪念馆 4 个、专业艺术表演团体 2 个、文化广场 12 个、文化站 78 个、"乡村舞台" 356 个、村文化室 400 个、民间艺术表演团体 530 个、农家书屋 737 家；建成文化信息资源共享工程县级支中心 5 个、各类文物保护单位 1064 处；广播电视台 5 座，广播人口综合覆盖率 97.5%；电视人口综合覆盖率 99.8%；农村电影固定放映点 16 个，全年放映农村数字电影 8760 场次。集大剧院、博物馆、图书馆、文化馆、美术馆、数字放映厅为一体的多功能文化设施综合体 "白银市文化艺术中心" 初步建成，拟建设 "国际青少年美术馆" 1 个，白银市非物质文化遗产展示馆 1 个，力争全市 700 个行政村、91 个社区的基层综合文化服务中心全覆盖。

（2）公共图书馆建设

市县两级 6 个图书馆，达到国家等级馆的有 5 个，其中一级馆 1 个，三级馆 4 个，83% 以上达到部颁三级以上标准，人均占有藏书量为 0.23 册，平均流通率为 1.5 次，人均新增图书量为 0.012 册，人均到馆率 0.21 人次。

（3）文化馆建设

全市建有 6 个文化馆，达到国家等级馆的有 4 个，其中，一级馆 1 个，二级馆 1 个，三级馆 2 个。

（4）乡镇综合文化站建设

全市达标乡镇综合文化站 60 个，建筑面积达 20 901 平方米，总投资 1512 万元，均配备了音响、办公和阅览桌椅等设备。

（5）村基层综合文化服务中心建设

已建成 356 个基层综合文化服务中心（乡村舞台），总投资 5924 万元，总建筑面积 38.4 万平方米。

3.1.3　白银市公共文化服务供给状况

1）目前，白银市已初步形成了城乡文艺演出常态机制，制定完成《白银市关于加快构建现代公共文化的服务体系的实施意见》和《白银市创建国家公共文化服务体系示范区工作方案》。

2）完成精准扶贫 "乡村舞台" 建设任务 99 个，精准扶贫乡镇综合文化站达标建设任务 11 个。

3）为保障特殊群体公共文化服务，白银市群艺馆自 2009 年起开展面向弱势群体、困难家庭、下岗职工、残疾人家庭提供免费公益性艺术培训活动。市图书馆不断完善残疾人专用文化设施设备，进行无障碍改建，配备盲文图书 120 册，实行送书刊上门服务。

4）制定了《白银市"乡村舞台"管理办法》，规范基层综合文化服务中心的服务项目和流程，提高服务水平。

5）全市公共图书馆、文化馆、博物馆实行免费开放。

6）市县两级图书馆、文化馆共配备 2 台流动服务车，优化市图书馆数字资源远程服务能力。

7）县区社农村固定放映点，基本实现每个行政村每月看 1 场以上电影，每年看 3 场以上戏剧或文艺演出。

3.1.4　白银市公共文化服务与科技融合发展情况

2012 年，投资 120 万元建成白银市数字图书馆，市区图书馆开通了"一证通"业务。

市级图书馆、群艺馆、博物馆共完善建设了 6 个地方特色数字资源库。

建成文化信息资源共享工程县级支中心和基层服务站点 795 个，建成公共电子阅览室 93 个。

3.1.5　公共文化服务保障机制

69 个乡镇文化站平均人员编制为 1 ~ 2 名，700 个行政村和 91 个社区享受财政补贴的文化管理员不足 20%。市级公益性文化单位业务人员占职工总数 70% 以上，县级公益性文化单位人员占比 80% 以上。全市业余文化骨干、文化志愿者队伍建设有待进一步加强，社区文艺团队、村业余文艺团队发展不平衡。

县级公益性文化单位在职员工参加脱产培训每年不少于 15 天，乡镇、村基层文化专兼职人员参加集中培训每年不少于 5 天，参加远程网络培训时间每年不少于 50 课时。

近年来，白银市始终把乡村文化建设工程作为公共文化服务体系建设的重点工作和主要抓手。2012 年启动实施"基层文化大院建设工程"（与全省"乡村舞台"建设工程有效对接）。2014 年全省"乡村舞台"建设工作推进会在白银市成功举办，白银经验为甘肃省"乡村舞台"建设提供了有益借鉴和参考。

3.2 白银市乡村文化阵地建设进展

党的十七届六中全会、尤其是党的十八大以来，白银市以加强公共文化服务体系建设，推进城乡文化一体化发展为目标，加大投入，基层文化软硬件建设发生了显著变化。群众文化事业快速发展，农村文化阵地不断壮大，文化设施不断完善，农民参与积极性空前高涨，农民文化生活日益丰富。

最近几年，白银市在公共文化服务领域的建设迅速发展，取得了一定的成绩，具体体现在有多项大型文化工程完成，对居民生活有广泛影响。白银市政府积极筹措资金，全面加快全市公共文化惠民工程与城乡文化基础建设步伐，稳步推进各项建设项目。近年来，白银市农村文化服务体系建设取得长足进展，坚持每年投入文化发展的增幅高于同期财政增长的增幅；坚持以乡镇为依托，以农村为重点，以农户为基本单位，不断推进农村的精神文明建设。大量的底层文化工作者直接进驻农村，为广大的农户提供文化信息服务，指导他们使用最新的信息技术，获得所需的专业信息。同时还丰富了农民的读书、看电影等娱乐活动。通过建立大型的文化基础设施，以此为骨干，加以完善基层设施，满足人们的求知欲以及对健康精神生活的迫切需求。

创建公共文化服务体示范区是新时期促进文化的重大战略举措；乡村综合文化中心是公共文化服务体系示范区建设工程的重要平台和关键节点。白银市在创建国家公共文化服务体系示范区工作中，全面提升乡村综合文化站服务效能、改革乡村综合文化站管理模式、创新乡村文化站工作方式、丰富乡村综合文化站活动内容、明确乡村综合文化站职能职责，为乡村综合文化站建设、管理提供重要的制度保障和组织保障。

3.2.1 专项资金逐步落实到位

市、县两级财政对公共文化服务的投入，其增长幅度高于同级财政收入的增长幅度。按照部颁文化馆等级必备条件的标准，对市群众艺术馆的财政拨款总数不低于全市人均0.80元，县（区）文化馆不低于全县（区）人均0.60元的最低标准；按创建国家示范区的要求，市、县两级财政分别按所辖人口人均0.60元的标准拨付公共图书馆购书经费；落实文化信息资源共享工程运行经费，市财政每年拨付50万元，县（区）财政每年拨付10万元。切实保障实施重大公共文化服务工程、购买重要公共文化服务产品、开展重要公共文化服务活动所必需的资金，确保专款专用。

近年来，白银市财政投资 1000 万元（总投资 3000 多万元），建成了总面积 17 500 平方米的市广电中心；投资 1920 万元，建成了总面积 9760 平方米的市文化中心［内含市文化馆（群艺馆）、市博物馆、市美术馆］。白银市文化艺术中心和国际青少年儿童美术博览馆是白银市建设的重点文化项目，国际青少年儿童美术博览馆总投资 1.5 亿元，已经实现主体竣工并揭牌；市文化艺术中心项目，市政府已投入征地拆迁费用 7500 万元。

2016 年，白银市市县区用于公共文化建设（包括基础设施网络建设、公共文化建设项目、政府购买服务建设等方面）的资金为 1.0736 亿元，其中市级配套资金 8400 万元（包括基础设施网络建设、公共文化建设项目、政府购买服务建设等方面，其中城市雕塑配套 380 万元，纪念红军长征胜利 80 周年全国书法名家邀请展 100 万元，"乡村舞台"配套 420 万元，市文化艺术中心征地拆迁 7500 万元），县区配套资金 2336 万元，有效地调动了市县区创建工作的积极性。

3.2.2 文化基础设施逐步改善，文化工作有了良好基础

白银市各级党委、政府按照公益性、便利性、基本性、均等性的要求，坚持政府主导、社会参与、部门共管的原则，把公共文化服务纳入当地经济社会发展规划，逐步加大对公共文化发展的投入。建立了党委统一领导、政府专题研究的文化工作协调机制，文化发展的良好环境基本形成。加大基础设施建设力度，实现了市、县区有馆、乡镇有站、行政村（社区）有室的目标，文化资源共享工程和农家书屋实现了村级全覆盖，广播电视实现了村村通、户户通，全面改善了公共文化事业发展的条件，市县乡文化馆、站实现了免费开放，做到了有机构、有编制、有人员、有经费、有活动，这些都为公共文化事业可持续发展奠定了良好基础。

在白银市各区县中，白银区创建为白银市文化先进区，平川区创建为甘肃省文化先进区，会宁县为甘肃省历史文化名城，会宁县甘沟驿镇为全国民间艺术（剪纸）之乡；同时，白银市还创建了"全省先进农民文化大院"5 个。白银市建有文化馆（群艺馆）6 个，其中 1 个达到部颁一级标准（白银市文化馆），3 个达到部颁二级标准（白银区、会宁县、景泰县文化馆），2 个达到部颁三级标准（平川区、靖远县文化馆）；公共图书馆 6 个（市图书馆达到部颁一级标准，各区县图书馆达到部颁三级标准）；公共美术馆 1 个，专业文艺院团 2 个，博物馆 10 个。

目前，白银市有乡镇综合文化站 69 个，村文化室 608 个，社区基层综合文化中心 35 个，农家书屋建设达到全覆盖，共有农家书屋 737 个（行政村农家书

屋 700 个，社区农家书屋 37 个），建成文化信息资源共享工程基层服务站点 795
个；已建成城市数字影院 8 个，农村电影固定放映点 16 个，组建放映队 39 支，
全年放映农村数字电影 8628 场次（图 3-1）。广播电视"村村通"工程覆盖 20
户以下自然村 5017 个，广播电视"户户通"工程覆盖农户 19 万户，覆盖率为
100%，市、县、乡、村四级公共文化服务网络基本形成。

a.乡镇文化站

b.乡村文化舞台

c.农家书屋

d.村文化室

图 3-1 白银市文化基础设施

3.2.3 乡村公共文化服务活动丰富活跃

坚持面向基层、面向社区乡村，坚持文化下乡、文化扶贫，大抓文化广场
（即"乡村舞台"）建设，大抓基层文化展演，有序推进精准扶贫工作。市县区
联创联动，积极开展"公共文化季"及重要节庆节点的公共文化活动。农村公
益电影放映实现固定和流动放映相互补充，保证了农民群众一村一月看一场公益
电影。深入开展"文化下乡"、"精准扶贫·文化惠民"等活动，组织各类文艺
演出活动 335 场次，举办书法美术、摄影、党史教育、党风廉政、文物交流等展
览 31 场次，放映农村电影 8628 场次。

以节庆文化为重点的群众性文化活动月月有，年年办，形式多样，内容丰富，极大地活跃了群众精神文化生活。白银市委、市政府主办的白银市文化艺术月、群众合唱艺术节、新年交响音乐会、元宵节大型灯展和社火巡演，文化部门举办的文艺演出"五进"活动、"千台大戏送农村"、社区文艺汇演、广场戏曲公演、"金凤凰"少儿艺术，白银区剪金山民俗文化艺术节、会宁县红色文化旅游节、景泰县黄河风情旅游节、平川区陶瓷艺术节、会宁县桃花山和铁木山庙会文化节、靖远县法泉寺庙会文化节、景泰县五佛寺庙会文化节、平川区北武当庙会文化节等各类文化艺术活动异彩纷呈，吸引了广大城乡文艺爱好者广泛参与，成为白银市城乡群众文化艺术的活动品牌，推动了群众文化在普及中提高，促进了公共文化服务建设进程（图3-2）。

a.社区文艺巡演　　　　　　　　　　　　　　　b.民俗文化艺术节

图 3-2　白银市乡村公共文化服务活动

3.2.4　"乡村舞台"（基层文化大院）特色突显

白银市委、市政府通过整合社会文化设施资源，联动宣传、农办、财政、发改、建设、文广、教育、体育、科技、旅游、妇联等相关部门，形成社会共建、资源共享、互动开放的良好态势。目前已建成"乡村舞台"（农村基层文化大院）608 个，市财政投入资金 390 万元，为每个新建"乡村舞台"（农村基层文化大院）配备了音响、服装、乐器等演出设备和器材，为基层开展文化活动提供了必要的物质保障，深受群众喜爱。

3.2.5　挖掘和激活历史文化资源，文化遗产得到保护与传承

白银市有不可移动文物保护点 1064 处，其中，全国重点文物保护单位 4 处，

省级文物保护单位 31 处，市级文物保护单位 33 处，县级文物保护单位 495 处，可移动文物 13 361 件（套）。

组织开展了市、县区历史文物图片联展，市县联动开展文物安全排查。例如，靖远县组织"走进历史文化名村"活动，景泰县邀请省博物馆纪念长征胜利暨西路军西征 80 周年巡展团走进条山，平川区开展明长城资源安全隐患排查整治活动，启动了水川六德书院旧址和碑记考证工作。市博物馆、市书协组织《白银金石碑铭录》编辑工作，创作播出了明长城、岩画和西番窑等 3 部文物保护工作电视纪录片，取得了良好的社会反响。

白银市已发现整理非物质文化遗产 16 大类 416 项，建立县级名录 105 项，市级名录 152 项。白银剪纸、白银寿鹿山道教音乐、背鼓子舞、跳鼓舞、黄河战鼓、西厢调、太平鼓、会宁皮影戏、会宁剪纸、会宁民歌、曹氏中医正骨法等 11 项列入省级名录；会宁剪纸、白银"曲子戏" 2 项列入国家保护名录。列入省级非遗项目代表性传承人 26 人，市级非遗项目代表性传承人 208 人；全市有民间艺术大师 127 人。

3.2.6　促进文化产业融合，打造文化产业地方品牌

不断挖掘、开发黄河文化、红色文化、工矿文化、丝路文化、民俗文化资源，壮大特色文化产业。各县区文化产业园区建设稳步推进。例如，白银市新天地文化商业街入驻文化企业 100 余户，年产值超过 2 亿元，已形成产业规模；白银区铜文化产业园已完成规划设计，4 家规模铜工艺品生产企业已入驻；甘肃西雁传媒集团开辟文化街区，多业并举，已成为白银市文化企业的排头兵。在深圳文博会上，白银市共签约状元历史文化园、中国西北体育用品生产基地和景泰县新民民俗博物馆建设与生态旅游开发建设项目 3 个项目，签约金额 10.01 亿元。2016 年 9 月份举行的丝绸之路（敦煌）国际文化博览会上，征集展品 18 件，白银铜浮雕和平川陶瓷艺术品亮相文博会；签约白银丝绸之路黄河文化遗产博览城和黄河石林碑林园建设投资项目等 4 个文化项目，签约金额 37.02 亿元。各级文化、旅游、体育部门还通过举办一系列节会，如靖远法泉寺、白银区北武当、四龙剪金山、平川共和镇的民俗文化旅游节，既顺应文化体育旅游形势需求，又做重点引导，初步形成了全市文化旅游体育融合发展的态势。

3.2.7　拓展数字电视网络和文化信息平台

充分发挥主媒体作用，新兴媒体和文艺形式得到同步展示，加大本市文化形

象宣传，扩展了文化影响力。白银市广播电视台在甘肃省率先实现电视节目编播高清升级改造，成为全省唯一一家高清、标清同时播出的电视媒体。推出了微电影和纪录片，其中有 3 件作品获省级以上奖励，深化了全市城乡公众对白银特色文化的认识，增强了文化认知和文化自信。白银广播电视节目信号进入甘肃省广电网络公司干线网，节目覆盖全省各地州市网络终端，新增用户 280 万户，实现了 14 市州和 5 县区电视节目的传输联播。白银市入围全国基层公共数字文化推广项目，数字文化网络建设课题研究正在按文化部、甘肃省文化厅要求推进。市、区图书馆开通了移动图书馆、微信图书馆服务平台。城乡电商平台共同推介剪纸、布艺、蛋雕、荞麦枕头等民俗特色旅游文化产品。

3.2.8　加强政策制定与引导，构建文化服务体系制度体系

白银市委、市政府制定出台了一系列加强公共文化建设的政策，要求明确，任务具体，措施得力，保障了文化建设任务的落实。相继制定出台了《关于加强全市非物质文化遗产保护工作的意见》、《中共白银市委办公室白银市人民政府办公室关于印发〈白银市 2012–2020 年文化改革发展规划纲要〉的通知》、《中共白银市委关于学习贯彻党的十七届六中全会精神全面建设文化强市的意见》、《中共白银市委办公室白银市人民政府办公室关于印发白银市基层文化大院建设工作实施方案的通知》等文件，全面安排部署文化建设任务，把构建公共文化服务体系纳入各级党委政府的重要议事日程和目标任务考核，有效地推动了公共文化服务体系建设。

3.2.9　文化服务体系建设形成基本框架

完善党委领导、政府管理、部门协同、权责明确、统筹推进的公共文化服务体系建设管理制度。白银市建立了由党政主要领导牵头、相关职能部门参与的公共文化服务体系建设协调机制，在规划编制、政策衔接、标准制定和实施等方面加强统筹、整体设计、协调推进；发挥基层党委政府作用，建立统一的基层公共文化服务平台，加强各类重大文化项目的统筹实施，实现共建共享，提升综合效益；重点建立领导机制、联络员制度、经费管理制度、工作自查机制、创建规划和制度设计监管机制、信息报送及宣传评分制度和统一的基层公共文化服务平台。

白银市坚持设施建设和运行管理并重，健全公共文化设施运行管理和服务标准体系，规范全市公共文化机构服务项目和服务流程，完善内部管理制度，提高

服务水平；探索建立事业单位法人治理结构，推动公共图书馆、博物馆、文化馆、科技馆等组建理事会，吸纳有关方面代表、专业人士、各界群众参与管理，健全决策、执行和监督机制。

以效能为导向，制定白银市公共文化服务考核指标，作为考核评价本地县乡领导班子和领导干部政绩的重要内容，纳入科学发展考核体系。白银市建立公共文化机构绩效考评制度，考评结果作为确定预算、收入分配与负责人奖惩的重要依据；对重大文化项目资金使用、实施效果、服务效能等实行监督和评估；研究制定公众满意度指标，建立群众评价和反馈机制，探索引进公共文化服务第三方评价机制。

3.3 白银市乡村公共文化服务体系存在的问题

3.3.1 基础设施建设还不完善

虽然白银市86.95%的乡镇（街道）建有单独设置的综合文化站，其设备配置、活动开展、人员配备、综合管理等达到文化部制定的《乡镇综合文化站管理办法》和国家发展和改革委员会、文化部制定的《乡镇综合文化站建设标准》的要求。但在公共文化阵地建设方面还有不足：①全市5个县区均未建立公共美术馆；②全市有91个社区没有建设基层综合文化服务中心；③全市建有达标乡镇综合文化站60个（白银区3个、平川区6个、景泰县11个、靖远县15个、会宁县25个），但仍有34个文化站（其中白银区2个、平川区2个、景泰改个、靖远10个、会宁16个）未达到等级标准，其中硬件设施未达标的乡镇综合文化站有9个（会宁县的河畔镇、新庄乡、老君坡乡，靖远县的三滩乡、大芦乡、东湾镇，平川区黄侨乡，白银区的王现乡、四龙镇）。

3.3.2 人员编制、专业人才匮乏

在文化管理人员方面，由于受编制和人员限制，各乡镇文化站工作人员常年承担行政工作任务，不能完全投入到文化工作中去，而县区文化主管部门仅对其行使业务指导职能，难以调配使用；在专业技术人才方面，基层体育、舞蹈、音乐、表演方面的人才供给不足，文化素质比较低，创新能力不够强。部分乡镇综合文化站由乡镇人民政府管理，人员和经费由乡镇政府统筹使用，在实际工作中存在监管不到位、人员不专、资金使用不规范等问题。

3.3.3　管理水平不高

由于乡镇、村社的公共文化服务设施是由乡镇、村社分级管理，各自为政，重视程度不高，没有统一的发展规划和管理机制，没有持续的经费保障，没有统一的管理主体，造成管理缺位和功能缺失。基层公共文化设施"重建设，轻管理"的现象仍然较为严重，公共文化设施管理水平不高，功能设置不合理，相关配套措施滞后，导致公共文化设施作用发挥不充分。公共文化设施运行单位人事、分配、考核制度改革相对滞后，无法形成针对不同类型的公共文化设施，形成不同的管理体制和运行机制，缺乏应有的生机与活力。

3.3.4　缺乏经费保障

由于没有专门经费，无法聘用临时管理人员，"乡村舞台"、体育健身器材、农家书屋的管理基本上全部由村委会人员兼任。特别在"乡村舞台"建设中，由于县区财政经费困难，没有列支专项资金，乡镇和村组也没有专项资金，日常必需的水暖电费没有保障，造成管理、日常运转不能正常进行。同时，由于后期没有资金保障，人员得不到培训、资源不能更新、设施得不到维修、活动无法开展，制约了乡镇综合文化站，共享工程乡镇、村级服务点，农家书屋等这些服务阵地的功能发挥。

4 乡村文化阵地价值体系和效能分析

4.1 价值体系构建

4.1.1 价值维度一：满足基本的文化需求

需求是公共文化服务体系导向的基础。因此，效能提升首先应该建立在对群众真实文化需求的认识和选择上。古宜灵认为文化与行为的动机是主观的，因个人价值观、认知的不同而有差异，并导致文化需求的不同。日常文化生活的文艺活动实践（practice）=[习惯（habitus）+文化资本（capital）]×文艺活动领域（field）。从上述公式可见，个人的兴趣和偏好是第一位的。假如文化服务不符合对象的需求，那么文化活动实践则难以开展，文化设施容易沦为摆设，文化资本亦成了浪费。因此，基本公共文化服务作为一项完备的体系，必须高度重视公共文化服务需求日益复杂化的现实，通过有效的途径切实回应公众的基本文化需求，以此提高服务效能。

现阶段我国的公共文化服务主要以政府和文化部门的意见主导和表达社会公共文化需求，并作为公共文化服务体系建设的依据，以此彰显公共文化服务中政府的主体性。然而，随着我国经济社会结构的现代化变迁，群众的需求日益多元化，在缺乏群众的文化需求表达机制下，政府部门或者准政府部门自上而下供给的公共文化服务往往出现供需错位，从而难以满足群众的真实文化需求，这显然与公共文化服务体系的出发点背道而驰。因此，满足群众基本文化需求应该作为效能提升的直接目标。

只有群众的基本文化需求得到了切实满足，他们的基本文化权益才能够得到保障。《文化部"十二五"时期公共文化服务体系建设实施纲要》指出，现阶段公共文化服务体系以保障人民群众看电视、听广播、读书看报、进行公共文化鉴赏、参与公共文化活动等基本文化权益为主要内容。保障公民的基本文化权益既是我国建设服务型政府的现实要求，又是与国际接轨保障公民文化权利的重要内容。《世界文化多样性宣言》（2001 年 11 月 2 日，联合国教育、科学及文化组织大会第三十一届会议通过）认为："文化权利是人权的一个组成部分，它们是一致的、不可分割的和相互依存的，每个人都应当能够参加其选择的文化生活和从事自己所特有的文化活动。"

综上所述，满足群众的基本文化需求，保障群众的基本文化权益是公共文化服务体系效能提升的重要维度之一。

4.1.2　价值维度二：引导积极健康的生活方式

公共文化服务的一个基本属性就是公共性。在某种意义上，公共文化服务的主旨，不在于它提供了什么样的公共文化产品和服务，而是通过它建设文明健康的公共文化生活，并以此培育公民的公共理性或公共精神，这与中国当下社会转型过程中个体化日益凸显的现实紧密相关。个体化的一个显著特征就是"去传统化"。个体日益从外在的社会约束中脱离出来，这些约束包括整体性的文化传统和其中包含的一些特殊范畴，例如家庭、血缘关系和阶级地位。虽然这并不意味着传统和社会群体不再发挥作用，但却标志着原有的力量权威已经弱化。托克维尔认为，个体是公民最坏的敌人。公民倾向于通过城邦的安康来寻求自己幸福的人，而个体对公共事业、普遍的善或者公正社会倾向于冷漠、怀疑或是警惕。个体除了追求个人利益之外，根本不知公共利益为何物。因而公共文化服务的供给过程恰恰是一个公共性培育的过程。

在公共文化服务体系之外，由于市场经济的不断活跃，大众文化日益兴起。大众文化的发展解决了传统社会精英文化主导下普罗大众的文化生活匮乏问题，但由于缺乏引导也带来一系列的负面影响。大众文化往往单调、平淡、庸俗，容易让人们在富裕的生活中产生诱惑。大众文化是人的欲望的产物。作为一种工业化的文化生产，它以大众不断膨胀的消费需要为前提。在消费欲望成为第一精神需要的当代社会，以娱人耳目、刺激感官、提供消遣为功能特征的大众文化快餐，使得人们遗忘或丧失了中心价值，也丧失了对欲望的自制力，以致在疯狂的速食行为中聊以充饥。正是大众文化将审美的文化转向消费的文化，将神圣的文化转向世俗的文化，在消费与世俗的浸染下，很多低级趣味的文化也一并裹挟进人们的日常生活。在自由主义观念日益兴起的背景下，直接干预人们的日常生活变得非常不现实，哪怕群众选择的是并不健康的生活方式。而公共文化服务体系可以借免费的"服务"之名，引导群众参加积极健康的文化生活，提升民众的艺术鉴赏能力，以此抵制大众文化部分消极影响。因此，公共文化服务体系不仅是通过提供公共文化产品和服务让公众享受到基本文化娱乐权利，也蕴含着引导人民通过接受文化产品背后的文化价值观和行为准则的意图。

国外的公共文化服务较少涉及引导健康的文化生活的目的，因为它们有宗教的规约，而在我国以无神论主导的社会，公共文化服务则需要更多地担负起这一价值引导的重任。

4.1.3　价值维度三：塑造文化政治认同

凝聚力是文化软实力的重要体现。公共文化服务必然涉及对我国优良传统文化的继承，而这部分文化服务无形中影响着群众的价值观，并构成整个社会文化生态的重要组成部分，它同时产生对群众的文化凝聚力。公共文化服务体系中诸多内容都可以激发文化和民族的凝聚力。其中，非物质文化遗产是重要内容。非物质文化遗产是民族文化精华的结晶，不同地区、不同民族在绵延数千年华夏文明形成过程中创造了丰富多彩的非物质文化遗产，这些成为物质金钱难以衡量的精神财富，而非物质文化遗产与公共文化服务体系的"互嵌"被认为是提高公共文化服务质量和效率的一种有效形式。另外，博物馆也是集体文化传承和文化凝聚力的一支重要力量。通过自然的、历史的、美术的等各类博物馆，人们可以观察到一个国家或民族过去的生产、生活和文化。世界各地越来越重视博物馆的教育功能，通过对博物馆的参观可以激发和凝聚一个民族或国家的集体观念。以台湾省为例，20 世纪晚期以来，台湾的"新博物馆运动"中以"历史物质化"为目标的历史性博物馆，被用来创造和储存新的集体记忆。这对建构台湾民众的集体记忆和群体观念起了很大的推动作用。

从宏观角度看，公共文化服务体系也属于整个文化治理范畴。特定时期的文化政策总是服务于特定时期的政治统治，因此，文化与文化治理往往具有政治面孔。因而，在中国语境中讨论构建国家公共文化服务体系，必须深刻意识到国家概念所给定的内在制度要求，那就是根本意义上的社会主义价值观。我国的公共文化服务体系处在社会主义价值目标的引领下，意味着意识形态价值诉求已经前置性内存于国家概念中。这样，目标的设定以及服务体系的搭建，不仅为公共文化服务体系提供了一个新的平台机制，也为实现"文化认同"的政治建构提供了可能。不可避免地，政治价值的规训需要潜移默化地纳入到公共文化服务体系中。正如文化部、财政部《关于推进全国美术馆、公共图书馆、文化馆免费开放工作的意见》所指出的："美术馆、公共图书馆、文化馆既是开展公共文化服务的重要场所，是保障人民群众基本文化权益的重要阵地，也是加强社会主义核心价值体系建设和公民思想道德建设的有效手段。"因此，公共文化机构的免费开放，其意义绝非是免去一张门票那么简单，它更担负着建构文化政治认同的重任。

4.1.4 价值维度四：促进产业融合，提升文化软实力

进入 21 世纪后，世界各国经济发展的实践表明，经济活动中的文化因素和成果已经成为现代生产力的重要构成或促进因素，而文化资源稀缺性、重复利用性的特性，使得文化资源逐渐成为推动经济发展的主导性力量，即文化引领经济发展。这是因为：一方面，从文化需求的角度而言，其对扩大内需有拉动作用。物质财富越是丰富，文化需求越是巨大。随着经济的发展，社会经历了温饱—小康—富裕的演化过程，在人们基本物质需求得到满足的情况下，消费日益非物质化，即从注重使用价值到注重观念价值，从追求品质到追求品位，从认同同质化到认同异质化，实现了由"物"到"心"再到"灵"的转变。另一方面，从文化供给的角度而言，文化供给对经济增长有巨大的提升作用。

2007 年，胡锦涛在党的十七大报告中正式提出，"提高国家文化软实力，使人民基本文化权益得到更好保障"。这表明软实力已经进入中国的官方语言。正是基于综合实力的提升，中国成为了 G20 成员之一，甚至与当今的超级大国——美国一起被称为 G2。尽管如此，对比两国软实力发展现状，差距还是显著的。从对外贸易看，美国核心文化产品和服务出口增长极快，其出口价值近年来一直居于世界第一位。例如，在文化、娱乐服务方面，2015 年美国的贸易顺差达 9510 亿美元。相比之下，中国的文化贸易虽然发展较快，但与美国相比，仍处于起步阶段。正如约瑟夫·奈所说："在信息时代，资本、自然资源，甚至土地不见得是财富。今天投资驱动型经济已经走到尽头，我们必须转向创新驱动型经济与知识驱动型经济的领域。它需要新思维、新知识来推动。"因此，文化是一国创造力的重要源泉，文化是一国竞争力的重要因素，文化是一国软实力的重要标志，文化是一国价值链的高端环节。

纵观产业发展的历史，我们经历了由单一的物质因素决定产业发展到由物质因素、生态因素以及人文因素共同决定产业发展的革命性转变，而且生态因素和人文因素与产业的结合给产业发展带来了巨大价值。有鉴于此，为延长产业链条，促进产业升级换代，增加产业利润空间，必须在产业层面实现文化与经济的融合发展，融合后的产业包括"实业"和"虚业"。通过将人文元素、文化元素引入产业中，让物质产业文化化，使文化成为产业创新的源泉和产业发展的主导力量，由此增强产业的核心竞争力，提高产业效益。

4.1.5　小结与讨论

文化本身的弹性和包容性决定了公共文化服务的效能必然要在多个维度上进行延展。在公共文化服务效能提升的四个维度中，满足群众的文化需求是基础和前提。只有在满足群众需求的基础上，引导健康的生活方式才有可能实现，塑造文化和政治认同才具备有效载体，文化产业融合空间才能有效扩展。假如公共文化服务与群众需求是脱节的，后两者就如同无源之水、无根之木。需要指出的是，四者之间尽管具有一致的地方，但是四个维度之间仍然存在一定张力。如果不加引导、一味地迎合群众的需求，那么公共文化服务就难以引导健康的文化生活方式；如果一味地引导与灌输而忽视群众的文化需求，那么公共文化服务必然是事倍功半甚至是适得其反；如果重点强调政治认同，那么公共文化服务很有可能再回到建国初期意识形态笼罩的时代，从而淹没现代公民的文化权利；而如果一味强调文化的经济效益，则必然剥夺普通群众尤其是弱势群体的享受基本文化服务的权利。

一方面，公共文化服务效能提升四个维度之间的矛盾与冲突是现有研究所忽视之处；另一方面，就当下公共文化服务效能提升的实践而言，它也不可能在每个维度上面面俱到平均用力，权宜之计是选择以某个维度为主进行聚焦。当下，我国的公共文化服务体系硬件建设日趋完善，而管好用好这些硬件设施的问题日益突出。具体表现在很多博物馆、图书馆等建筑富丽堂皇却难以聚集人气，很多农家书屋之类的文化产品处于闲置状态。因此，改革公共文化服务体系的体制机制，逐步实现供需对接，提高群众需求的满意度才是公共文化服务体系效能提升的直接目的。

所以，当前，公共文化服务效能提升的主要目标是满足广大群众的文化需求，当务之急是建立公共文化服务体系的需求表达机制。不过受后两个维度的影响，需求表达机制应该与引导机制相结合。因此，公共文化服务效能提升的核心应该是建立以顾客满意度为基础的需求表达与引导机制，然后在此基础上进行公共文化服务体系体制机制的改革创新，整合公共文化服务体系资源；采用网络通信等新技术拓宽公共文化服务渠道；引入绩效考核与评估反馈等措施提升公共文化服务效能。

4.2　农民对公共文化服务的需求分析：以白银市为例

2013年全国城市和农村的精神文化方面的支出延续快速增长，总量增长

13.71%，以人均值衡量，城乡精神文化消费增长 13.15%，明显高于产值增长，较明显高于城乡居民收入增长，明显高于总消费增长，明显低于积蓄增长，城乡文化消费差距比上年扩大 3.44%，各省域间城乡文化消费地区差距比上年缩小 3.55%。各地文化消费需求景气评价排行，甘肃省为"2013 年度乡村景气领先"第一位。蓝皮书指出，人民群众对文化消费品方面的需求快速增长，当前的市场还不能充分满足人们的需要，如何提高人们对精神文化生活的满意度，这成为建设小康社会的又一重要议题。本节以白银市为例，通过考察在当前市政府提供的公共文化服务水平下，广大农民群众所表现出的满意度，要实现三个目标：一是对政府在这方面的作为做出评价；二是了解农民对公共文化服务的需求水平；三是发现问题并进行原因分析，使两者相互促进发展，促进政府公共文化服务水平的不断提升。

本研究随机抽取了白银市两区三县中的五柳村、桦皮川村等共 11 个村，采取匿名的方式发放调查问卷，发放的对象完全是随机的，发出问卷 423 份，其中回收问卷有效数目为 373 份，占整个发放比例的 88.2%。本调查样本覆盖了白银市相对发达和贫困的农村地区，调查数据资料可以支撑研究内容。

调查问卷的内容涉及受访农民的基本个人信息、家庭信息、所居住地区的经济文化信息，以及被调查者对政府提供的文化场所和服务的满意程度，等等，每个大的种类下面都有一些小的划分，对调查受访者的考察非常全面。

本研究通过对调研数据进行整理统计，主要分析了白银市农民对公共文化场所和设施的需求程度、农民对文化供给的偏好形式以及农民对公共文化服务的需求特点。

4.2.1　农民对公共文化场所和设施的需求分析

在调查白银市居民附近所建有的公共文化场所时，一半以上的居民选择了如图 4-1 所示的传统文化生活之外的其他公共文化设施，而剩余选项只有极少的居民选择，在发问卷的过程中，笔者发现，农村居民所居住的附近基本没有建设这些设施，农村居民能有选择的也是位于白银市的市中心等繁华地段的公共文化场所。

在对"一周之内对这些场所的使用频率"的回答中，62.5% 的人回答"没有"（图 4-2）。而在询问"所居住地现有文化设施中最需要改善的是哪一类"，46.7% 的人对"群众文艺类"的改善意见非常大（图 4-3）。

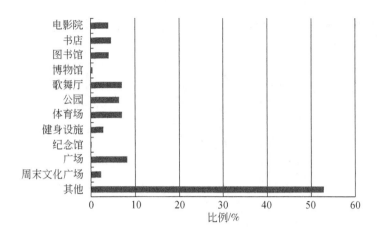

图 4-1 居住地已有公共文化场所类型图

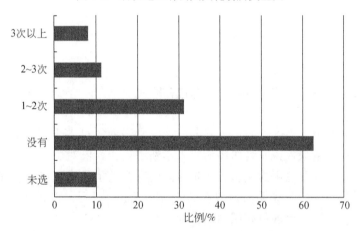

图 4-2 一周之内对这些场所的使用频率

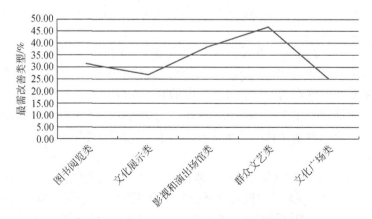

图 4-3 所居住地现有文化设施最需要改善类型图

数据分析结果显示，农民所居住地现有文化设施选择不满意和一般占了很大的比例（图4-4）。

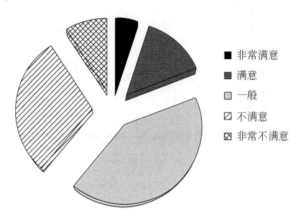

图4-4 农民对公共文化设施满意程度图

4.2.2 农民对文化供给的偏好形式

调查结果表明，大部分农民有强烈或者非常强烈的对文化产品的需求，随着城镇化程度的不断深入，农村居民的收入不断增长，人们对更高层次的精神文化生活需求迫切。以看电影为例，48.6%的被调查者表示非常想参加，比较想参加的也占到了23.1%，这说明大多数农民开始愿意走出家门，去到公共文化场所丰富自己的农闲生活，追求更高层面的精神享受。

在农闲之余，农村居民经常参与的文体娱乐活动依次是：听广播、看电视、看书读报、广场活动、看电影、上网、歌舞厅娱乐、体育运动、逛公园、参加技术培训、出游、参观等。

1）农民最喜爱的文化娱乐活动是听广播、看电视、看书读报和广场活动。广播、电视和报纸作为20世纪全世界最重要的传播媒体，也是在中国渗透范围最广的传播媒体，它们为农民普及了国家的政策法规、农业知识，而且成为人们匮乏的精神生活中的很有效的调味品。而广场活动在最近几年开始受到农民群众欢迎，是丰富农民群众文化生活重要方式，为农民的闲暇时间提供了去处和聚集联络的场所。

2）看电影、上网和歌舞厅娱乐、体育运动也是农民比较喜爱的文娱活动。这说明农民由简单地自娱自乐打发时间开始发展希望到电影院、歌舞厅、体育馆等场所丰富农闲生活。特别是随着科技的进步，计算机开始渗透到农村地区，上网也日益引起人们的喜爱，而且网上更方便查找学习农业技信息，观看免费电影。

3）随着农村经济水平的发展和农村公共文化服务体系的日益完善，农民文化水平的提高使得农民在对公园、农技培训、出游及参观方面的需求也在日益增长。受访农村居民对当前阶段的服务体系的满意程度如图4-5所示，可见大家对当前的公共服务是非常不满意的，主要是内容形式过于单一，而且没有做到免费，配套的设施也没有到位。广大农民群众期望政府能够提供满足群众需求的文体活动，例如：各种下乡的专业技术培训、结合当地文化的活动、增加当地就业的活动、培养人们各项技能的活动等。

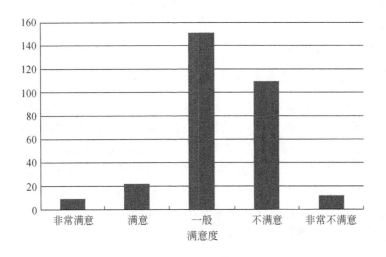

图4-5　农民对现有服务体系满意程度

4.2.3　白银市农民对公共文化服务需求特点分析

通过数据分析和与农民访谈交流，对目前白银市农民对公共文化服务需求的特点，可以总结为以下几个方面。

（1）文化需求表达不足

文化需求表达不足的主要原因在于农民相对比较内向，不善表达，缺乏主动的需求表达意识，有需求不会说；农民缺乏表达自己诉求的各种渠道，不知道去哪说跟谁说；乡镇基层政府组织机制不健全，政府在传统上不喜欢基层农民的上访等活动，没有建立相应组织负责回应农民的诉求，不利于农民的需求表达。

（2）现代文化需求旺盛

自从 2013 年以来，农村人均消费支出都获得了长足的进步。例如，白银市农村居民人均收入为 7065 元，人均文化教育娱乐支出占总消费支出的 5.2%，相比于过去获得了飞快的提升，而食品消费支出占 49.5%，相比于 2012 年下降了 2 个百分点。从调查研究中发现，随着生活水平的不断提高，人们越来越重视精神文明的建设，现代文化需求越来越旺盛。在白银市农村居民公共文化需求的总体水平不高的环境下，对于那些具有一定物质基础和文化消费能力的收入水平较高的人，以及那些受过一定教育、在城市打拼过的人，现有的农村公共文化水平难以满足他们对现代文化的较高需求，他们不再满足于仅仅看书看报看电视等自娱自乐形式，渴望像城市生活中一样参加电影院、博物馆、艺术馆等文化场所活动。

（3）农民对文化消费的需求的供需矛盾突出

农村居民的公共文化需求开始变得多种多样，听广播、看电视、看书读报、广场活动、看电影、上网、歌舞厅娱乐、体育运动、逛公园、参加技术培训、出游、参观等是农民在空暇时间的经常性文化娱乐活动。主体文化需求单一体现在：农民在这些文化娱乐活动的选择上，90% 以上的人选择了看电视，选择其他各项活动基本都低于 50%。造成这一现象的原因主要是其他先进健康的娱乐方式的匮乏，当前只有广播电视这种娱乐方式普及率较高，所以广播电视才成为人们的第一而且是唯一的选择。

（4）农民文化消费层次偏低

当前农民对文化消费的层次还是比较低，只是那种被动的娱乐活动，比如看电视这种无需动脑的，纯粹娱乐的活动占了很大的比例。那种对进一步学习，提高自己的文化活动所占的比例是少之又少。虽然出游、体育活动、培训、参观这些新颖的文化活动也开始在农村逐渐凸显，但相比城市而言，那些学习科技文化知识、锻炼身体等有意义的活动在农村还没有被大众所普遍接受和普及。

（5）农民文化活动参与性仍有待提高

随着时间的发展，人们对参加文化活动的积极性越来越高，比如广场舞的音乐甚至都开始扰民了。但人们还是更倾向于免费的娱乐活动，花几十块钱去艺术馆看展览的行为还只是城市年轻人的专利。在这种公共文化服务非常不足的地方，人们只能通过自我组织、自我创造的方式进行娱乐。造成这一现象的主要原因在于农村居民收入水平较低，绝大多数的消费支出用于了家庭食品消费、子女教育以及医疗健康消费；同时，农村相对落后的消费观念和生活习惯，使得农民不愿意花钱在文艺演出、书籍、农业技术及就业培训等于身心有益的文化活动上，却热衷于赌博或封建迷信活动。

4.3 白银市乡村公共文化设施效能建设分析

4.3.1 白银市农村公共文化设施建设情况

2015 年，白银市共有群众艺术馆、文化馆 6 个，公共图书馆 6 个，美术馆、博物馆、纪念馆 9 个，乡镇综合文化站 94 个，广播电视台 5 座，广播人口综合覆盖率 97.5%，电视人口综合覆盖率 99.8%。

近年来，白银市政府高度重视农村公共文化设施发展，不断加大财政扶持力度。2016 年用于"乡村舞台"和"三馆"征地拆迁费用达 8280 万元，为 69 个乡镇文化站配套各种设施设备。除此之外，还对于免费向群众开放的文化设施拨款 114.7 万元，划拨公共电子阅览室建设专项资金 15.6 万元，投资 120 万元建设完成白银市数字图书馆，数字资源总量达到 15TB，基本建成了资源丰富、技术先进、服务便捷、覆盖城乡的数字文化服务体系，惠及全市 170 多万人口。

随着这一系列财政资金政策的倾斜，白银市农村公共文化设施数量不断增加，并已粗具规模。2008 年，白银市建成乡镇文化站 15 个，2012 年共有乡镇文化站 78 个，2015 年共有乡镇文化站 94 个。2008 年博物馆、纪念馆 3 个，2015 年增长为 10 个。2015 年末广播综合人口覆盖率 97.5%，电视综合人口覆盖率 99.8%，分别比 2014 年提高 1.8 个和 1.9 个百分点。2015 年出版图书 2121 种，比上年增加 714 种（表 4-1）。

表 4-1 白银市农村公共文化设施数量

年份 公共文化场所类型	2008	2010	2012	2015
乡镇文化站	15	70	78	94
群众艺术馆、文化馆	6	6	6	6
图书馆	6	6	6	6
美术馆、博物馆、纪念馆	3	3	10	10
广播电台	4	4	4	4
体育馆	1	1	1	1
电视台	4	4	5	5
文化广场	5	5	12	12
农家书屋	185	200	737	737

据调查统计，截至 2015 年年底，农村公共文化设施发展取得较好成绩的区县包括白银区、平川区、会宁县等。其中，平川区已建成 61 个村级农家书屋，配置图书 20 余万册，7 个乡镇（街道）文化站，49 个村级文化广场，61 个村级文体活动室。2015 年，白银市组织各类文艺演出活动 335 场次，举办书法美术、摄影、党史教育、党风廉政、文物交流等展览 31 场次，放映农村电影 8628 场次。全市有常年开展活动的民间文艺团队 530 多个，队员 18 805 人，每年演出近 6000 场。各乡镇、村都组建了社火队、舞蹈队，每个团队成员均在 10 人以上，定期举办形式多样的文体娱乐活动。景泰五佛剧团、百花艺术团年演出都在 100 场次以上。会宁、靖远两县秦剧团改制后活力明显增强，已经成为白银市公共文化服务的中坚力量，常年深入农村一线送戏下乡，每年下基层演出都在 60 场次以上。除此之外，集大剧院、博物馆、图书馆、档案馆、文化馆、科技馆、城市规划馆、妇女儿童活动中心和数字放映厅等多功能文化设施综合体白银市文化艺术中心将要建成，是目前白银市最大的文化中心，总建筑面积达 9 万平方米，预计总投资为 6 亿元。白银市国际青少年美术馆已开工建设，建成后将成为我国规模最大的儿童美术主题博览馆，成为白银市重要的人文城市标志景观。与此同时，会宁县建设完成"农家书屋" 268 家，乡镇综合文化站 25 个，实现了村落全覆盖，实现了覆盖率 100%。

2015 年，平川区先后投资 3.7 亿元打造"三区两园一条街"的文化产业项目，其中尚文坊文化一条街项目总投资 1.5 亿元，被命名为白银市文化产业基地；另外对红山寺石窟，福寿山石刻，红一、四方面军打拉池会师旧址进行保护维修；全力打造奋威将军主题公园、磁窑沟遗址公园，对被列入市级非物质文化遗产名录的 5 类 9 项非物质文化遗产进行保护传承。

会宁县先后完成了会师楼红色文化园、状元街历史文化园和会宁文化旅游产品研发加工交易基地为主的"两园一基地"规划；投资 9 亿元兴建集旅游休闲、文化娱乐、商业购物等功能于一体的大型商业文化休闲中心——汉唐二十四节气文化休闲商业街；签约达成九巷街文化旅游招商引资项目、会州博物馆群落项目等文化项目；成立了会宁嘉韵秦腔文化传播有限公司、甘肃嘉音文化旅游公司、筹备成立会宁嘉浩状元文化传播发展集团股份公司；以甘肃胜利文化发展有限公司和西雁文化传媒公司为引领的民营文化骨干企业迅速发展。

旅游大县景泰县近年来大力推进基层公共文化建设，大力推进文化惠民工程，广播电视"村村通"、"户户通"，村级农家书屋实现了全覆盖；建成乡镇文化广场 2 个、"乡村舞台" 73 个、"一村一场" 26 个；大力推进文化旅游产业融合，强力打造黄河文化旅游线，丝路文化旅游产业园；以大敦煌影视城为中心，将黄河石林景区、大敦煌影视城和永泰古城有机结合起来，打造景泰中部"三点一线"西部影视基地和微电影拍摄基地；利用李氏树皮生画、手工剪纸、民间刺绣、丝绸宫灯等非物质文化遗产进行手工艺文化旅游产品的创意开发。

靖远县 50 家"农家乐"成为乡村观光旅游新亮点；建成"四馆一中心"、175 个农家书屋、18 个乡镇综合文化站、1 个文化集市、139 个文化信息资源共享中心等覆盖城乡的公共文化网络；实现有线电视覆盖率 97％，9 个农村数字电影放映队加入甘肃飞天院线，巡回全县 175 个行政村，年放映电影 2170 场次；开工建设投资 2.6 亿元的明清风格商业古建筑怡园靖远古城及鱼龙山红色旅游区、南华山文化生态产业园，建成法泉寺宗教文化博览园和碪萃园生态园，吸引民间投资 4500 多万元。

4.3.2 白银市农村公共文化设施效能建设分析

（1）农村群众对农村公共文化设施知晓情况分析

了解农村各种公共文化设施的具体分布位置，是农村群众前往使用公共文化设施的前提条件。如果农村群众不了解相关情况，自然就不会前往使用，更谈不上有效发挥公共文化设施的作用。因此，调查农村群众是否了解公共文化设施的所在位置是非常有必要的。如图 4-6 可知，仅有的农村群众对农村公共文化设施的具体位置很清楚，有的农村群众对农村公共文化设施的具体位置比较清楚，有的农村群众对农村公共文化设施的具体位置知道一点，有的农村群众对农村公共文化设施的具体位置完全不知道。对于知道一点和完全不知道的这部分农村群众，他们前往公共文化设施的频率也应该是相对较低的，这不利于农村公共文化设施发挥效用。而且在这部分群众中，可能有一部分人是没有意愿使用公共文化设施的，也不想了解公共文化设施分布的位置；但是可能有一部分人是愿意使用公共文化设施的，却缺少了解相关信息的途径。

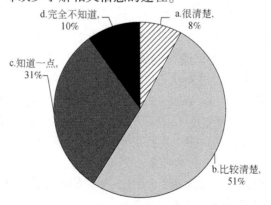

图 4-6 农村公共文化设施的具体位置知晓情况

　　与此同时，我们还应当对农村群众知晓农村公共文化设施分布的途径进行调查，寻找其中最有效的途径和发展相对不足的途径，加以调整和改进，以期运用多种信息传播方式，积极运用多种宣传方式，让农村群众对农村公共文化设施的具体分布有较为清楚的知晓，方便农树群众前往使用。

　　由图4-7可见，熟人介绍是农村群众了解农村公共文化设施具体位置最主要的途径，其次为偶然碰到，再次为政府宣传。因此，我们不难得出这样一个结论，即当前农村公共文化设施的宣传工作主要依靠非正式组织的口头传播，基层政府在宣传农村公共文化设施这一方面的工作成效不足，我们应当充分挖掘政府门户网站、电视台、广播台、宣传手册等宣传途径的巨大宣传潜力，通过静态宣传和动态宣传相结合的方式，吸引农村群众前往使用各类公共文化设施。

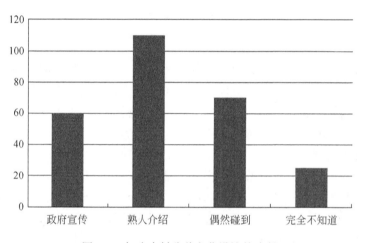

图4-7　知晓农村公共文化设施的途径

（2）公共文化设施使用率分析

　　随着经济社会的不断发展和进步，农村公共文化效能建设也逐步提上工作日程。根据白银市农村公共文化设施建设的基本情况、取得的成绩，以及调查结果，我们可以看出，白银农村公共文化建设资金投向和成果都主要集中在乡镇文化站、图书馆、博物馆、纪念馆、广播电台、电视台等有效性较低的种类，而有效性较高的体育馆、篮球场、乒乓台等设施建设数量较少，与农村群众需求存在出入，导致使用率不高。据白银市农村群众每周使用公共文化设施次数的调查显示（图4-8），被访问者中只有9%的人员每周使用公共文化设施4次及以上，20%的人员每周使用公共文化设施2~3次，50%的人员每周使用公共文化设施1次，21%的人员每周使用公共文化设施0次。

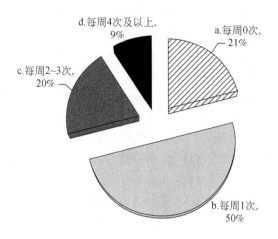

图4-8　农村群众每周使用公共设施的频率

除此之外，通过调查走访发现，大部分乡镇综合文化站的利用率也较低，例如，北滩镇综合文化站年接待农民群众 100 余人次，月接待 8.3 人次，日接待人次则极少。很多农村群众从未去过综合文化站学习阅读，甚至还有部分农村群众不知道综合文化站内有图书阅读和借阅。综合文化站的活动室、电教室和电子阅览室等使用率也不高，尚未成为农民文化活动聚集的中心，甚至处于大门紧闭的状态。

（3）公共文化设施满意度分析

为了深入了解白银市农村公共文化设施建议的有效性，问卷对群众满意度群进行了调查，相关统计结果如图4-9所示。

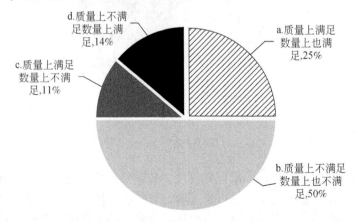

图4-9　农村群众对农村公共文化设施数量和质量的满意度

从图4-9可知，有一半的被访者认为农村公共文化设施在质量上和数量上都无法满足其文化娱乐的需求，这部分被访者大多为居住在经济较为落后的地区，文化水平为高中以下，职业以农民为主。四分之一左右的被访者认为农村公共文化设施仅能在数量和质量的一个方面满足其文化娱乐需求。剩余四分之一的被访者认为农村公共文化在数量和质量上都能够满足其文化娱乐的需求，这部分被访者大多居住在经济发展较好的地区，文化水平为专科以上，职业以公务员为主。由此可见，目前农村所建设的公共文化设施并不能满足大部分农村群众，特别是落后地区的、文化水平较低的农村群众的实际需求。

除此之外，农村群众对农村公共文化设施的满意度还受其开放时间、地理位置分布、工作人员专业水平、服务水平以及其他方面等因素影响。如图4-10所示，农村群众主要对农村公共文化设施的地理距离、工作人员的专业水平和服务水平较不满意，其中对于地理距离不满意的群众达到了37%，对工作人员的不满意度接近60%，包括工作人员的专业水平和服务水平。由此可见，文化设施的布局有待调整；而且农村急需具有文化专业人才和服务人才，文化工作人员的素质在很大程度上决定了农村公共文化设施是否能够很好的发挥效用，满足农村群众的文化娱乐需求。

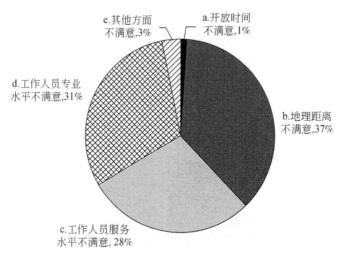

图4-10　农村群众对农村公共文化设施其他情况的满意度

要提高农村公共文化设施建设有效性，必须要尽可能地满足农民群众的实际需求。基于此，问卷中设置了三道多选题，目的在于从农村群众的视觉了解农村群众真正需要哪些公共文化设施，为今后建设农公共文化设施提供决策参考。统计结果如表4-2～表4-4所示。

表 4-2 农村群众最喜爱的农村公共文化设施

选项	人数	比例/%
A. 图书馆	53	21.2
B. 博物馆	57	22.8
C. 体育馆	79	31.2
D. 文化广场	122	48.4
E. 农家书屋	39	15.5
F. 乡镇综合文化站	42	16.7
G. 篮球场	57	22.6
H. 乒乓球台	47	18.8
I. 其他	7	2.8
本题目有效填写人次	252	100.0

由表 4-2 可以得知，农村群众最喜爱的公共文化设施种类之中，文化广场、体育馆、篮球场排列前三名，图书馆、博物馆、农家书屋、乡镇综合文化站、乒乓球台比例基本持平，差距不大。

表 4-3 最方便农村群众使用的农村公共文化设施

选项	人数	比例/%
A. 图书馆	49	19.4
B. 博物馆	34	13.5
C. 体育馆	40	15.9
D. 文化广场	145	57.5
E. 农家书屋	32	12.7
F. 乡镇综合文化站	26	10.3
G. 篮球场	66	26.2
H. 乒乓球台	59	23.4
I. 其他	2	0.8
本题目有效填写人次	252	100.0

由表 4-3 可以得知，最方便农村群众使用的公共文化设施种类之中，文化广场、篮球场、乒乓球台排列前三名，图书馆、博物馆、体育馆、农家书屋、乡镇综合文化站所占比例相差不太大。

表4-4 最能给农村群众带来文化满足感的农村公共文化设施

选项	人数	比例/%
A. 图书馆	62	24.60
B. 博物馆	63	25.00
C. 体育馆	99	39.29
D. 文化广场	89	35.32
E. 农家书屋	23	9.13
F. 乡镇综合文化站	25	9.92
G. 篮球场	86	34.13
H. 乒乓球台	48	19.05
I. 其他	5	1.98
本题目有效填写人次	252	100.00

由表4-4可以得知,最能给农村群众带来文化满足感的农村公共文化设施种类之中,体育馆、文化广场、篮球场排列前三名,图书馆、博物馆、乒乓球台平均比例在19%~25%,农家书屋和乡镇综合文化站比例相对较低。

(4) 白银市农民对农村公共文化服务满意度的内容分析

为了系统性地对调查问卷信息的主观题部分进行分析,将373份描述性文字信息的属性进行归纳整理,同时根据受访者参与本村公共文化活动的原因描述进行项目分类,最终确定为以下9种,如表4-5所示。

表4-5 受访者参与农村公共文化活动原因调查表

项目类别	人数	比例/%
1. 无特定目的	20	5.30
2. 只是跟着其他人一起参加	30	8.00
3. 查询一些急需的科技信息,如养猪、种植等	50	13.30
4. 锻炼身体,有自己的兴趣爱好,如打篮球、唱戏等	40	10.70
5. 了解各种时事新闻与最新资讯,生活必需品	137	36.70
6. 消遣娱乐	27	7.30
7. 个人信仰或本地习俗	22	6.00
8. 有关部门强制要求参加	35	9.30
9. 其他原因	13	3.40

在整理此次调查问卷的过程中,笔者发现有5.3%的被调查者并没有明确说明所参加的公共文化活动的原因,在受访过程中,这部分人主要集中于22岁以

下人群。在这九种原因中，"了解各种时事新闻与最新资讯，生活必需品"和
"查询一些急需的科技信息，如养猪、种植等"所占百分比分别为 36.7% 和
13.3%，比重最大，这也充分表明了目前农村公共文化服务首先是满足大家对社
会各方面消息的获取需要，是闲时生活的必需品，日益成为生活中不可缺少的一
部分，这也是受访者平时文化生活最主要的一块；另外，农民群众比较关注的文
化服务是有关种植和养殖技术讲解和座谈培训方面的内容，这部分内容比较符合
农民的现实需要，是广大公众比较关注的，与自己的切身利益息息相关，尤其是
受访者中间的那些农技示范户，他们对农业科技知识的渴望比较强烈。与此同
时，还有一部分人参加到文化活动的原因是信仰和习俗，约占 6% 的比重。可以
看出，除上述分析的以外，"锻炼身体，有自己的兴趣爱好，如打篮球、唱戏
等"占到 10.7%，这些人群主要是有自己的兴趣爱好或者传统技艺，政府提供
的这些文化设施能够给他们提供一个很好的平台和机会。访谈中笔者还发现，锻
炼身体也越来越成为大家更加重视的原因，说明随着社会经济的快速发展，人民
生活水平的显著提高，对自己身体健康的关注也日益广泛和普遍。

当询问到"请问您具体参加过何种文化活动"时，受访者主要讲解了一些
平时参与到的活动。根据受访者所填写文字叙述的内容，下面将受访者回答的信
息整理如表 4-6 所示。

表 4-6　受访者参与农村公共文化服务活动种类统计情况

活动类别	人数	比例/%
1. 公共图书馆/公共网吧	30	8.0
2. 个体文化室/图书室/个体网吧	22	6.0
3. 老年活动室	7	2.0
4. 青少年活动中心	0	0.0
5. 健身休闲设施	32	8.7
6. 棋牌室	12	3.3
7. 篮球、乒乓球等体育设施	45	12.0
8. 村村通、有线广播、文化共享工程	100	26.7
9. 阅报栏	12	3.3
10. 戏台/戏楼	15	4.0
11. 电影放映室	37	10.0
12. 祠堂、寺庙	20	5.4
13. 文化艺术节、表演团体	5	1.3
14. 广场休闲舞/集体舞	30	8.0
15. 其他	5	1.3

正如表 4-6 所示，受访者所接触到的农村公共文化服务活动分布面比较广泛，有一定的代表性。"村村通、有线广播、文化共享工程"，"篮球、乒乓球等体育设施"和"电影放映室"比重最大，分别为 26.7%、12.0%、10.0%，表明该地区在文化设施的建设上面取得了一定的成绩，广大群众更多的仍然是通过政府提供的有线电视来获取信息；另外，体育设施和电影放映室分别更多的趋向于精神层面的文化服务活动，说明大家在追求基本文化活动的同时，逐步在向更高层次的文化服务转变。表 4-6 中还有一项"广场休闲舞/集体舞"占比达到 8%，这一项文化活动的占比有些出乎意外，因为广场舞虽然在城市的一些空闲地段比较常见，属于城市居民的一种有益身心的健康运动，但在受访者中有部分群众参加过农村广场舞，而且反响比较积极，日益成为农村地区的一道新的靓丽风景线。在表 4-6 中我们也可以看出，"青少年活动中心"这一项没有人参加过，经过了解我们得知，该地区没有专门的为青少年准备的活动场所，主要还是以室外篮球场为主。另外，该地区参加"文化艺术节、表演团体"的数量偏少，专业文化艺术表演人才不足，掌握传统技艺的人才不多，这一问题需要格外关注。接下来想要了解农村公共文化服务基础设施的建设情况，于是接着上题询问"请问您认为本村公共文化服务基础设施建设不好的原因是什么"，回复内容经过整理后，具体如表 4-7 所示。

表 4-7　受访者认为农村公共文化服务基础设施不足原因分析

主要原因	人数	比例/%
1. 卫生不好	40	10.7
2. 座椅等基础设施破旧或不足	62	16.7
3. 空间太小、光线暗	50	13.3
4. 电视、饮水机等便民设施不足	40	10.7
5. 场所周边环境吵闹	25	6.7
6. 距离住所太远，不方便	75	20.0
7. 存在安全隐患	27	7.3
8. 利用效率低下，不允许使用	54	14.6

从表 4-7 中可以看出，虽然该地区公共文化活动种类比较丰富，但是基础设施建设存在的不足也很明显，存在着"距离住所太远，不方便"、"座椅等基础设施破旧或不足"、"利用效率低下，不允许使用"等突出问题，需要相关部门加以完善解决，以提高该地区农村公共文化服务的满意度水平。

(5) 农村公共文化服务满意度提升建议分析

本调查最后设置了1个问项，"根据您的实际感受，请问您觉得政府如何才能提升农村公共文化服务满意度？"，要求访问者根据自身感受提出建设性的改进建议，经由受访者的意见回馈，给政府在农村公共文化服务的提高提供参考意见。经过文字资料的整理，受访者尽管多有抱怨，但他们还是给出了自己的一些建议。根据这些具体的建议，笔者整理出一部分较为合理的意见和建议，具体如下。

&农村公共文化活动应该多保留那些传统特色的表演，多举办一些大家喜欢的好节目。

&文化场所的建设应该遵循为大多数人服务的原则，让大家都能受益，尽可能方便所有人。

&政府文化管理部门需要提高办事效率，为老百姓办实事，办好事，还要能办事，会办事，真正做到全心全意为人民服务。

&可以适当多举办一些高质量的文艺表演活动，平时这些活动有些少。

&建议政府在"村村通"收费上能够有所优惠，目前的收费标准还有些偏高，而且能看到的频道也有限，有几个中央台和地方卫视台效果也不好，有时信号也不稳定，影响收看效果。

&政府提供的免费文化活动有点少，覆盖面不广泛，主要还是集中在几个活动点，比如免费电影放映，有时想看一场电影还要步行几十分钟才能看到，到了之后由于人多还不一定能够看到。

&希望政府能够多提供一些关于养殖技术和辣椒种植的书籍，给农村带来实实在在的效益．

&建议有关部门能在文化服务基础设施上多投入一点，篮球场还有戏台破损严重，用起来很不方便，特别是下雨以后，积水深，完全不能使用。

&在大型文化活动中，群众的参与积极性不高，大家觉得去不去都没什么区别，文化活动缺乏吸引力。

&注重保护专业表演人才，加强传统技艺的传承。

&鼓励支持民间剧团和公益表演机构发展。

&建议多举办一些体育比赛或者是高雅艺术进村活动。

&健身设施数量太少，而且平时没有人管。

> & 希望本地电视台能够多播放一些关于致富能手或者挖掘一些种田经验丰富的农民上节目。
> & 文化活动种类偏少，缺少文化活动的场所。
> & 文化书屋的书籍不够用。

纵观所有的主观调查问卷，在受访者填写的这些建议中，其实质内容基本都集中在上面所梳理出的建议当中，在此不额外进行展示。

4.3.3　白银市乡村文化阵地效能建设存在问题

就当前来说，白银市乡村文化阵地建设中存在的问题有以下几点。

（1）农民主体地位缺失

由于长期以来过于强调 GDP 的作用，地方政府多重视招商引资，加大投资，完全忽略了农民作为主体的作用，导致人民丧失了话语权，失去了主体地位。具体表现如下：

1）文化建设没有为人民服务，各种文化建设没能满足农民的需求。当前文化创作主要是反映城市生活居多，文化产业主要以城市的社会精英为服务对象，而没有对农民的文化需求作出实际有力的回应。过于依靠利用市场的作用，太注重资源配置的效率，而缺乏了公平性，这让农民对公共文化服务的满意度很低。

2）农民没有表达自己的诉求的通道，或者通道非常不顺畅。在文化的建设中，政府不对农民的需求进行调查，完全按照自己的喜好来做方案，后期的所有建设和监督都由政府一手包办，也没有后期的反馈。农民的积极性没有调动起来，完全变成了建设的看客。

3）对于这些公共文化服务，没有结合当地的文化，人们只能从外部接收，而不能完成自己的表达融入。特别是在经济发达的城市奋斗多年的年轻人，见惯了城市先进文化的繁荣，回到家乡，面对落后的公共文化产品，会有更大的心理落差。由于这些文化没有发扬当地的文化，反而会造成当地的特色民俗文化消失和衰退，使地方文化丧失了自己的个性，各个地方变得千篇一律，农民的满意度也会剧烈降低。

（2）农村公共文化基础设施建设较为落后，对群众吸引力不足

近年来，白银市农村文化基础设施建设取得了一定成绩，但其存在的问题也

不容忽视，总体上看，农村文化设施建设还是比较薄弱，尤其是村级文化设施落后。主要问题包括：基础设施配置不平衡，农村与城市相比差距较大；原有基础设施设备陈旧老化，缺少更新维护；基础设施大量空置，利用率低，建而不用、挪作他用情况严重；等等。

农村公共文化设施数量不多、质量不好，设施设备配套不到位，陈旧简陋，欠缺吸引力。按照国际惯例，每 1.5 公里半径内就要设置一座公共图书馆，平均每 2 万人就应该拥有一座公共图书馆。以靖远县为例，一个拥有 47 万人口的县城，却只有一座县级图书馆和 3 个相对有点规模的广场，其中县级图书馆藏书 8 万多册，包括经济类、管理类、化工类、农林牧渔类、文化娱乐类等类别图书，但是图书很少更新，大多为出版多年的旧书，未能紧跟时代步伐，导致群众很少前往借阅，图书馆形同摆设，忽略了图书馆的内在质量和满足人民群众需求的软件能力，对农村群众的吸引力不足。截至 2015 年，全县共有 18 个乡镇综合文化站，平均每 26 000 人拥有一个乡镇综合文化站，而且各乡镇的综合文化站大多设施简单，配置较低。县政府要求每个乡镇综合文化站面积应当大于等于 500 平方米，电脑设备应当大于等于 3 台，但是部分乡镇的综合文化站根本达不到相关要求和水平。为了应付上级检查只得把乡镇政府办公的电脑临时挪到乡镇综合文化站，待检查过后再搬回原来的办公室。在体育运动设施方面，农村群众最常进行的体育锻炼项目是打乒乓球和篮球。目前，大部分的乡村篮球场和乒乓球台都在室外，球场和球台都由水泥筑成，经过日晒雨淋后，油漆也渐渐脱落，篮球架上的锈迹随处可见，乒乓球台的台角也都已经出现了不同程度的缺损。

（3）公共文化设施操作不便，对群众专业指导不足

农村公共文化设施包括图书馆、博物馆、体育馆、文化广场、农家书屋、乡镇综合文化站、篮球场、乒乓台等，其中除了文化广场、篮球场、乒乓台等文化设施不需要专业文化工作者对农村群众进行指导使用以外，图书馆、博物馆、农家书屋、乡镇综合文化站等都需要配备相应的文化工作者，对前往使用公共文化设施的农村群众进行专业指导。尤其是像计算机、电子阅览室等信息化较强的文化设施，对于受教育水平相对较低的农村群众而言，对其中程序的运行和相关信息的获取还是具有相当难度的。由于缺乏专业人员进行指导操作，农村群众不得不对高科技类公共文化设施望而却步，致使高科技类公共文化设施的有效性发挥不足。另外，纵然文化广场、篮球场、乒乓球台等文化设施相对具有操作便利性，农村群众由于个体的分散性，也很难自行组织具有规模和经常性的文艺活动。因此，我们基本只能在特别的民俗节日里，才能看到文化部门组织开展一些歌舞晚会、兴趣活动、篮球比赛之类的文化活动。

从调查走访的情况来看，目前白银市大部分乡镇综合文化站并没有专门从事文化站管理的工作人员，一般都由乡镇政府工作人员兼职或者村民担任。乡镇政府工作人员兼职管理乡镇综合文化站的，一般都在自己本职工作的办公室进行办公，很少到乡镇综合文化站的办公室进行坐班，当村民需要使用乡镇综合文化站的电子阅览室或者图书阅览室时需要先到其本职工作的办公室寻找他开门。另外，由村民担任乡镇综合文化站的，村民从事农村文化工作的薪资较低，而且无法解决编制问题，无法评定专业职称，更不用说提拔晋升，这些因素都导致了广大村民工作者积极性不高，工作态度敷衍、散漫。因此，我们可以看到，一方面，文化工作者人数较少，大多为兼职和临时聘用人员；另一方面文化工作者学历不高，大都是中学文化水平或者专科文化水平，再加上缺少专业培训和继续教育，文化专业水平和服务水平并不能满足农村群众当前的需要。如图4-10农村群众对农村公共文化设施其他情况的满意度显示，31%的被访问者对工作人员的专业水平不满意，28%的被访者对工作人员的服务水平不满意。

(4) 公共文化设施效能单一，与群众的需求不吻合

农村公共文化设施有效性不足除了表现在设施建设滞后和文化设施的操作不便，缺乏专业指导之外，还表现在部分公共文化设施的效能单一，缺少通用性，与群众的需求不吻合。根据宜章县农村公共文化设施建设有效性的相关调查，其中有效性相对较低的农村公共文化设施为农家书屋和乡镇综合文化站。以农家书屋为例，农村群众在农家书屋除了图书阅读就是报纸杂志阅读，仅仅只能满足农村群众学习阅读的需要。对于农家书屋而言，很难在这块场地内开展其他文化活动，使得公共文化设施缺少了通用性，只能做到缺什么补什么，不能给农村群众的文化需求带来最大限度地满足，不利于农村群众文化习惯的长期培养，以及文化需求在深度和广度上的扩展。而有效性较高的，如文化广场等文化设施则具有相对的综合性，受农村群众年龄、学历、兴趣等因素的影响，他们倾向于喜爱具有群体性的、参与性强的、效能多样的文化设施。农村群众喜欢在文化广场开展文艺活动，例如跳广场舞、腰鼓、健美操等，他们还乐于参加篮球赛、乒乓球赛、爬山比赛等体育运动来加强身体锻炼。但是，这些文体活动都需要文化广场、篮球场、乒乓球场、公园等文化设施作为基础。从另一个角度来说，农村公共文化设施的多样性也应该进一步丰富，才能满足群众对不同功能文化设施的需求。

因此，农村公共文化设施的效能越多，越是贴近群众的需求和喜好，使用范围就越广泛，利用率就越高，能给群众带来的文化娱乐活动就越丰富，越被群众喜爱和需要。反之，公共文化设施的效能越单一，建设越不考虑到群众实际，使

用范围就越狭窄，能给群众带来的文化娱乐活动就越匮乏，那么群众对这类文化设施的兴趣就越低、需要就越少。

（5）公共文化设施布局失衡，群众文化满足感差距较大

农村公共文化设施具有非排他性，即每个社会成员都能够不分你我地、完全平等地、普遍地享受这种服务和消费。但是由于社会历史的原因，以及地理位置、资源禀赋等原因，各个地区、各个乡镇之间经济发展水平不尽相同，地区差距的扩大引起了公共文化设施的分布明显失衡，出现了顾此失彼，有失和谐的状况。这种公共文化设施布局的失衡直接导致了不同地区和乡镇的群众文化满足感差距扩大。从调查走访的情况来看，宜章县3个相对规模的文化广场全部集中在经济发展水平较好的城关镇，县级会展演艺中心、图书馆、博物馆、广电大厦、体育馆等也集中分布在城关镇附近。而宜章县经济发展较为落后的沙坪乡、赤石乡、白沙好乡等则根本没有文化广场、演艺中心等，公共文化设施相当匮乏。农村公共文化设施过于向县级中心城镇和经济发展水平较好的乡镇聚集，而经济落后的偏远地区则数量寥寥，是导致农村公共文化设施的布局失衡的直接原因，进一步导致了不同地区和乡镇的农村群众在享受公共文化设施的时候待遇大不同，产生了不公平、不和谐的现象。由此，我们不难看出，由于地区经济发展的差异，落后偏远地区的公共文化设施建设有效性发挥明显不足，远远低于城镇中心区域。

（6）文化市场机制不健全

农村文化供给形式单一，文化市场机制不健全，公共文化服务产品与农民需求不相符合。随着近年来社会转型的加速，农民群众的文化生活需求也日趋多种多样，而传统的农村文化服务的内容、形式和供给方式机制已经不能满足现实农民的要求。目前，农村文化服务资源配置、服务覆盖率、服务内容和方式等方面都是由政府直接组织和投入，但政府供给与农民需求之间存在着脱节。由于农村文化产品供给不足、质量不高、形式单一，难以满足不同年龄段、不同文化程度的农民需求，导致公共文化产品的"供不应求"与"供非所需"与农民文化需求不匹配的矛盾加深，最终造成了农民参与体系建设中去的积极性较低的现状。

因此，从上面的现象来讲，白银市在农村文化服务体系建设方面的工作仍然任重道远，必须坚持与当地的制度并行，因地制宜地管理当地文化的建设。农村公共文化体系的建设与健全是建设人民群众精神文化的重要保证，也是农村经济文化获得可持续发展的重要保证。近年来，白银市农村基层政府针对过去公共文化服务体系的现象，积极推动农村基层文化的建设，已经取得了卓越的成效，政

府、农民群众应该团结起来，共同维护文化的建设，充分借鉴公共文化服务体系发达地区的经验，寻求突破公共文化服务体系建设的有效路径。

4.3.4　白银市乡村文化阵地效能建设存在问题原因分析

（1）供给主体单一，公共文化设施建设经费不足

首先，政府作为公共资源的管理者和分配者，能够最大限度地整合资源，集中力量办大事，统筹分配各项资源的流向。农村公共文化设施作为农村公共文化建设的物质平台，理应由政府进行资源分配和建设。虽然中央和省级地方政府每年拨付款项支持农村公共文化设施建设。但是，中央、省级财政拨款层层分拨，最后到县乡一级的财政资金实在少之又少。如表4-8和表4-9所示，2013～2016年白银市"乡村舞台"建设共投入26 454.17万元的配套建设资金，其中2015～2016年靖远县未达标乡镇文化站投入778万元，平均每个乡镇每年仅获得资金10余万元。

表4-8　2013～2016年白银市"乡村舞台"建设情况统计表

市区县	公共文化设施	投入资金/万元	比例/%
白银市	701	26 454.17	100.00
景泰县	136	6 800	25.70
靖远县	176	5 014.67	18.96
会宁县	284	10 150.5	38.37
平川区	60	2 985	11.28
白银区	45	1 504	5.69

表4-9　2015～2016年白银市未达标乡镇综合文化站达标建设情况

市区县	投入资金/万元	占比/%
白银市	1 466.28	100.0
景泰县	164	11.2
靖远县	778.68	53.1
会宁县	380	25.9
平川区	115	7.8
白银区	28.6	2.0

其次，县、乡镇一级的文化经费显得力不从心。乡镇财政收入的主要来源是各项税收收入、收费收入以及其他收入等，农村税费改革减轻了农村群众的负担，也意味着减少了基层政府的财政收入。再加之，基层政府重经济建设，轻文化建设，在财政收入相对减少的情况下，用于公共文化设施建设的资金就更少了，多数地方达不到国家要求的文化事业经费占当地财政支出的比例的1%以上。建设资金的不足直接导致了农村公共文化设施的建设变成了无本之木，无水之源，严重制约了农村公共文化设施建设的发展。

最后，政府分配作为一种制度安排，较好地把握了原则性，却缺少了灵活性，而且政府在为公众提供公共资源的时候也是存在交易成本。由于制度的不规范往往还会导致"寻租"现象的发生，其效率和成本较私人部门难以测量。因此，从某种程度上说，政府分配公共资源、提供公共物品作为一种政策安排，监督和约束的不到位，可能导致政府提供公共物品的成本高于市场机制条件下提供公共物品的成本，这被称为政府的"政策失败"。正如世界银行所认为的，"在许多国家中，基础设施、社会服务和其他商品及服务由公共机构作为垄断性的提供者来提供不可能产生好的结果"。

因此，仅仅依靠各级政府财政拨款来进行农村公共文化设施建设，供给主体太为单一，加重了财政负担，加上缺乏绩效评估制度，财政资金的利用效率较低，导致农村公共文化设施的建设成果并不显著，在数量和质量上都不能满足群众日益增长的文化需求。

（2）设施管理滞后，文化队伍良莠不齐

推动农村文化的大发展大繁荣，建设好完善好农村公共文化设施，确保县、乡镇地区拥有一批数量较多、质量过硬的农村公共文化设施是基础，合理、有效的管理机制和人才队伍是促进农村公共文化设施良好运转、各项文化活动精彩开展的重要保障。

当前，农村公共文化设施管理滞后，文化队伍良莠不齐。在管理方面，制度不健全，没有科学的管理方式和方法，管理人员责任落实不到位。绩效考核依然注重硬件考核，对文化设施的利用效率、开展各类文化活动次数、在多大程度上满足群众的文化需求都很少列入考核范围，农村公共文化设施管理流于形式。除此之外，农村公共文化设施还存在日常维护和管理不到位的现象，以篮球场和乒乓球台为例，建成以后根本没有相关工作人员进行维护和管理，出现了生锈、破损等现象也无人问津。在文化队伍上，很少招聘新进人员，更不用说高层次人才引进。大部分农村文化工作者已经从事文化事业多年，不仅年纪偏大，学历偏低，还缺乏积极主动学习新知识新业务的热情，人才培养机制不健全导致整个文

化人才队伍青黄不接，断层严重。

管理制度的缺乏和执行不到位，以及农村群众自我管理意识不强，文化人才队伍基础较差，培养欠缺等原因直接导致了群众在使用农村公共文化设施的过程缺乏专业指导，农村公共文化设施利用率不高。

（3）缺少民意调查，民意表达机制不健全

农村群众对公共文化设施的需求与其自身的成长背景、受教育程度、生产收入水平、消费结构等因素有着密切的联系。但是由于基层地区缺少民意调查，以及民意表达机制不健全等原因，文化设施在进行建设和配套时往往按照统一标准，实行"一刀切"，忽略了整个农民群体的实际需求。一些农村群众客观需要并且喜爱的文化设施未能很好地建设，农村群众不感兴趣并且较少使用的文化设施也没有及时调整。例如，政府部门认为，随着网络信息的发展，以及人们受教育程度和知识文化水平的提高，农村群众应当更多地需要电子阅览室、电教室这类新兴的科技文化设施，而在实际推进过程中才发现农村群众对这类文化设施的使用率并不高。虽然国家希望加强科学技术知识的学习和互联网的普及，但是我们不得不看到当前农村的实际，那就是大部分农村群众，特别是学历水平较低的群众和中老年人群，对于电脑电子设备的操作确实存在困难，要让他们学习使用，是一个漫长的过程。

一方面，基层政府实行"压力型"管理体制，通过层层管理来落实上级任务。基层政府为了完成上级交办的任务，往往缺乏民意调查和实地调研，而是以"政绩"和利益为导向，"自上而下"地做出农村公共文化设施的供给决策，这种行为容易引发农村公共文化设施与群众需求脱节。另一方面，农民缺乏表达需求的组织和渠道。基层村民自治组织和基层人民代表大会制度作为农村群众表达利益需求的重要途径。但在具体实践中，村民自治组织却成为了基层政府的执行机构，无法抵制基层政府安排的各项达标任务，难以实现村民的意愿表达。除此之外，由于传统等级观念、农村人口分布分散等因素的影响，基层人民代表大会制度也尚未实现把农民需求很好地"自下而上"传递。

（4）地区经济发展差异较大，规划决策缺少论证

农村经济发展水平参差不齐，导致各乡镇之间公共文化设施建设资金、数量、质量等方面都存在着不容忽视的差距。一些乡镇经济基础较好，公共文化设施种类较多、覆盖面较广，文化人才和文化活动的开展都相对较多；一些乡镇经济基础一般，公共文化设施种类不齐、分布不均，文化人才和文化活动的开展相对较少；一些乡镇经济基础较差，公共文化设施种类极少，文化人才和文化活动

基本没有。

首先,由于地理分布和资源禀赋的差异,农村各乡镇的经济和社会发展的先天条件不同,差距较大。在现行的农村公共文化设施主要由本地政府供给的体制下,必然会出现不同乡镇之间公共文化设施供给的不平衡。

其次,为了节约建设资金,大部分乡镇在进行农村公共文化设施建设时都未聘请有资质的团队进行合理的设计,对选址和布局等缺乏长远、科学的规划。以农家书屋和乡镇综合站为例,乡镇政府在进行建设时,基本没有进行规划设计,而是按照哪里有空地,就在哪里进行开发建设。

最后,基层文化管理等职能部门之间缺乏沟通和协调,基层政府与农村群众之间缺少沟通机制。农村公共文化设施在建设之前缺少充分的探讨和论证,而是别人建什么,我们就建什么,未能因地制宜地考虑各个乡镇农民的实际需要和当地的民间文化特色,导致公共文化设施建设有效性不足。

5 乡村文化阵地效能建设目标与措施

5.1 乡村文化阵地效能建设的目标

农村公共文化阵地建设的有效性决定着农村公共文化建设在多大程度上满足了农村群众的精神文化需求，在推进社会主义农村文化大发展大繁荣的目标上发挥了多大的实效。因此，我们应当树立正确的目标导向，不断提高农村公共文化阵地建设的有效性。

针对白银市农村公共文化阵地建设现状及存在问题，应通过提升服务效能、完善建设管理机制、加大保障力度，到 2020 年构建起了"价值化引导、网络化建设、有效化供给、社会化共建、专业化管理和大众化参与"的乡村文化阵地效能建设模式，实现"阵地均衡化、活动品牌化、队伍常态化、机制长效化"的建设目标，使乡村文化阵地成为提供公共服务的重要平台。

在不断优化完善农村公共文化服务的供给模式过程中，在国家总体战略的规划和地方政府的因地制宜的设计下，白银市农村公共文化阵地建设应该达到以下供给目标。

第一，在"十三五规划"期间，在农村应该兴建一批公共文化服务的基础设施，每个县必须配备有公共图书馆，每个乡镇必须有综合文化站，每个村庄必须要有农家书屋以及计算机室等，这些都是最基础的配置，对于经济状况较好的地区，还应兴建一批博物馆、青少年宫、农业科技馆以及乡村剧场大舞台等。

第二，保证农村各个村庄以及农户都能收听到免费的广播服务以及农村卫星电视的接收观看，让农民能够及时地了解到外界的信息和最新的政策文件的解读。除此之外，还应提供农村突发事件的应急广播通知服务。

第三，丰富农村的公共文化活动，举办形式多样、内容丰富且村民喜闻乐见的活动。例如，每个月一场电影放映，地方戏剧的送戏下乡，对农民的科技文化知识的培训等。

第四，在信息化时代的背景下，农村的信息化建设也应该纳入到公共文化服务的供给菜单中，实现文化信息资源的共建共享，数字平台的搭建以及网络知识的培训和服务等。

第五，对于农村历史悠久的文化遗产和文物古迹应该加强保护和开发利用，对于非物质文化的传承应该予以指导和帮扶培训，使其不断创新发展并继续传承下去。

第六，文化和体育活动是联系非常紧密的，在农村公共文化服务的建设过程中，也需要积极引导村民进行全民健身活动，锻炼好强健的体魄，养成良好的生活习惯和生活方式，从而提升生活的幸福指数。

5.2 指导思想与原则

农村公共文化服务建设工程是一项涉及乡村经济、政治、生态、文明以及新农村和谐社会的建设等多方面的综合工程，所以不仅从国家战略层面还是从地方的战术层面以及农民的实际获取，都需要制定与之相适应的战略规划、布局构建和准确定位。农村公共文化服务这个综合工程直接关系到农村公共文化事业发展的成败。从中央到地方，从政府到市场与第三部门，都必须时时刻刻贯彻执行中国共产党的领导，以科学发展观为理论指导，全面落实社会主义核心价值观的教育引导，全心全意为人民服务，从而明确农村地区公共文化服务建设的全面、长期、系统的战略规划，针对不同区域的实际情况因地制宜地差别化制定的思路。

在2015年1月出台的《关于加快构建现代公共文化服务体系的意见》中指出构建现代公共文化服务体系应坚持正确导向、政府主导、社会参与、共建共享、改革创新的基本原则。各地乡村文化阵地效能建设应该借鉴和遵循这样的基本原则。

（1）坚持正确引领、服务公众的原则

乡村文化阵地建设应该以中国特色社会主义理论为指导，贯彻落实党的十八大和十八届三中、四中全会关于公共文化服务体系建设的精神，牢固树立以农民群众为中心的导向，以社会主义核心价值观为引领，发展先进文化，创新传统文化，扶持通俗文化，引导流行文化，改造落后文化，抵制有害文化，巩固基层文化阵地，倡导健康文明的生活方式，促进全社会形成积极向上的精神追求。

（2）坚持政府主导和社会参与原则

提供农村公共文化服务是现代政府最重要的职能之一，必须加强农村文化阵地效能建设中政府主体地位和主导作用。立足实际，因地制宜，科学规划，分类指导，加快构建满足群众基本文化需求的公共文化服务体系，切实保障人民群众基本文化权益。

同时，政府应简政放权，开放部分市场，减少行政审批项目，引入市场机制和竞争机制，激发社会力量参与公共文化建设的积极性，提供丰富多样的文化产品和服务。

（3）坚持城乡一体、文化扶贫原则

从满足广大群众特别是农民群众、社区居民的文化需求出发，探索城乡一体化公共文化服务体系建设模式。扎实推进双联行动和脱贫攻坚，大力开展文化扶贫活动，持续推进文化惠民、文化民生工程，在改善人民群众物质生活条件的同时，优先满足人民群众的基本文化需求。

（4）坚持改革创新、深化改革的原则

改革创新是一门时代课题，进行乡村文化阵地建设应改变旧的不合时宜的体制框架，推陈出新，运用现代社会新的科学技术对其加以改造，做到与时俱进。深化文化体制改革，加快转变政府职能，完善管理体制机制，进一步创新公共文化服务内容和形式，促进文化与科技深度融合，充分发挥整体优势，加强文化交流合作，不断提升综合效益，营造健康向上的社会文化氛围。

（5）坚持统筹协调、共建共享原则

乡村文化阵地效能建设是以满足农民文化需要，保障农民文化权利为宗旨。农村公共文化是农民自己的文化，应让广大农民群众参与到建设中来，共享建设成果，让群众拥有更多的获得感。

建立协同机制，强化统筹管理，优化资源配置，推动文化事业和文化产业协调发展。应发挥行业部门优势，积极探索实现公共文化服务普惠均等的路径和方式，加强公共文化设施建设，提升管理和服务水平。

5.3　提高乡村文化阵地效能建设的具体措施

5.3.1　提高对乡村公共文化服务体系建设的重视程度

（1）强化思想认识

我们必须深刻地认识到，"文化是民族的血脉，是人民的精神家园"。事实表明，没有先进文化的积极引领，没有人民精神世界的极大丰富，没有全民族精神力量的充分发挥，一个国家、一个民族不可能屹立世界民族之林。物质贫乏不是社会主义，精神空虚也不是社会主义。各级政府应该强化思想认识，从思想上、根本上解决政绩观问题，树立正确的价值观，要充分认识到农村地区文化建设在农村地区经济建设、政治建设、文化建设、社会建设和生态文明建设中的重要地位，防止将文化和经济剥离开的错误思想蔓延。正确处理好农村地区经济社会发展和文化事业的关系，农村地区的经济得到发展，就会有更加雄厚的财力保证文化事业的发展；同时，文化事业的发展又可以为农村地区的经济增长提供强大的精神动力和精神支柱，为农村地区的社会建设提供新的发展理念和思维方式。

（2）调动群众参与积极性

农村地区也有少数乡镇和行政村建设的文化站和活动中心各项指标都达到了国家要求，在已经建成完善的文化设施的地区，要加强引导和组织，增加文化站、活动中心的"人气"，提高使用效率。乡村文化站、文化室以及文化活动中心不仅要建成，更要注重吸引群众参与到公共文化活动中来。引导群众根据自身对文化的需求和偏好，合理利用公共文化活动中心自发开展文化活动，提高农村地区公共文化场所的日常管理。有效的公共文化管理可以增加参与人数、扩大辐射范围、增强文化活动影响力和持续性，提高当地群众的文化素质，提升当地群众的生活质量。

5.3.2 创新制度理论体系，为公共文化服务建设"保驾护航"

（1）建立农村现代公共文化服务体系建设协调机制

我国公共文化服务多方管理，条块分割，缺乏统筹等问题较为严重，各个公共部门都拥有各自独立的财政投入、基础设施、人才队伍和各项资源，互相之间缺乏基本的协调。因此，2014年文化部牵头成立了国家公共文化服务体系建设协调组，其任务主要是协调推进重大公共文化服务法规、政策、标准的制定、实施和考核，统筹实施公共文化服务重大工程等。农村公共文化服务体系建设应借鉴国家机制经验，立足农村实际，成立具体乡镇的农村公共文化服务体系建设协调小组。这是一项开放性、多元性、创新性的制度。农村公共文化服务体系建设协调小组必须以协调机制为依托，由乡镇文化主管部门牵头，成员包括乡镇党委、人民政府、文化站、工会等，从整体上明确各部门的权责，整合相关服务资源，制定各项制度，推动农村公共文化服务的标准化发展。

（2）构建现代技术支撑机制

在建设农村现代公共文化服务体系的实践中，出现的不少实际问题，例如，电子阅览室资源量低、电视信号差频道少、无法参与到文化信息资源共享工程建设等，其中很重要的原因就是与缺少技术支撑机制有关。技术支撑机制主要包括互联网技术、广播电视网技术和电信网技术，统称三网融合，其中互联网是核心。具体做法为：首先，政府应加大科技投入和科技创新，发展广电技术、互联网技术和电信技术，促进文化与科技深度融合。其次，政府要大力推进公益性数字文化服务，加强全国文化信息资源共享工程和电子阅览室的建设，将文化信息资源进行加工，通过数字化的技术手段，运用互联网、有线电视、光盘等平台，让农民群众参与到共建共享中来。第三，要综合运用现代传播手段推进公共文化服务体系建设，结合宽带互联网、广播电视网、卫星网络等手段，拓宽公共文化资源传输渠道，大力推进"三网融合"与广播电视村村通工程、远程教育工程的结合。

（3）加强立法保障机制

在农村公共文化建设中，我国目前有《乡镇综合文化站管理办法》、《文化部关于加强村级文化建设的指导意见》、《关于推进美术馆、公共图书馆文化馆（站）免费开放的意见》等政策性意见法规对农村文化机构进行宏观的指导和约束。而地方性乃至国家层面对公共文化服务的内涵和外延进行规定的法律法规几乎是空白。因此，当务之急是要加快公共文化服务立法的进程，加强立法保障机制，为农村公共文化服务体系建设提供法律支撑。一方面应根据农村实际情况，在专项调研和广泛征求意见的基础上制定出一系列相关法律法规，对乡镇政府部门、文化主管部门、农村文化机构、社会文化组织以及村民在农村公共文化服务体系建设中的权利、义务做出详细的规定，确保他们的法律主体地位。另一方面，法律法规的内容要尽可能广泛和详细，应包含农村公共文化服务体系建设的财政预算、农村公共文化基础设施的建设管理办法、农村文化人才队伍保障规定、社会力量参与农村公共文化服务建设等方面的法律法规。除此之外，法治的关键，在于政府依法行政。乡镇政府应在法律的框架内履行公共文化服务的职能，做到"科学立法，严格执法、公正司法、全民守法"，杜绝一切越轨行为。

（4）建立农村基本公共文化服务标准体系

农村公共文化服务体系建设要进行机制创新，当务之急应是建立农村基本公共文化服务标准体系。农村公共文化服务体系建设应当朝着标准化、规范化发展。乡镇政府应根据农村经济社会发展水平，明确农村基本公共文化服务的内容、种类、数量和最低标准，强调政府保障底线。根据国家基本公共文化服务指导标准的整理和归纳，本书提取出农村基本公共文化服务指导标准（表 5-1）。指导标准具体包含了基本服务、硬件设施、人员配备共 3 个大项、12 个小项的标准供参考。

表 5-1 农村基本公共文化服务指导标准

项目	内容	标准
基本服务	读书看报	1. 公共图书室、文化站、村应配备图书、报刊、电子书刊，并免费提供借阅服务
	收听广播	2. 通过直播卫星、无线模拟、数字音频分别提供不少于 17 套、6 套、15 套广播节目
	观看电视	3. 未完成无线数字化转换的地区，提供不少于 5 套电视节目
	观赏电影	4. 为农村提供电影放映，每年国产新片（院线上映不超过 2 年）不少于 1/3
	地方戏	5. 采取政府采购等方式，为农村乡镇每年送戏曲等文艺演出
	设施开放	6. 文化站、非文物建筑及遗址类，公共文化设施免费开放，基本服务项目健全
	文体活动	7. 居民依托村综合文化服务中心，文体广场等公共设施就近方便参加文体活动
硬件设施	文化设施	8. 乡镇设立综合文化站，按国家建设标准规划建设，筹建综合文化服务中心
	体育设施	9. 乡镇、村配置群众体育活动器材设备，或纳入基层综合文化设施整合设置
	流动设施	10. 配备用于图书借阅、文艺演出、电影放映的流动文化车开展流动服务
人员配备	人员编制	11. 文化站配备编制人员 1～2 人，村文化中心设有由政府购买的公益文化岗位
	业务培训	12. 乡镇和村文化专兼职人员每年参见集中培训不少于 5 天

（5）建立农村文化需求表达机制

之所以要进行农村公共文化服务体系建设，最主要的目的就是为了建设符合农民群众需求的公共文化，因此必须建立针对农民群众文化需求的表达机制。农村文化需求表达机制应该包括两方面的内容。一是农民群众的需求诉求机制。要让群众能够及时反映他们的文化需求，政府和村民之间的沟通渠道要保持畅通。乡镇政府可以通过接待群众访问、设立信箱邮箱、流动巡查等形式搜集农民文化诉求。然后根据反馈的信息及时调整公共文化服务的内容、项目，以提高公共文化服务效能。二是农民群众评价反馈机制。乡镇政府公共文化服务做的好不好要由农民群众说了算，应赋予群众参与监督的权利。乡镇政府可以通过日常巡查、暗访、发放问卷等方式获取群众对公共文化服务参与度、满意度等的评价，并将其纳入绩效体系考核范围。

5.3.3 重视农民文化需求，鼓励引导农民自办文化

农民在文化服务建设中不仅是"受益者"，更应该积极主动参与到建设中来。传统的政府单一供给主体机制造成了农村文化供给与需求的偏差，供需矛盾突出。传统的供给模式就是政府不了解农民的真实需求，想当然的进行政策制定和服务供给。例如，有的乡镇综合文化站里面的书籍都是一些农业科技类、世界名著等，但是农民不去阅读，导致书籍资源闲置，而农民真实需求的乡村电影放映、文化活动、游园晚会、棋艺比赛等活动类型并没有开展。政府提供的农民不喜欢，农民喜欢的政府不提供，所以就导致供需矛盾加剧，乡镇综合文化站大多形同虚设。

公共产品最优供给理论认为，要使公共产品的供给达到最优化，必须充分考虑消费者对公共产品的需求状况。而消费者和供给者之间又存在着信息不对称的情况，供给者不能准确掌握消费者的需求，因而常常无法实现公共产品的最优供给。为此，经济学家设计出公共选择机制来显示消费者对公共产品的偏好信息。针对白银市农村公共文化的供求现状，必须重视农民的文化需求，分析当前农民对公共文化的需求，建立农村公共文化服务的需求表达机制（图5-1）。

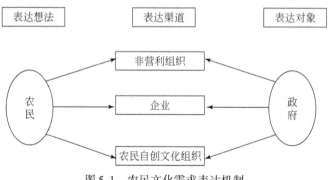

图5-1　农民文化需求表达机制

除此之外，农村本来就拥有培育文化的肥沃土壤，在一味地接受文化供给的同时，也应该自发地创造文化，发扬当地优良的传统文化，从传统的"接文化"转变到"种文化"，鼓励引导农民发展自办文化。农民才是农村的主人，农民创造了很多文化艺术，他们才是农村文化创作的主体。目前在农村地区，仍然有很多农民自发组织起来进行文艺创作，创办文艺表演队伍为广大乡亲们服务表演。农民自办文化的兴起和发展对于农村的文化建设起着强劲的推动作用。政府部门应该在农民自办文化中提供更多的服务支持、培训指导，将其自身优势更大程度地发挥，从而补充供给农村的公共文化服务。针对农民自办文化的内容方面，政

府可以邀请专业文化人才进行培训指导，将地方独具特色的乡土文化再结合外界时尚的创新元素，从而打造乡村文化精品，这样不仅能充实当地的文化建设和氛围营造，还能推动地方文化走出农村，走进城市走向更大的舞台。农民的潜力是无限的，农村丰富的文化资源需要政府以及多方力量的合作共同来挖掘，一起来为社会主义新农村的文化建设贡献一份力量。

5.3.4　强化农村公共文化服务供给体系，力求有效覆盖

（1）丰富农村公共文化服务供给主体

从经济学的角度来看，国内学者普遍认为公共产品具有非排他性、非竞争性、不可分割性等特征，大部分农村公共文化服务可以看做是特殊的纯公共产品，是由乡镇政府免费提供，供农民群众平等享有的。然而目前我国农村公共文化服务由于政府的能力和资源有限、其他文化主管部门指导不紧密等原因，存在着政府管办不分、供需失衡的问题，这就为市场参与部分农村公共文化服务提供了合理性。除此之外，企业、农村各种社会组织（非营利性组织、农民文化组织）的不断发展，农民的文化主体意识逐渐苏醒，因此，农村公共文化服务供给主体也应走向多元化发展的路径，形成政府主导、相关部门、市场、企业、社会组织（非营利性组织、农民文化组织）、农民群众共同参与农村公共文化服务体系建设的全新格局。这样的发展也是顺应政府转变职能、建设服务型政府的潮流，也是顺应国际上新公共管理等理论运动的发展，可谓与时俱进。

（2）丰富农村公共文化服务供给方式

如前所述，农村公共文化服务供给主体应走向多元化发展的途径。因此，农村公共文化服务的供给方式也应该变政府单向供给为多向和交互式的供给。政府具体做法可以为：第一，要改变以往农民群众被动地接受乡镇政府和文化主管部门"送文化"的供给方式。乡镇政府和文化主管部门应采用"种文化"以及"菜单式"方式让农民掌握文化服务的自主选择权，让人民群众决定他们喜爱的公共文化服务，满足他们的文化需要。第二，可以在让企业、非正式社会组织参与供给方面，可以采取政府主导，通过政府购买的方式加强其与政府的交流合作。要从制度上规范政府向社会力量购买公共文化服务行为，制定政府购买公共文化服务的项目和标准，将政府购买公共文化服务资金纳入乡镇公共财政预算。例如，重庆市在《政府向社会力量购买公共文化演出服务实施方案》指导下，明确区县每年为乡镇（街道）购买公共演出原则上不低于4场；乡镇（街道）每

年为村（社区）购买公共演出原则上不低于4场。另外，政府也可以探索外包、招投标、委托等方式，制定系列财税优惠政策，鼓励和支持社会企业、非正式组织、农民文化组织、村民个人参与农村公共文化服务体系建设，提高农村公共文化服务供给的社会化和市场化水平。第三，应在让农民群众参与乡村公共文化服务供给，鼓励群众开展文化活动和文化交流，提高自身的文化主体地位。一方面要让更多的农村民间艺人等个体参与公共文化服务的供给。另一方面在农村歌舞队、腰鼓队、篮球队等农民自己的文化组织间可以展开交流，丰富业余文化生活。

（3）拓展农村公共文化服务供给范围

按照"345"工程要求（即实现农民群众"自我表现、自我教育、自我服务"，坚持"公益性、基本性、均等性、便利性"，做到"有组织、有队伍、有场地、有设施、有活动"），整合宣传文化、党员教育、新闻出版、广播影视、文艺演出、体育健身、科学普及、卫生计生等方面的资金、项目、场所、设施、人才资源，建设集宣传思想教育、文化知识传播、文体娱乐活动、民俗文化传承创新、法制科教普及为一体的村综合文化服务中心（"乡村舞台"），组建村级民间自办文化社团。完善乡镇综合文化站建设，对不达标乡镇综合文化站进行新建或改扩建。加快农村电影固定放映场所建设，实施村农民体育健身工程。

每个乡镇（街道）建有独立设置的综合文化站（中心），设施建设、设备配置、人员配备、管理服务等达到国家发展和改革委员会、住房和城乡建设部制定的《乡镇综合文化站建设标准》和文化部制定的《乡镇综合文化站管理办法》等要求。34个（其中白银区2个、平川区2个、景泰4个、靖远10个、会宁16个）未达标乡镇综合文化站（中心）需尽快达到评估定级三级站标准要求。重点完成硬件设施未达标的9个（会宁县河畔镇、新庄乡、老君坡乡，靖远县三滩乡、大芦乡、东湾镇，平川区黄峤乡，白银区王岘镇、四龙镇）乡镇综合文化站（中心）建设任务。

推进"乡村舞台"建设，整合农村现有的宣传文化、党员教育、图书阅览、电影放映、体育健身、科学普及、卫生计生等方面的资金、项目、场所、设施、人才等资源，组建村级民间自办文化社团，建设集宣传思想教育、文化知识传播、文体娱乐活动、民俗文化传承、法制科教普及为一体的农村综合文化服务中心。到2017年，实现白银市700个行政村、91个社区的基层综合文化服务中心（配套建有文化广场）全覆盖。其中60%的行政村建有基层综合文化服务中心（乡村舞台），60%的社区依托社区综合服务设施，统筹建有集宣传文化、党员教育、科技普及、普法教育、体育健身等多功能于一体的综合文化服务中心，建筑面积不低于200平方米，配套建设群众文化活动广场。

推进贫困地区公共文化设施建设。结合双联行动开展和脱贫攻坚，整合相关行业和部门的文化资源，有重点、有计划地向贫困地区配置设备、投放资金、实施项目，加强图书馆、文化馆、博物馆和乡镇综合文化站建设，显著改善其公共文化服务条件。

大力发展基层民俗文化，大规模组织培训贫困地区非物质文化传承人，提高传统工艺品的设计制作水平和实用程度；提炼白银文化遗产典型元素，扩大历史文化遗产衍生品的开发、设计、创意，形成有特色的文化旅游产品；推进"乡村舞台"与"农家乐"等村级旅游示范点融合建设，加大文化扶贫力度，促进贫困群众脱贫致富。

(4) 丰富农村公共文化服务供给内容

前述章节中，本研究通过问卷调查，反映出白银市农村公共文化活动供给的不足或缺乏等问题。农村公共文化活动是农村公共文化服务供给最主要的内容。农村公共文化服务供给内容应在以农民群众为本的前提下，用农民群众喜闻乐见的形式进行建设。具体做法为：第一、要扶持农民自办文化，挖掘民间文化资源，打造乡镇文化品牌。例如，白银区王岘镇组织的社火巡演，郭城驿镇组织的百姓大拜年等文化活动。这些本土文化内容既反映了农村的现实生活状况，又反映了时代气息、传承我国了传统文化。第二，政府应坚持送书下乡、送戏下乡、送电影下乡、送法律下乡、送农业技术下乡等流动文化服务活动，解决农村偏远地区村民出行不便、村民享受公共文化服务难的问题。在时代的新要求下，在开展公共文化服务活动中要注重现代传播技术的应用，特别是远程传输和互联网技术的应用。第三，要促进城乡间文化交流合作，在城乡一体化的背景下，学习城市国家公共文化服务体系示范区建设经验，推进公共文化服务均等化。城市和农村可以结为"一对一"、"多对一"的帮扶对子，彼此间加强联谊。第四，丰富农村公共文化服务供给内容中要特别关注农村物质文化遗产的传承和发扬。例如，靖远县政府加强对靖远古城的保护开发，进行商业运作，发展古城旅游业。这样一种将文化事业转变为文化产业的做法，不仅丰富了该镇农村公共文化服务的内容，也发展了该镇经济，反过来为农村公共文化体系建设提供了坚实的物质基础。

(5) 加强农村公共文化基础设施的建设、使用和管理

农村公共文化服务供给内容既包括对农村公共文化活动，也应包括对农村公共文化设施。因此，乡镇政府也应加强农村公共文化基础设施的建设、使用和管理。具体做法为：首先，在对综合文化站、农家书屋、村文化室及流动文化服务设备等公共文化基础设施的建设中，要进行合理规划、科学选址，要符合建设标

准、功能定位、农村实际，不可造成资金资源的浪费，加重政府财政负担。除此之外，公共文化基础设施里的报刊、书籍、电脑设备、音响设备、音像制品等硬件设施要尽可能配备齐全，及时更新。不可将城市地区不用的淘汰了的或旧的设备流入农村反复利用。其次，在使用方面要提高现有公共文化设施的使用效益，也可以创新使用方式。比如资源紧张的农村文化站可以分时段一站多用，既可以当做农民学习文化知识的场所，又可以当做农民进行文化交流或农民进行休闲文化活动的场所。最后，要配备业务水平高的专业人员进行管理，制定管理制度，落实管理问责制。

5.3.5 健全基层流动文化服务设施，提高公共文化服务均等性和便利性

近年来，白银市公共文化服务体系建设快速推进，原有设施落后、设备陈旧、布局分散的状况得到了很大改变，各级公共文化设施网络已经基本建成。但是仅仅依靠固定文化设施，还不能满足广大群众的基本文化需求，特别是农村、偏远山区等地方地广人稀，公共文化服务仍存在不少盲区。

大力开展流动文化服务，有利于完善公共文化服务体系，实现与固定设施服务、数字服务的相互补充、有机结合，扩大服务范围，实现公共文化服务全覆盖；有利于整合公共文化资源，提高公共文化服务效能，使群众能够便捷地享受服务，实现公共文化服务低成本、高效率运行；有利于促进基本公共文化服务均等化，解决老少边穷地区以及老年人、未成年人、残疾人和农民工等特殊群体公共文化服务供给不足的问题，对于更好地保障群众基本文化权益具有重要意义。

1）完善流动文化服务网络。选择人口集中、交通便利、群众经常活动的地段，设立基层文化服务网点，为开展流动服务提供基本阵地；采取中央和省级财政统筹、地方适当自筹的办法，分期分批配备与服务人口、区域相适应的流动文化设备；把开展流动文化服务纳入公共文化机构的职能职责，在推进各级公共图书馆、文化馆、博物馆和数字文化服务体系建设发展时，充分考虑开展流动文化服务的需要，增加相应建设内容，提出明确的职能要求。

2）创新流动文化服务运行方式。把流动文化服务纳入基本公共文化服务保障标准；制定流动文化服务标准；建立流动文化服务供给目录制度；推动流动文化服务社会化。

3）丰富流动文化服务内容。依托公共图书馆、文化馆（站）、各级博物馆、数字文化工程、农村电影放映工程等开展流动服务。

4）健全流动文化服务工作机制。完善公共文化服务协调机制，整合宣传、

文化、新闻出版、广电、教育、卫生、体育、旅游等各方面资源，推动各相关部门结合职能、发挥优势参与流动文化服务；完善社会力量参与流动文化服务的激励机制，实施流动文化服务绩效评估。建立群众评价和反馈机制，引入第三方群众满意度测评；加强流动文化服务经费保障，积极拓展社会筹资渠道，鼓励社会力量捐赠、赞助流动文化服务活动；为流动文化服务提供人才支持，对基层公共文化从业人员开展流动文化服务培训，鼓励更多优秀文化人才参与基层流动文化服务；鼓励和扶持业余文艺团队、优秀文化人才和乡土文化能人等，以多种方式参与流动文化服务。

5.3.6 明确任务，加强监管，加快文化阵地建设的进度

（1）落实创建主体责任

围绕全市公共文化服务体系示范区创建工作，市县区加强汇报协调，明确主体责任，将工作任务层层分解、落实，覆盖示范区创建的全过程。认真贯彻落实甘肃省有关会议精神，对农村"乡村舞台"建设和乡镇综合文化服务中心建设工作进行安排部署，分解下达建设任务，签订目标责任书，进一步明确了各县区"乡村舞台"建设重点任务、建设标准、主要措施和检查验收办法。将"乡村舞台"建设纳入城乡经济社会发展总体规划和创建全国公共文化服务示范区的重要内容，列入年度惠民实事和党委、政府重点督查事项。及时解决"乡村舞台"建设工作中存在的困难和问题，要求各县区多方筹措资金，加快建设进度，确保任务完成，对各县区的建设任务完成情况进行检查督导。制定下发有关精准扶贫文化场所建设暨"乡村舞台"建设工作的文件，对全市精准扶贫文化场所建设暨"乡村舞台"建设工作进行精心组织，明确各县区"乡村舞台"建设成员单位的重点任务、建设项目、活动内容、工作进度，确保全市"乡村舞台"建设任务顺利实施。

（2）注重过程管理

建立联络员制度，市创建领导小组各成员单位要确定一名联络员，做好创建工作衔接和信息沟通工作，每月召开一次联络员会议；建立经费管理制度，制定中央补助资金、地方创建资金和公共文化建设专项资金管理使用办法和使用方案，定期向创建工作领导小组汇报，每半年向国家创建办汇报一次经费使用情况，确保专款专用；建立督导检查制度，形成自查机制，每半年开展一次自查，形成自查报告报国家创建办；建立信息报送制度，每月向国家创建办报送一次工作动态，每季度报

送一次工作进展情况、制度设计研究进展情况和阶段性创建成果。

（3）落实考核评价

市创建领导小组及办公室定期召开会议，及时研究解决工作中遇到的问题，确保创建工作有序推进。强化创建工作督促检查，保证各项任务落到实处。对创建工作中作出突出贡献的单位和个人予以表彰奖励；对行动迟缓、工作不力的单位进行通报批评；对推诿拖延、不负责任，影响创建任务落实的，追究其单位领导的责任。

5.3.7　构建科学有效的社会力量参与农村公共文化服务的模式

当前，我国政府正处于向"公共服务型政府"的转型时期，社会公共产品及服务由政府单一提供向多元合作供给，已经成为政府职能转变的趋势。就公共文化服务领域而言，理论界认为，根据公共文化服务的属性，公共文化产品和服务的供给应该坚持权威型供给、商业型供给和志愿型供给三者相结合的多元化供给模式。也就是说，在公共文化服务体系的建设中，政府、社会、个人的多元参与合作，应该是切合实际的必然发展趋势。

（1）社会力量参与公共文化服务的供选模式

根据社会力量参与公共文化服务的实践情况，可供选择的模式大致有三种（表5-2），这三种模式基本能够涵盖社会力量参与公共文化服务的路径与方式。

表5-2　社会力量参与公共文化服务的供选模式与运行方式

模式	运行方式
"政府引导+社会力量投入"的政策引导型参与模式	财政投入作为标杆，带动社会投入
	政府以税收减免、土地优惠、荣誉授予等政策引导社会力量参与
"政府参与+市场化运作"的公私合作型参与模式	以"政府采购"形式开展的公共文化产品供给
	以"国有民营"的形式服务外包，把公共文化设施委托给专业公司管理经营
	以"政府补助、民间兴办"的方式，鼓励社会力量兴建公共文化基础设施免费或低价向公众开放，政府给予一定财政补贴或优惠措施
"民间自发+政府监管"的群众自主型参与模式	企业或个人通过捐赠、赞助各类非营利性文化团体参与
	企业或个人通过组建文化类基金会赞助或支持公共文化服务
	企业或个人赞助政府组织的各类公益性文化活动，以及直接参与各类文艺团体或文化活动

（2）模式运行特点：以政府为中心轴进行运转

在中国政府治理方式仍处转轨、完善的时期，这种公共文化服务体系建设的多元化供给模式，仍然须以政府为中心轴进行运转，才能真正取得实效。

以前公共文化服务领域在制度安排上存在着公共部门垄断、市场准入壁垒、权力寻租和公共福利净损失等诸多问题，政府承揽包办、社会力量缺失是主要原因。虽然现在正处于治理体制变革、政府职能转变的大趋势下，但政府的社会资源整合和组织动员能力依然强大，因此政府在公共文化服务体系建设中，并不能被理解为地位应该下降、职责应该削弱。实际上，政府的责任主体地位与主导作用仍被群众广泛认可。无论从理论上还是从实践上来说，公共文化服务作为通过一系列制度安排、财政投入、载体提供、服务开展向社会公众提供公共文化服务的一项社会工作，具有鲜明的公益性，仍是政府及其有关部门的基本职责，因此在放弃承揽包办的同时，必须坚持政府的责任主体地位与主导地位。

政府在公共文化服务体系建设中，还必须承担和做好以下工作：制定好社会力量参与公共文化服务的发展规划与政策措施；做好社会力量参与的制度与程序设计；制定财政税收政策引导社会力量与社会资本进入；扶持文化类非营利组织；组织和培养文化志愿者队伍；促进公益性文化事业单位与社会组织通力协作；做好社会力量参与公共文化服务的监管工作，等等。

（3）模式运行要求：合作共建

在上述社会力量参与公共文化服务体系建设的三种模式中，除了应该明确细化各参与主体的职能与作用，还要建立政府部门、基层群众性自治组织（居委会、村委会等）、公益性文化事业单位等与企业、社会组织的协调配合机制，只有多方合作，共同参与建设，才能使社会力量的参与模式的运行达到理想状态。

（4）模式运行方式

1）企业。企业虽然是以营利为目的、向市场提供商品或服务的社会经济组织，但他们仍然有着参与公共文化服务的热情与需要。因为，无论是出于回报社会、承担社会责任的意愿，还是扩大企业知名度、培育无形资产、建设企业文化的需要，企业都有意愿和热情参与到公共文化服务体系建设中。企业参与公共文化服务的方式主要有赞助，联办公益性文化活动，举办各类企业内部文化艺术活动，捐建、受托管理公共文化设施，承包文化场馆的管理运营，参与国有文化事业单位的公司制改建工作，向各类文化机构和协会提供资金支持，资助业余文艺团队创作和演出，等等。

2）社会团体和民间文化艺术组织。民间文化组织从组织的严密性和正规程度划分，大体可分为两类：一类是严密型民间文化组织。这是在民政部门正式登记注册过的组织性、专业性均较强的正式组织，有严密的组织体系和正式的管理制度，其组织成员大多为专职，拥有某方面的文艺特长。它们以主办或协办公益文化活动为主，也从事部分不以赢利为目的的商业性文艺演出，以维持组织运转。在惠州市活跃的众多表演类团体即是此类组织。另一类是松散型民间文化组织。这类组织是群众根据兴趣自发成立的，成员多为兼职。这类组织举办的活动丰富多彩，契合群众的个性化需求，但由于组织松散，往往活动缺乏计划性，不能稳定开展，难以形成大的规模和影响。

3）非文化类的非政府组织、群众组织和社会团体。工会、妇联、残联、红十字协会、共青团、学联等群众组织和社会团体，是党委政府联系人民群众的权威性平台，都具有广泛的代表性、群众性和社会性。它们有强大的组织动员、舆论宣传能力，有成熟配套的工作网络，能够结合各自领域工作的开展，组织开展文艺演出、文化交流、文化类竞赛等活动，丰富人民群众的文化生活。

4）专家学者。文化领域的专家学者，在公共文化建设方面具有较高的理论素养和科学判断能力。他们能够围绕着国家、省市出台的有关公共文化服务体系建设的重大政策展开制度设计、程序设计上的研究，能够为政策的制定、重大理论和实际问题的解决提供理论支撑和智力支持，能够从专家的角度对公共文化服务进行绩效评估，提出改进建议。

5）公民个人。参与公益文化事业的公民个体，大致分为三类：第一类是拥有一定公共文化资源的文化产品提供者。他们或是琴棋书画的"专家"、吹拉弹唱的"高手"，能够运用这些文艺特长参与文艺表演。第二类是热心于公益文化事业的文艺积极分子。他们有强烈文化活动兴趣和爱好，愿意积极参加文艺活动，是公共文化活动的热心参与者。第三类是普通大众。他们是公共文化产品和服务的基本受众，他们的文化需求及对文化活动的支持，正是我国公共文化事业发展的原动力。

5.3.8 深入调研特殊群体的文化需求，实现"精准服务"

针对特殊群体，采取"文化活动上门"服务。将文化活动（包括部分的大型群众性文化活动）尽可能下沉至基层，在底层群众可触的地方举办。

加强对农村留守儿童在阅读辅导、艺术培训、科学普及、文体活动等方面的文化服务。基层综合文化服务中心要配备儿童康乐设施，增加儿童课外读物，并为留守儿童与外出务工父母之间的视频沟通提供便利。加强面向农村留守妇女、流动妇女在计生知识、心理咨询、文艺活动等方面的文化服务。鼓励建立老年协会、老年艺术团、老年大学等文化组织，并提供必要的活动经费。支持公益性文化机构针对"五保户"、孤寡老人等开展送文化活动。完善面向贫困地区残疾人的无障碍公共文化体育设施建设，为残疾人提供学习使用设施的专项培训。提高盲文图书、有声读物出版的比例。在本地区公共文化服务中开设针对返乡农民工的课程和文化培训，帮助开展就业创业辅导和职业技能培训。

建立面向农民工的需求表达、信息反馈机制。通过调查研究、建立论坛等方式，畅通农民工与政府的信息沟通渠道，倾听农民工的意见，了解农民工的需求，广泛调动农民工参与公共文化活动的积极性。采用购买、补助、政府投资租赁、合作等方式，满足农民工对文化艺术表演，图书阅览、技能培训的需求，降低农民工技能培训的成本。在企业中设置小型文化中心，集中向新生代农民工提供专题性的文化服务。发展农民工组织，激发农民工文化内生机制。建成一批具备文艺排练、图书阅览、影视放映、健身娱乐、教育培训等功能的新白银人文化俱乐部，确保新白银人群体就近享受优质均等的文化服务。

5.3.9　创新公共文化数字化建设，打通乡村文化阵地服务"最后一公里"

结合"宽带中国"、"智慧城市"等国家重大信息工程建设，加快推进公共文化机构数字化建设。鼓励和扶持影视制作机构加快推进科技创新和技术改造升级，实现设备的数字化、网络化、高清化和超高清化。鼓励和扶持全媒体集成播控平台建设，促进传统媒体与新媒体融合发展。

鼓励各县（区）整合优秀文化资源，科学规划公共数字文化资源建设，开发特色数字文化产品，提高资源供给能力。支持数字版权公共服务平台建设，有效保护公共数字文化资源。加强公共文化大数据采集、存储和分析处理，加快推进数字文化资源在智能社区中的应用，实现"一站式"服务。

乡（镇）、村（社区）公共文化服务场所配备数字文化设施，具备数字文化服务能力，基层群众可以通过固定上网终端、网络电视、手机等多种方式使用文化共享工程数字服务产品，以及图书馆、文化馆、博物馆、美术馆等的数字服务资源。

统筹实施全国文化信息资源共享、数字图书馆博物馆建设、广播电视公共服务、农村数字电影放映、数字农家书屋、城乡电子阅报屏建设等项目，构建标准统一、互联互通的公共数字文化服务平台，在基层实现共建共享。

5.3.10 加强文化队伍建设，夯实文化人才保障

加强对农村文化队伍的管理，在现有编制总量内，落实每个乡镇综合文化站编制配备不少于 2 名的要求，规模较大的乡镇适当增加。在村（社区）设立城乡基层公共文化服务岗位，配置由县级公共财政补贴的工作人员，负责综合文化服务中心的管理服务工作。

深入实施贫困地区文化人才培养计划，完善基层公共文化服务人才培养和保障机制，将公共文化服务专业人才培养纳入国民教育体系。把"选上来"与"送下去"结合起来，稳步推进基层公共文化服务队伍培训，多方筹集培养经费，建立培训上岗制度，全面提高从业人员素质。乡镇综合文化站（中心）从业人员应熟悉广播电视技术，具备组织群众文化活动等多方面的服务能力。探索开展专业技术评定，支持文艺院团人才培养，探索实行乡村综合文化站（中心）从业人员准入机制。

发挥本土文化人才作用。逐步建立乡土文化人才和民族民间艺人管理机制，建立民间艺人、民间文化传承人、非物质文化遗产项目代表性传承人档案，摸清本地乡土文化人才的情况，制定财政补助政策。可以借鉴新疆实行专项补助，发挥乡土文化人才、民间文化艺人传帮带的作用，带动当地文化蓬勃开展的做法。发掘和改良贫困地区乡村原有文化资源，如节庆文化、民俗文化、山水风光和自然文化遗产等。打造一支"不愿走、不想走、留得住"的民间文艺队伍，充分利用民间艺人、文化能人在田间地头、劳动耕作的时机，发挥活跃农村文化生活、传承发展民族民间文化的作用。

5.3.11 创新乡村文化阵地的运行机制，构建社会化共建共享服务管理模式

乡村公共文化服务设施共建共享是一个持续优化的过程，需不断完善公共文化服务设施共建共享机制。白银市政府应从现有问题出发，合理制定城乡公共文化服务设施发展规划，优先配置与农民切身利益相关的文化服务设施，并在此基础上保障设施的有效布局。

1）建立和完善管理制度。公共文化服务设施运管机制侧重于设施建成后的运营、管理和维护，而对共建共享模式下多元化市场供给可能产生的管理缺位问题。建立和完善公共文化设施使用规范和流程，公共文化设施专人管理制度、责任追究制度、绩效考核制度、日常保养和维护制度等，确保管理工作有章可循。

贯彻公共文化设施使用规范和流程，防止公共文化设施由于使用不当导致破损；贯彻专人管理制度、问责制度和绩效考核，提高管理工作者的责任心和积极性；贯彻日常保养和维护制度，确保公共文化设施质量得到持续的维护。引导农村群众自觉参与公共文化设施的管理和保护，自觉参与公共文化设施的管理和自我管理，在享受文化的权利的同时承担起保护文化设施的义务。

2) 培育文化社会组织成长。从转变观念出发，简政放权，改变双重管理制度，提高社会组织独立性，建立与社会组织的互信关系。通过税费减免、财政补贴等多种方式激励社会组织革新文化服务技术、增强共建共享意识，创新文化设施共建共享形式，形成政府与文化社会组织的良性互动。

3) 合理规划设施空间布局。布局规划的指标化管理在很大程度上保证了公共文化服务空间上的均等化分布。共建共享背景下文化设施布局应在充分考虑设施空间可达的同时，将设施时间可达性、人群（阶层）可达性纳入设施布局的考量范围。因此，要首先从制度层面平衡白银市乡村公共文化设施的布局，提升乡村公共文化服务设施整体质量，为社会公众提供与本地经济社会发展相适应的设施布局规划，统筹城乡，推进总分馆制建设，推动城乡文化一体化。其次，建立决策信息收集机制，对区域内原有设施数量、居民实际需要和区域发展定位进行备案，并以之作为供给导向，减少设施规划的指标化操作。在此基础上，以提高设施利用效率为目标，重视对文化设施使用者日常需求和日常活动的信息采集与调查研究。此外，根据服务范围内居民的经济状况、消费水平合理预设空间距离，实现设施布局的人群可达，推进设施共享，保障社会公平。

4) 加强部门统筹。对涉及新闻出版、广播电视、体育、工会、共青团、妇联、科协、教育等部门的工作内容，按照部门要求达到相应标准；"农家书屋"、广播电视"村村通"、"户户通"、体育健身场地和设备配备、开展全民健身活动等工作内容要达到相应标准。

5) 革新乡村文化设施共建共享技术。原有共建共享技术的更新是提高文化资源配置效率的基础，应对市、县政府文化网站、信息交流平台进行技术检验，创新政府与公众的信息交流方式，提高信息平台的实践应用性。进一步提升文化资源的共享技术，应在扩充原有数据库容量的同时加强信息网络构建，增大文化信息资源传输速度，实现不同区域内海量文化资源的存储、交换与整合，提高文化设施的服务供给能力。此外，还应重视对国内外先进技术的引进，结合本地实际加以利用，增加文化服务内容的保存期与可获得性，提高文化资源供给的速度与便利性。重视设施共建共享专业技术人才的培养，激发技术人才的创新能力，保证共建共享模式的持续革新。

6) 创新公共文化管理机制。建立市、县、乡、村四级自下而上的群众文化需求反馈机制，按需求制定公共文化服务供给目录，开展"菜单式""订单式"服务。充分发挥城乡基层群众性自治组织的作用，推动开展公共文化服务参与式管理，健全民意表达和监督机制，推广居民、村民评议等行之有效的做法，引导村民和城市社区居民参与公共文化服务项目规划、建设、管理和监督，维护群众的文化选择权、参与权和自主权。调动驻村（社区）单位、企业和社会组织等多方面力量，共同参与基层文化管理和服务，形成联动格局。探索将公共文化服务纳入基层社区服务网格进行管理，培养城乡互动互助文化，营造社区和谐环境。

6 乡村文化阵地效能建设的保障机制建设

6.1 建立多元化财政管理体系，拓宽资金来源渠道

（1）政府提供财政保障、引导资源倾斜

农村基层作为现代公共文化体系建设的重点和难点是公共财政投入和资源配置。各级政府应将财政和资源下移，把更多的财力、物力投入农村，把更多的公共文化资源、服务引向农村。具体做法为：第一，应科学合理制定农村公共文化服务体系建设投入的财政预算，通过各项法律程序，逐步加重农村公共文化服务财政支出占总财政支出的比重。第二，各级的财政投入范围和内容应尽可能做到广覆盖。既要包括对农村公共文化场所、设施的财政投入，也要包括对具体文化设施内书籍建设、网络资源建设、广播电视建设的投入；既要包括培养农村公共文化服务工作人员的财政投入，也要包括对开展农村公共文化服务日常活动、特殊项目的财政投入。第三，应根据实际情况调整和优化财政投入结构。合理的财政投入结构能够提高财政支出效率，使有限的资金发挥最大的效益。第四，应加快现有的财政体制改革，明确规定地方的各项权力，界定各级政府财政的支出责任，理清财政关系，促使基层政府事权与财权相匹配。

（2）完善财政转移支付制度

受我国城乡二元体制和东中西部区域差异等原因的影响，农村的经济、文化、社会发展非常不平衡。财政转移支付制度可以更好地调节城乡、各区域间财政收入的差异，是促进城乡、各区域公共服务水平的均等化、平衡财政能力的有效手段。按照 2015 年 2 月国务院印发《关于改革和完善中央对地方转移支付制度的意见》的要求，应从优化转移支付结构、完善一般性转移支付制度、从严控制专项转移支付、强化转移支付预算管理、完善转移支付制度、加快转移支付立法和制度建设等几个方面着手，探索纵向通道和横向通道相结合的财政转移支付制度。

（3）促进资金筹集渠道多元化

根据"有限政府"、新公共管理等理论，在市场经济条件下，乡镇政府应当运用各种资源，创新公共文化服务投入方式，进一步拓展资金来源渠道。《国家"十二五"时期文化改革发展规划纲要》指出，政府可以采取政府采购、项目补贴、定向资助、贷款贴息、税收减免等政策措施鼓励各类文化企业参与公共文化服务。具体做法为：第一，依实际情况制定市场准入、财税优惠等政策法规，进一步向社会资金开放农村公共文化服务领域。第二，简政放权，减少行政类审批项目，放低准入门槛，为吸引社会资金投入农村公共文化领域创造便利。第三，在社会资金参与农村公共文化服务的方式上，鼓励社会组织、机构和个人通过筹资、公益性捐赠、赞助等方式进行。第四，加强与政策性银行、农村信用合作社、保险公司等专业金融机构的合作，运用多种投融资工具，为农村公共文化服务建设提供金融服务。

（4）加强财政资金监管力度

用于农村公共文化服务体系建设的财政资金应该本着公开透明的原则加强资金的使用、管理以及监管。具体做法为：第一，在财政资金使用方面，必须按额度分配到各个行政村、文化机构、农民个人等。专项财政资金应用于重点公共文化设施建设、三下乡项目、科技展览、文体赛事、电影购买等农村公共文化服务体系建设的主要内容上。第二，在财政资金管理方面。一方面制定财政预算和结算，有计划地进行管理；另一方面也要对各个项目、文化单位、个人申请专项资金的资格进行审核管理，严格执行报账管理等流程。第三，在财政资金监管方面，应用问责问询和绩效评价等方式，从资金支出到资金投入的各个环节都严格监管，对资金的全程运作都要有所把控，确保资金发挥其最大效益。对资金的使用和管理实施问责制，赋予农民质询资金的使用情况的权利，可以提高农民对农村公共文化服务体系建设的参与度。

6.2 建立群众文化需求反馈机制，实现供需有效对接

要建立农村公共文化服务的需求表达机制，必须从完善村民代表会议制度、提高农民组织化程度、提高农民综合素质、创新需求表达方式等方面努力。

（1）健全村民代表会议制度

农民要能顺利向村委会表达自己的公共文化需求，并监督村委会公共文化服

务工作的开展，就必须以一定的组织机构作为依托，即村民会议及其所委托授权的常任机构——村民代表会议。

村民代表会议是我国在多年的村民自治实践中创造出来的一种村民自治形式，对推进村民自治、民主管理和民主监督起到了积极作用，也是村民表达文化需求的有效途径。在村民代表会议制度下，由村民代表及时反映农民的文化需求和农村公共文化服务存在的问题，提出公共文化服务的建议，对农村公共文化服务的建设方案由全体村民或村民代表进行投票表决。健全和完善村民代表会议制度要求进一步完善法律法规，不断提高村委会的自治能力，明确界定村级自治权限，即哪些公共文化服务可由村级供给，哪些应该由乡镇或乡镇以上政府部门来管理和提供等。

（2）提高农民的组织化程度

从国际经验来看，只有组织农民才能壮大农民，农民如果拥有了自己的组织，就能通过参与组织活动而不断增进对经济、社会、政治的参与度，逐渐形成一支有影响的社会力量。发展农民组织能强化农民的文化需求表达能力，帮助农民维护自己的文化权利。同时，通过农民协会等农民组织进行公共文化需求表达能降低社会的交易成本，因为农民协会可以凭借其组织优势，在组织内部整合农民的文化需求，减少收集、分析、判断和处理信息的次数，能大大降低政府与农民对话的成本，在组织内农民相对合意的基础上高效率地代表农民群体维护文化权利。许多学者认为，组织化程度低是导致我国农民成为最大弱势群体的重要原因。因此，要方便农民表达文化需求，有效维护农民的基本文化权利必须提高农民的组织化程度。

要逐步建立权利和义务明确的、覆盖面广的农民协会，使农民的公共文化需求能在本地的农民协会得到有效的表达、沟通。可以借鉴国外的成功经验，在组建农民协会中，采用"先基层区域组织，后地区层次组织，层层推进、有序展开的策略"，在稳定中求发展，减少政府对农民协会的行政干预，建立健全农民协会的规章制度，使农民协会作为农民合法组织的权利受到法律保护，使农民的公共文化需求能通过农民组织得到有效表达。

（3）提升农民的综合素质

与文化程度相比，农民的思想观念对农村文化发展的影响更大，目前广大农民群众主要存在政治意识和权利意识淡薄、个人主义倾向以及对于公共服务存在"搭便车"的心理等问题。农民的文化素质、思想观念和道德水平直接决定其政治参与和文化参与的意识和能力，因此，应当通过各种途径提高农民素质，鼓励农民踊跃表达自己的合理文化需求。其一，提高农民的科学文化素质。各级政府须从人力、物力、财力等方面加大对农村教育的投入，在农村学校要加强乡村文化的教育、价值观教育和审美教育。其二，提高农民的政治素质。通过村民自治的实践唤醒农民的民主政治意识，让农民在参与公共文化服务供给决策的过程中，提高参与政治生活的能力，学会争取和维护自己的文化权利。另外，要制定专门的农民权益保障法，突出和细化农民利益表达的具体权限和操作办法，引导他们积极参与有关公共文化服务决策活动和监督公共事务的活动。

(4) 创新农民需求表达方式

除传统的通过村民委员会、村民代表会议、农民组织等方式表达文化需求外，我国部分地区，尤其是东部地区一些农村探索了多种利于农民表达文化需求的方式，且取得了很好的效果。例如，浙江台州将农村公共文化服务"菜单化"，上海徐汇区的"西南模式"等。在公共文化服务领域模拟市场，提供"菜单式"服务，让农民"以脚投票"，能真实地收集到农民的文化需求和偏好，从而使供给更有效率。

6.3 建立和完善社会力量参与公共文化服务机制

为进一步引导和鼓励社会力量参与公共文化服务制度建设，结合目前的现实基础，提出如下建议。

(1) 完善引导社会力量参与公共文化服务的激励机制

一是制定并落实倾斜政策。如果是社会力量参与建设公共文化服务项目，在土地使用、规划建设等方面给予一定的政策倾斜和享受税收优惠政策。制定出台《白银市社会力量参与公共文化服务绩效评估试行办法》，在引导和鼓励企业或个人参与公共文化服务时，加强评估体系建设，通过评估激励，促进对企业和个人文化高尚感和自豪感的提倡和培养。二是给予一定的财政补贴。为了鼓励和支持社会力量参与公共文化建设，政府专门划拨专项资金给予资金补贴，补贴金额根据建设面积以及投资额的多少来确定。如果是社会力量参与建设公共文化设施，根据投资金额多少、群众满意程度以及设施在社会中的反映效果给予一定的奖励。通过各种措施提高社会力量在公共文化服务领域的投入，广泛开通各种捐助渠道，同时对公共文化服务体制进行大力改革。配套出台《社会力量参与公共文化服务引导资金使用管理办法》，规范资金管理运作方式，建立健全资金申报、评审机制，为公共文化服务的发展提供多渠道的资金支持。通过引导资金的设立，使社会力量参与公共文化服务建设争取发展资金、需求资助有了明确的官方渠道；通过申报和评审使参与的公共文化服务项目水平和产品质量在竞争中得以提高；同时使政府职能实现转变，从公共文化服务统包统揽的管理方式，向"宏观把关、重点过问、关键介入"的管理方式转变。三是实行精神激励。建议每年对白银市社会力量在公共文化服务工作有突出贡献的企业和个人进行评比，设立包括企业和个人在内的白银市年度公共文化服务社会贡献奖，为获奖者提供丰厚的精神回报和一定的物质奖励；加大宣传力度，在社会上形成风气和风尚，激发和带动其他社会力量的参与热情和积极性。

（2）建立鼓励社会力量参与公共文化服务的保障机制

重点构建保障机制，确保社会力量参与公共文化服务正常、有序进行。一是建立组织协调机制。市委、市政府可依托市文化建设领导小组，进一步强化其工作职能，市文化、发改、财政、国土、建设、规划、税务、民政、公安等相关部门为领导小组成员，相关部门密切配合，综合利用各行业、各部门的文化资源，协调指导社会力量参与公共文化服务行为，形成共建、共管、共享的格局，为社会力量参与公共文化提供良好的发展环境。二是完善优惠政策。进一步完善政策配套，理顺责任关系，扩大优惠领域，明确扶持对象和范围。在土地划拨、用地保障、税收减免、资金配套、人才队伍、运行补贴、监督考核等方面进一步完善和细化具体政策，目的是使公共文化服务领域拥有更多的社会力量参与者。三是加强人力资源保障。对社会力量参与的公共文化服务运行中的文艺人才、管理人才制定专项政策，分层次、分阶段加强培训和管理，每年组织一定数量的参观学习或业务讲座。鼓励引导公共文化服务机构吸收文博等相关专业的人才，鼓励专业人员参加专业技术职务评审。鼓励文化志愿者成为社会力量参与的公共文化服务的重要组成部分，并切实发挥作用。筹建成立公共文化服务协会，加强行业自律，积极组织开展学术活动、经验交流，努力提升公共文化服务工作者总体业务水平组织开展学术活动、经验交流，努力提升公共文化服务工作者总体业务水平。

（3）搭建一批社会力量有效参与公共文化服务的平台载体

发挥政府统筹布局、政策引导作用，加快搭建一批适应多种社会力量参与意愿的平台载体。一是设立公共文化服务发展基金或社会力量参与公共文化服务引导的资金平台，以政府委托的形式，基金会运作的方式，汇集各种民间资本，为了扶持公共文化服务建设顺利开展，成立了专门的基金体系，极大地满足了公共文化服务在发展中所需要的资金，同时这也进一步优化了社会公共文化资源的配置。二是构建起良好的参与平台，使更多的社会主体有机会参与到公共文化建设中，出台当前社会力量参与公共文化服务的导向目录，对图书馆、公共文化信息服务、重大艺术节庆、非物质文化遗产等现阶段公共文化服务薄弱环节、群众需求比较强烈、条件比较成熟的领域，搭建平台，引导和鼓励社会力量参与这些公共文化服务领域。三是搭建公共文化服务人力资源平台。探索文艺专业人才引进渠道，可通过定期举办专场人才招聘会、与高等院校建立长期合作关系等方式，构建人才引进的畅通渠道，为公共文化服务运行提供强有力的人才队伍保障。建立公共服务人才资源库，将辖区内专业人才全部入库，进行统一培训、统一管理和统一调度，实现人才使用和流动的良性运行机制。

（4）制定社会力量可持续参与公共文化服务的考评管理体系

当前，社会力量参与公共文化服务的相关制度并不完善，存在诸多问题，如考评管理体系薄弱，为了改变这一现状，需要加大后期考评管理体系的建设力度。一是加强审计评估。公共文化服务的经费无论来源于政府财政还是社会，相关文化管理机构一定要积极发挥自身职责，通过多种手段来监督资金的使用，保证这些资金能够被合理使用。对社会力量参与的公共文化服务项目，要进行财务绩效审计和服务业绩评估，特别是对资金使用效率、资源利用效率、公众满意度等进行严格的绩效评估，可成立专门的评估工作小组或委托第三方机构，对公共文化项目进行跟踪评估，采用综合记分的量化方式进行评估，确保公共资源能更有效地运用于实现群众文化权利、完善群众文化设施。二是实行优胜劣汰原则。对因经营不善、不符合考评目标的社会力量参与项目的情况，实行分门别类的退出办法，如给予一定的整改时间进行整改，从而避免出现"一刀切"的现象，影响公共文化服务项目的正常运作和使用，也便于在其退出后由新的单位或政府接管，保证公共文化服务项目能够顺利运转。如果是已经参与到公共文化服务活动或公共文化服务项目建设的社会力量，且在目标考评中成绩较好的，将其作为重点培养对象进行培育，引导其今后能更多地参与到其他公共服务项目建设和公共文化服务活动中来。三是构建良好的宣传机制。个人、企业或者其他社会组织如果参与公共文化服务的积极性比较高，尤其是在公共文化服务项目中具有典型意义的社会力量，应加大在社会上的宣传力度，树立形象，从而在全社会形成良好的舆论氛围。

6.4 统一规范，建立健全乡村公共文化服务标准体系

农村公共文化服务体系建设要进行机制创新，当务之急应是建立农村基本公

共文化服务标准体系，农村公共文化服务体系建设应当朝着标准化、规范化发展。乡镇政府应根据农村经济社会发展水平，明确农村基本公共文化服务的内容、种类、数量和最低标准，强调政府保障底线。

按照国家基本公共文化服务指导标准、甘肃省基本公共文化服务实施标准和甘肃省加快构建现代公共文化服务体系百项重点任务推进计划，结合白银市经济社会发展水平，建立全市乡村基本公共文化服务实施标准，明确各级政府的保障责任和保障底线，做到保障基本、统一规范。尽快出台白银市群众基本文化需求反馈办法、进一步加强乡村文化阵地公共数字文化建设的意见、公共文化服务体系协调机制工作方案、政府向社会力量购买公共文化演出服务实施方案、公共文化服务体系科学实绩考核办法、加强流动文化服务建设的办法等规范文件。各县区要参照全市公共文化服务实施标准和规范文件，依据地方财力和文化特色，从基本服务项目、建设用地、硬件设施、人员配备、经费保障等方面，制定本地基本公共文化服务实施标准，逐步形成上下衔接、有机配套的公共文化服务标准体系。

6.5　完善乡村文化阵地建设管理机制，提高公共文化使用效率

农村公共文化设施管理强调通过对组织所拥有的文化设施、资源进行合理的计划、组织、领导和控制，提高农村公共文化设施的利用率，实现农村公共文化设施建设的初始目标，让农村群众真正能从使用公共文化设施的过程中获得文化乐趣和文化陶冶。基层政府和文化主管部门作为农村公共文化设施建设的主体，肩负着监管其不被破坏和保证其能够实现预期的功能的责任。

首先，应当建立和完善管理制度。管理制度是农村公共文化设施管理者必须遵守的行为准则，是有效实现管理效果的前提条件。建立和完善公共文化设施使用规范和流程，公共文化设施专人管理制度、责任追究制度、绩效考核制度、日常保养和维护制度等，确保管理工作有章可循。

其次，应该贯彻落实各项管理制度。统一管理思想，坚持各项管理制度落到实处，防止制度悬空，严格按照管理制度办事。贯彻公共文化设施使用规范和流程，防止公共文化设施由于使用不当导致破损；贯彻专人管理制度、问责制度和绩效考核，提高管理工作者的责任心和积极性；贯彻日常保养和维护制度，确保公共文化设施质量得到持续的维护。对管理者和使用者不按规章制度办事的情况进行约束和处罚，确保农村公共文化设施管理活动取得实效。

最后，引导农村群众自觉参与公共文化设施的管理和保护。农村群众作

为公共文化设施的主要使用者和受益者，与农村公共文化设施的接触自然是最多的，可以随时了解公共文化设施的情况。因此，应当引导他们自觉参与公共文化设施的管理和自我管理，在享受文化的权利的同时承担起保护文化设施的义务。政府应当加强宣传，充分利用新闻媒体、海报粘贴等途径传播社会公德，为公共文化设施建设和管理营造良好的舆论环境，让群众认识到他们不仅仅是公共文化设施的使用者、受益者，更是公共文化设施的爱护者、管理者。

6.6 创新公共文化队伍建设机制，提高服务水平

推动社会主义文化大发展大繁荣，队伍是基础，人才是关键。党的十七届六中全会提出，"加快培养造就德才兼备、锐意创新、结构合理、规模宏大的高素质文化人才队伍"。农村群众是使用农村公共文化设施的主体，但由于文化程度、受教育水平等因素的影响，他们在使用农村公共文化设施的过程存在着知识和技术方面的不足，需要专业文化人才的教育和指导。同时，各种大型的、丰富多样的文化娱乐活动也需要专业文化人才的策划、组织和开展，并对农村群众自发性的文化娱乐活动进行业务指导。因此，建设文化队伍，引进文化人才对提高农村公共文化设施建设有效性，丰富农村群众精神文化生活必不可少。

首先，实行培养和引进双轨制。一方面，要提高现有文化队伍的素质和技能，解决他们的政治待遇和经济待遇，激发他们工作的热情和积极性。通过专业培训、文化交流等方式增长他们的见识和技能；聘请优秀的文化领军人才讲授培训课程，设置管理学、现代传媒技术等综合课程，以及文化专业课程，分批次、分层次地推进培训；建立多元交流机制，与省内重点艺术学院校、艺术团体建立合作交流制度，学习他们先进和优秀的地方。另一方面，扩大新人招聘规模和人才引进规模，利用职务晋升、住房补贴、安家费、文化科研经费等优惠政策吸引高层次的文化人才到基层文化部门工作，利用他们的新鲜血液和文化知识为基层文化部门带来活力。

其次，注重培养农村文化工作者。在充分发挥政府部门文化队伍作用的同时，还应当加强农村文化工作者和文化队伍的培养，把他们作为补充力量参与到农村文化建设之中。一是从农村群众中聘用一批有知识有文化的优秀青年作为"文化干事"；二是从热心文化工作和对文化事业有着浓厚兴趣的农村群众中招募一批"文化志愿者"。他们来源于群众，深深地了解群众的需求，能够站在群众的立场和出发点来进行信息交流、政策宣传、业务指导，方式方法更贴近群众，更容易被群众接受。

最后，完善文化工作者绩效考核。通过部门领导测评、同事互评和群众民主测评的绩效考核方式，充分调动文化工作者的责任心和积极性，对工作完成情况优秀的工作者应当给予奖励，包括奖金、评优、晋升等，对工作完成情况较差的工作者应当进行处罚，包括罚款、批评教育、降级处置等。

6.7　创新文化阵地的融合机制，促进文化产业的发展

坚持发展特色产业脱贫的思路，大力发展文化产业，引导农村地区深入挖掘地方和民族特色文化资源，重点发展工艺品、演艺娱乐、文化旅游等特色文化产业，充分发挥文化产业就业容量大、吸纳就业人数多、就业形式灵活的特点，促进农村地区经济发展和群众增收。以农村生活为题材的影视制作、演艺演出、出版读物、数字内容和动漫产业等重点文化产业为基础，利用市场机制竞争性，采取参股经营、合作经营等方式，结合当地自然条件、文化习俗、经济基础，务实求是地，因地制宜、因时制宜、因需制宜找准文化特色，引导文化资源向农村地区公共文化服务领域流动，防止照搬照抄，拓宽农村地区群众对公共文化产品的选择空间，防止"一刀切"，增强农村地区公共文化服务的效能。鼓励文化经营单位实行"低票价"政策，薄利多销，改善群众消费不起等状况，通过增加销售数量，扩大自身的品牌效应，增加经济效益；考虑基层群众的实际需要和接受水平，加强针对性，提高实用性，丰富多样性，生产农村地区人民群众买得起、看得懂、用得上的文化产品和服务。

积极探索文化创意与农业融合发展的路径，结合农业的阶段性发展需求，提高农业领域的创意和设计水平，推进农业与文化、科技、生态、旅游的融合，强化休闲农业与乡村旅游经营场所的创意和设计，建设集农耕体验、田园观光、教育展示、文化传承于一体的休闲农业园区。

在文化产业和农业的融合发展中，要顺应各地农业发展的阶段性特点，积极鼓励和高度尊重各地城乡基层企业、单位、机构和个人的创造性，让一切劳动、知识、技术、管理、资本的活力竞相迸发，让一切创造社会财富的源泉充分涌流，让发展成果更多更公平地惠及全体人民。近年来，我国东、中、西部城乡涌现出许多富有创造性的新模式，如浙江宁波滕头村、上海崇明岛泰生农场、成都温江区的"创意花卉"等，借鉴先进发展模式，促进文化创意与农业的融合发展，探索丰富多彩的新路径和新举措。

6.8　加强农村公共文化服务绩效评估体系建设，提高服务效率和产品质量

对农村公共文化服务内容和服务产品进行质量评估和检测，以评估结果为参考，从农村公共文化服务体系的内部和外部加强控制监督，以此提高其服务效率和产品质量。

该体系主要包括三个方面：①对农民的服务满意程度进行评估；②对政府的农村公共文化生产供给组织绩效进行评估；③建立多元参与的评估体系，通过政府、服务对象、媒体、"第三方评估机构"将评估与监督有机结合起来。这三个评估体系对农村公共文化服务体系建设进行了科学和客观地评估，并对其进行了有效的监督。

统计与评估是政府相关政策制定的有关依据。统计数据不准确，政府制定政策的依据就无法跟农村的现实状况相适应，政策就难以达到理想的效果。因此，数据的统计需要正确的统计来源和统计方法，提高数据统计的效率和准确性。同时，为了提高群众的参与度和满意度，必须建立健全考核机制，将公共文化服务建设纳入政府绩效考核，落实政策方针的切实执行，加强对服务设施管理与使用的考核。

国家制定的关于乡村文化站的考核评估指标，为白银市乡镇综合文化站建设方向和运行规则起着指导性作用。可以从以下几个方面来评估：

首先，健全农村公共文化服务人员的考核评价机制，对于农村公共文化服务机构工作人员进行绩效考核评估，用正向激励调动文化工作人员的参与积极性，激发其创造力。从文化工作者的文化素质、组织能力等方面对其进行科学有效的考核评估。

其次，强化公共文化服务的绩效管理，加强政府指导和监管，明确相关文化活动的责任主体，制定相应的责任追究办法来保障各项文化项目和活动切实执行。

最后，加强资金监管力度，提高资金使用效率。加强对政府公共财政投入项目执行情况的监管，对于财政资金的投入不能笼统的一次性投入到某个项目中去，而要分阶段性的进行项目拨款，并做好资金的收支账目记录，保证财政资金利用的合理化和规范化。同时，必须向社会大众公开财政基金的使用情况，实现透明化的资金投入机制。另外，还可以鼓励社会第三方机构监督和检测农村公共文化服务体系建设绩效评估的公正性、合法性。

7 白银市乡村文化阵地制度设计

利用本课题研究提供的理论支撑和实践依据，将国家、甘肃省对于公共文化服务的政策要求与白银市的实际情况深入结合，制定了相关政府文件、方案、标准。主要有：《白银市乡村舞台建设与提升方案》，提出了白银市乡村舞台建设的职责分工、建设内容、功能服务、人员与经费保障、考核与奖励办法；《白银市群众基本文化需求反馈办法》，提出了21条具体办法；《关于进一步加强乡村文化阵地公共数字文化建设的意见》，提出开展文化共享工程、数字图书馆推广工程、公共电子阅览室等三大公共数字文化惠民工程；《关于建立白银市公共文化服务体系协调机制工作方案》，从管理体制、资源利用、科技创新、队伍建设、经费保障、服务管理等方面提出了具体方案；《关于政府向社会力量购买公共文化演出服务实施方案》，明确了购买要求、实施程序和保障措施；《白银市公共文化服务体系科学实绩考核办法》，提出了文化馆、图书馆、美术馆、博物馆、综合文化站的科学实绩评价业务指标以及群众满意度第三方测评指标；《关于加强流动文化服务建设的办法》，提出使流动文化服务成为全市公共文化服务的常态性工作；《关于加快构建现代公共文化服务体系的实施意见》，明确了公共文化服务的主要目标、基本任务，提出了白银市基本公共文化服务实施标准，确定了白银市加快构建现代公共文化服务体系重点任务推进计划；通过政府文件，形成并落实一系列制度性的安排和部署，保障我市城乡公共文化服务的统筹建设和体系化发展。

7.1 白银市乡村舞台建设与提升方案

白银市乡村舞台建设与提升方案设计如下所示。

《白银市乡村舞台建设与提升方案》

第一章 总 则

第一条 为推动"乡村舞台"标准化、规范化建设，根据省委宣传部、

省委组织部、省文化厅、省新闻出版广电局、省体育局、省科协等6部门联合下发的《全省"乡村舞台"建设方案》，特制订本细则。

第二条 本细则所称"乡村舞台"，是指在整合农村现有的宣传文化、党员教育、图书出版、电影放映、体育健身、科学普及等方面的资金、项目、场所、设施、人才等资源的基础上，充分利用乡镇文化站、村社文化室、党员活动室、农家书屋、（人口）文化大院、乡村体育健身工程等阵地，组建村级民间自办文化社团，搭建群众自娱自乐的综合性文化服务中心。

第三条 全市所辖行政村综合文化服务体系建设、管理、考核，适用于本细则。

第二章 职责与分工

第四条 各级"乡村舞台"建设领导小组是"乡村舞台"建设的协调组织机构，统筹协调推进各项建设任务。

"乡村舞台"建设领导小组设立办公室，建立信息反馈联络机制，负责日常事务。

"乡村舞台"建设领导小组每季度召开1次协调会，根据工作需要，也可以临时召开会议，研究协调解决有关问题。

第五条 市"乡村舞台"建设领导小组主要规划建设方案，部署重大任务，研究重大事项，解决重大问题，协调推进全省"乡村舞台"建设任务。

第六条 县（市区）"乡村舞台"建设领导小组，按照上级总体目标和任务指标，研究规划本辖区建设方案，制定落实办法、措施，协调推进阶段性建设任务。

第七条 各级党委宣传部门是"乡村舞台"建设的牵头部门，负责召集日常会议和有关重大会议，集中研究和解决有关问题。

第八条 各级文化部门是"乡村舞台"建设的主管部门。市文化部门协调市"乡村舞台"建设领导小组成员单位，研究制定和完善设施、队伍、保障、服务标准，部署阶段性工作任务，提出解决突出问题和重大困难的措施建议，负责市"乡村舞台"建设领导小组办公室日常工作。

县（市、区）和乡镇社区（街道）文化部门协调本级"乡村舞台"建设领导小组成员单位，按照"乡村舞台"建设设施、队伍、保障、服务标准及阶段性工作任务，制定实施步骤、落实措施，负责本级"乡村舞台"建设领导小组办公室日常工作。

第九条　各级组织、财政、新闻出版广电、体育、科协、文明办、教育、科技、司法、农牧、卫计卫生、团委、妇联、文联是"乡村舞台"建设的协调联动部门。按照"乡村舞台"建设的基本要求和阶段性工作任务，对口做好设施、队伍、保障、服务等工作。具体分工为：

1. 各级党委宣传部门要做好社会主义核心价值观及职业道德、社会公德、家庭美德、个人品德等宣传教育工作。

2. 各级党委组织部门要重点做好农村党员队伍教育，同时要加强群众教育，提高农村群众国家意识、集体意识、法律意识。

3. 各级文化部门要统筹做好文化室、（人口）文化大院、信息资源共享等建设工作，指导抓好群众文化工作，牵头做好"乡村舞台"设施、队伍、管理、服务等标准建设。

4. 各级财政部门要落实好国家和省上财政有关文化经费，做好文化经费使用管理的监管工作。

5. 各级新闻出版广电部门在指导做好"农家书屋"建设的基础上，继续推进国家和省上重点文化惠民项目在农村的实施、落实。

6. 各级体育部门继续推进国家和省上公共体育惠民项目在农村的落实和实施，指导推进农村群众健身服务活动。

7. 各级科协要按照"乡村舞台"建设要求指导，做好农村实用科学技术的培训辅导等工作。

8. 各级教育部门要指导农村中、小学做好文化设施场所和"乡村舞台"的共建共享工作。

9. 各级科技部门在推进文化与科技融合的基础上，要推动科技产品通过"乡村舞台"为农村群众提供服务。

10. 各级卫生计生部门要指导"乡村舞台"人口文化大院建设，做好农村群众卫生保健等培训服务工作。

11. 各级司法部门要指导"乡村舞台"做好群众依法维权的培训、辅导、咨询等工作。

12. 各级农牧部门要指导"乡村舞台"做好农林、畜牧技术的辅导培训工作。

13. 各级文明办要把"乡村舞台"建设纳入文明村镇创建工作，并指导文化志愿服务参与"乡村舞台"建设。

14. 各级文联部门要指导"乡村舞台"做好农村文学、美术、书法等爱好者的培训服务工作。

15. 各级团委、妇联要指导"乡村舞台"为未成年人、留守妇女儿童等群体提供文化服务。

第十条 各县（区）党委、政府要将"乡村舞台"建设纳入城乡经济社会发展总体规划，列入年度工作综合考核的重要内容，加强领导，强化措施，加快"乡村舞台"建设步伐。

第十一条 县（市、区）委、政府是"乡村舞台"建设的责任主体，要把"乡村舞台"建设纳入年度工作计划，制定具体的措施办法，靠实责任，有力推进。

第十二条 乡（镇）党委、政府是"乡村舞台"建设的实施主体，要按照建设标准，精心组织，具体实施。

第十三条 村支（党）委、村民委员会是"乡村舞台"建设的直接主体，要积极配合，有效落实。

第三章　建设与管理

第十四条 "乡村舞台"建设坚持"整合资源、综合利用、统一管理、服务群众"原则，加强设施建设，整合文化资源、规范组织活动，形成"有组织、有队伍、有场地、有设施、有活动"的综合文化服务平台。

第十五条 宣传文化、党员教育、图书出版、电影放映、体育健身、科学普及等项目，是"乡村舞台"建设的重要内容，要整合利用，共建共享。

文化、组织、广电新闻出版、体育、科技、科协等部门，要按照《全省"乡村舞台"建设方案》的计划步骤，采取集中投入建设的方法，统筹规划项目、配发设备、投放资金。

第十六条 民间自办文化社团是"乡村舞台"的重要力量，要发挥组织者、带动者、引领者作用，不断加大对其的扶持培育力度。

各级文化、体育、科协等部门要加强对民间自办文化社团培训培养，不断提高文化自办能力，引导农民群众在文化建设中自我表现、自我教育、自我服务。

第十七条 农村文化室、（人口）文化大院等村级文化设施，是群众文化活动的主要场所。按照"有则优、无则立"的原则，在建设中不断加强和改善。

农村文化室要积极开设文体活动室、图书阅览室（农家书屋）、辅导培训室、"道德讲堂"等场所，有条件的还可根据需要增设排练室（即多功能厅）、书画室、电子阅览室、老年和儿童活动室等场所，拓展活动内容和空间。

（人口）文化大院要具备文体活动、文艺演出等空间，有相应的政策、文化、卫生、法治、科技等宣传长廊、橱窗等设施，有条件的还可以建成演出舞台、小型室内剧场等场所。

第十八条 农村现有的党员远程教育、文化资源共享、体育健身、电影放映、农家书屋等设备设施、图书报刊，是服务群众的基本文化资源，要加强管理使用，保障功能作用的正常发挥。

第十九条 民俗文化、非物质文化遗产对于传承优秀文化有着重要意义，"乡村舞台"要为农村民俗文化爱好者、文化能人及非物质文化传承人提供展示才艺、实现自我文化价值的平台与空间。

有条件的地方，可以把非物质文化传习所纳入"乡村舞台"建设，也可以建设"民俗文化陈列室（馆）"、"民俗博物馆"等场所。

第二十条 "乡村舞台"应当建立各活动室使用管理和活动组织规章制度，加强服务管理，规范活动组织。

第二十一条 "乡村舞台"要配备专门的管理和组织人员，确保文化室及其他文化场所日常向群众免费开放，组织群众开展文化活动。

第二十二条 "乡村舞台"在村支（党）委、村民委员会的领导下开展文化活动，不得从事邪教、赌博等违反国家政策、法律法规禁止的活动，不得宣传封建迷信、低俗淫秽、腐朽堕落等不健康文化思想，不得开展以盈利为目的的其他活动。

第四章 功能与服务

第二十三条 "乡村舞台"的功能，是指通过整合文化资源、组建民间自办文化社团，能够为群众提供的综合性文化服务作用。

第二十四条 "乡村舞台"按照"公益性、基本性、均等性、便利性"要求，组织开展贴近农村群众生产生活实际、健康有益、丰富多彩的文化活动，提供多功能文化服务。

1. 理论宣传。能够宣传党的创新理论，引导基层群众坚定道路自信、制度自信、理论自信，提高群众国家意识、集体意识、法律意识。

2. 思想教育。能够广泛开展社会主义核心价值观、社会公德、职业道德、家庭美德、个人品德等教育活动，提高基层群众思想道德素质。

3. 文化娱乐。农闲时间能够开展戏曲、歌舞等多样性的文化娱乐活动，满足群众日常文化生活需求。

4. 节庆文化活动。重大节庆、节日期间能够组织联欢晚会，举办演讲比赛、诗歌朗诵、书画展览等综合性大型文化活动，营造节日氛围，丰富节日文化生活。

5. 文化传承创新。能够提供民间非物质文化遗产保护的信息与线索或为非物质文化遗产传承人、文化能人等文化人才提供平台、创造条件，能够开展一些民俗文化活动。

6. 体育健身。农闲时能够组织经常性文体活动，重大节日期间能够组织一定规模的体育赛事。

7. 科技普及。能够举办政策宣传、科学技术、医疗卫生、法律维权等培训讲座。

8. 知识传播。能够通过农家书屋、电子阅览室等文化设施资源，满足群众对科学文化知识的需求。

9. 才艺展示。能够举办书画、剪纸、摄影等展览活动，为有文化特长的群众提供才艺展示平台。

第二十五条 各级宣传、组织、文化、新闻出版广电、体育、科协、文明、教育、科技、司法、农牧、卫计卫生、团委、妇联、文联等部门，要依托"千台大戏送农村"、文化科技卫生"三下乡"等活动，面向农村群众开展政策咨询、科技培训、文艺展演、电影放映、卫生保健、农民运动会、全民阅读等各种"流动文化服务"活动，推动以"乡村舞台"为载体的农村公共文化服务均等化发展。

第五章　人员与经费

第二十六条　"乡村舞台"管理人员应具备高中（中专）以上文化程度，热爱文化事业，具备一定的业务能力和管理水平，有一定的组织能力和群众工作能力。

第二十七条　县级文化部门要积极开展"乡村舞台"管理人员进行辅导培训，并颁发相应的证书。

县（市区）、乡（镇）财政要给予"乡村舞台"管理人员一定的生活补助。

第二十八条　"乡村舞台"可以根据农村群众的文化需求，招募文化志愿者参与"乡村舞台"管理。

第二十九条　县（市区）、乡（镇）政府要按照国家有关规定，设立农村文化建设专项资金，加强村文化室、（人口）文化大院等基础设施建设，购置开展群众文化活动所需的音响设备、音乐器材、服装道具等。

第三十条　国家财政每年给予每个行政村文化设施维护、农家书屋出版物补充、电影放映补贴、文化文体活动补助等经费，是农村群众文化生活的最基本保障。各级财政部门要按照国家财政部关于《中央补助地方农村文化建设专项资金管理暂行办法》的通知（财教〔2013〕25号），拨付到位，加强监管。

第三十一条　县（市区）、乡（镇）党委、政府按照"财政支持一点、项目安排一点、社会筹措一点、个人集资一点"的办法，通过用地优惠、项目补贴、企业资助、以奖代补、税收减免等措施，引导社会资本参与"乡村舞台"建设。

第六章　考核与奖励

第三十二条　完成建设任务的"乡村舞台"，按照《甘肃省"乡村舞台"建设考核标准》（见附件1）进行考核验收。

第三十三条　县（市区）、乡（镇）分别成立由相关专家和专业人员组成的考核评估小组，在各级"乡村舞台"领导小组的领导下，采取县（市、区）自评，市（州）考评的方式组织实施。

第三十四条 考核工作坚持公正原则，客观反映"乡村舞台"建设的真实情况；坚持实效原则，把各项任务指标作为考评的主要依据；坚持重在建设原则，以评促建，切实推动工作。

第三十五条 考核工作，要对照《甘肃省"乡村舞台"建设考核标准》，填写《甘肃省"乡村舞台"考核登记表》（见附件2），以《甘肃省"乡村舞台"建设考核登记表》作为验收的唯一依据。

第三十六条 考核结果分为优秀、达标、不达标3个等级。90分及以上为优秀，60分-89分为达标，59分及以下为不达标。

第三十七条 对考核定级成绩，报经县（区）"乡村舞台"建设领导小组审定后，由市"乡村舞台"建设领导小组办公室通报考核定级情况。通过考核验收的，由市"乡村舞台"建设领导小组挂牌授命，对考核定级为优秀的"乡村舞台"及建设中做出突出贡献的单位和个人，予以表彰奖励。

第七章　改革与发展

第三十八条 "乡村舞台"建设作为农村公共文化服务体系建设的重要载体，是社会公共文化服务体系建设的重要内容，各级党委、政府要深入贯彻落实党的十八届三中、四中全会精神，按照华夏文明传承创新区建设和文化大省建设的部署，创新文化服务机制，推动"乡村舞台"建设创新发展。

第三十九条 各级党委、政府要树立公共文化服务理念，进一步转变政府职能，以保障群众基本文化权益为出发点，以改善文化民生为落脚点，加强组织领导、强化保障措施，推动"乡村舞台"建设创新、快速发展。

各级党委、政府要强化统筹责任，建立党委、政府统一领导，部门分工负责、社会团体积极参与的管理体制和工作机制，不断提高面向农村的公共文化服务能力。

第四十条 要进一步完善"乡村舞台"建设领导小组协调议事制度、统筹规划制度、信息反馈制度，建立健全农村公共文化服务协调机制，实现成员单位之间工作任务协同化、资源配置最优化、服务管理集约化，最终形成党委政府统一领导、文化部门主管、各部门协调配合、整体推进的工作格局。

第四十一条 "乡村舞台"建设要以实现农村公共文化服务标准化为目标，积极探索研究公共文化设施、队伍、管理、服务标准，争取在3至5年内逐步建设较为完善的基本公共文化服务标准体系框架，促进"乡村舞台"科学化、规范化建设，切实提高整体服务效能，推动公共文化服务均等化发展。

第四十二条 各地、各有关部门要通过"乡村舞台"建设实践，研究农村公共文化服务发展规律，探索信息时代公共文化服务形式、手段，拓展服务领域、丰富服务内容，不断健全和完善农村现代公共文化服务体系。

第八章 附   则

第四十三条 本细则由市"乡村舞台"建设领导小组办公室负责解释。

第四十四条 本细则颁布之日起实施。

7.2 白银市群众基本文化需求反馈办法

白银市群众基本文化需求反馈办法设计如下。

《白银市群众基本文化需求反馈办法》

第一章 总   则

第一条 为进一步完善公共文化服务建设，提高公共文化服务水平，更好地满足广大人民群众的基本文化需求，保障群众基本文化权益，促进公共文化事业的繁荣和发展，根据相关规定，制定本办法。

第二条 本办法所指的群众基本文化，是指以政府部门为主导、以保障公民的基本文化生活权利为目的，向公民提供的公共文化产品与服务，包括看电视、听广播、读书看报、进行公共文化鉴赏、参与公共文化活动等。群众基本文化需求，即社会大众对这些公共文化产品与服务的要求。

第三条 建立群众基本文化需求反馈制度，旨在形成信息畅通的群众基本文化需求反馈渠道和实际有效的满足群众基本文化需求机制。群众基本文化需求反馈办法，包括群众基本文化需求信息的反馈、公共文化产品实际效果的反馈、反馈纠偏机制和反馈保障机制等内容。

第四条　本办法中的公共文化设施是指以政府部门为主、以保障公民的基本文化生活权利为目的，向公民提供公共文化产品与服务的公共文化事业单位，包括市、区（县）图书馆、文化（群艺）馆、博物馆、画院，镇（街道）综合文化站（文化活动中心）、和村（社区）文化活动室、图书室等，以下统称公共文化设施。负责管理本级文化设施的组织机构，统称为文化服务机构。各社会力量提供的用于满足当地群众公共文化需求的设施，参照本办法执行。

第五条　各级政府、各文化服务机构要参照本办法，制定符合本机构实际情况的相关细则，确保群众基本文化需求反馈渠道的畅通无阻，并根据群众的实际需求和合理要求，不断地改进工作，满足广大人民群众的基本文化需求。

第六条　本办法的有关要求，将作为考核市、区、县文化主管部门、街道办事处、乡镇人民政府和各级文化服务机构的基本依据。提倡和鼓励各单位结合实际情况，在确保群众基本文化需求的基础上，增加公共文化服务内容、提高公共文化服务水平，进一步满足群众多样化、多层次、多方面的文化需求。

第二章　反馈工作的原则与程序

第七条　加强群众基本文化需求反馈工作，应坚持以下原则：

（一）广泛性。群众基本文化需求的反馈工作，要建立在均等服务的基础之上，群众基本文化服务工作与项目的规划决策，应广泛听取社会各界的意见与建议；在运作的过程中，应接受公众的服务质量监督，虚心听取群众意见。

（二）便利性。群众基本文化需求的反馈工作，要坚持便民原则。建立的各种反馈渠道必须信息畅通、便于操作。

（三）及时性。群众基本文化需求的反馈工作，要注重时效。应在规定的期限内完成反馈意见的处理。

（四）实效性。群众基本文化需求的反馈工作，要注重实际效果。在处理反馈信息时，要从群众的受益面、群众对基本文化服务项目和内容的感受度、基本文化服务项目和内容对提升公民素质程度等方面着手，以充分满足群众的需求。

第八条　加强群众基本文化需求反馈工作，应建立科学的工作程序：

（一）加强宣传教育，增强参与意识，提高参与素质。要综合运用家庭、社区、大众传媒等社会化工具对公民进行宣传，以增强公民参与意识，激发参与积极性。

（二）建立群众基本文化需求的反馈渠道，了解广大群众对基本文化服务的实际需求。要根据不同年龄、不同学历、不同职业、不同阶层、不同族群、不同区域群众对文化需求的信息，采用不同的形式收集反馈信息。

（三）建立反馈的纠偏机制。要建立一套完善的反馈监督考核标准，用科学的反馈手段来处理群众提出的问题，以达到有针对性地科学纠偏的目标。

第三章　反馈渠道的建立

第九条　各级政府及其公共文化服务机构应通过以下反馈渠道，接受群众基本文化需求信息：

（一）被动性反馈渠道。在公共文化设施内设立意见箱和热线电话，在网站上设立专门信箱，以便公众通过电话、信函、传真、电子邮件等方式提供意见、建议等需求信息。

（二）主动性反馈渠道。采取意见调查、专家咨询、群众座谈以及论证会等形式，定期或不定期地主动听取社会各界的需求信息。

（三）综合性反馈渠道。建立公共文化服务体系建设联席会议制度、基层公共文化服务监督联络员制度等，将群众基本文化需求反馈工作纳入日常的文化工作议程之中。

（四）其他反馈渠道。开辟其他多种渠道，搜集有关群众基本文化需求信息。

第十条　由各级政府主导，在公共文化服务机构设置专兼职人员负责受理群众基本文化需求信息，及时处理和反馈群众基本文化需求的意见与建议。

第十一条　各级政府及其公共文化服务机构召开意见调查、专家咨询、座谈会、论证会等征求意见会议，应当在会议召开的5个工作日前，将举行会议的时间、地点和主要议题通知相关单位和个人。

第十二条　各级政府及其公共文化服务机构召开征求意见会议，应当根据会议的主题和需要解决的问题，综合考虑地区、职业、专业知识背景、表达能力、受规章影响程度等因素，从与会报名者中合理选择与会代表。参加征求意见会议的有关机关、组织和公民，有权对有关群众文化工作提出问题和发表意见。

第十三条　各级政府及其公共文化服务机构要加强基层公共文化服务监督联络员队伍的建设与管理，合理选择联络员，赋予一定的责、权、利。对于责任心强、在监督工作上做出贡献的联络员，给予表彰。

第四章　反馈信息的处理

第十四条　各级政府及其公共文化服务机构负责此项工作的人员，在收到意见、建议时，应当认真做好记录。记录内容应包括意见、建议的概述、主要观点和理由、答复的情况、纠偏的初步处理办法等。需分送具体部门处理的，还须附上必要的建议。

第十五条　各级政府及其公共文化服务机构在收到公众反馈信息之日起10个工作日内，反馈处理办法。处理办法应包括解决的主要问题和措施等内容。

第十六条　各级政府及其公共文化服务机构在征求意见会议召开后的10个工作日内，应根据现场会议整理制作会议记录。

第十七条　各级政府及其公共文化服务机构应认真考虑公众的有关意见，选择合理的意见与建议纳入规划决策之中。

第五章　反馈的纠偏机制

第十八条　各级政府及其公共文化服务机构要增强责任意识，将群众基本文化需求纳入日常文化建设与管理工作中，将其作为评价本部门发展水平、发展质量和领导干部工作实绩的重要内容。

第十九条　各级政府及其公共文化服务机构要及时处理群众的反馈信息。凡是不按照本制度第四章有关条款处理反馈信息者，给予通报批评。对延误时间或未按规定操作、造成较大的不良社会影响者，给予行政处分。

第二十条　各级政府及其公共文化服务机构要认真听取群众的意见与建议，针对群众合理的意见与建议，改进工作方法，并将重要的意见与建议纳入公共文化服务建设的规划与实施之中。

第二十一条　群众基本文化需求反馈工作要形成工作合力。建立健全党委统一领导，文化等政府部门分工负责，工会、共青团、妇联、文联、残联等人民团体和其他社会组织积极参与的体制机制，形成群众基本文化需求反馈工作的合力。各相关政府部门和社会组织应积极参与公共文化服务网络体系建设联席会议工作，在各级文化主管部门的统一组织下，做好群众基本文化需求反馈工作，主动接受群众监督，落实群众基本文化需求反馈，最大限度地满足群众的文化需求。

第六章　附　　则

第二十二条　本办法由白银市文化广播电视局负责解释。

第二十三条　本办法自 2017 年 1 月 1 日起施行，有效期至 2020 年 12 月 30 日。

7.3　关于进一步加强乡村文化阵地公共数字文化建设的意见

加强乡村文化阵地公共数字文化建设的设计如下。

《关于进一步加强乡村文化阵地公共数字文化建设的意见》

各县（市）区文化广电新闻出版局、财政局，市图书馆、文化馆：

为深入贯彻白银市委、市人民政府《关于印发〈白银市创建国家公共文化服务体系示范区工作方案〉的通知》（市委办发〔2015〕85 号）精神，构建覆盖全社会的公共文化服务体系，扎实推进公共数字文化建设，根据《文化部财政部关于进一步加强公共数字文化建设的指导意见》（文社文发〔2011〕54 号）的要求，结合我市实际，现就进一步加强公共数字文化建设提出如下实施意见：

一、充分认识加强公共数字文化建设的重要性

公共数字文化服务具有辐射面广、传播速度快、资源广泛共享等特点，有利于解决当前制约公共文化服务体系发展的突出矛盾和问题。公共数字文化建设作为公共文化服务体系建设的重要组成部分，是数字化、信息化、网络化环境下文化建设的新平台、新阵地，是利用信息技术拓展公共文化服务能力和传播范围的重要途径，对于消除数字鸿沟，满足人民群众不断增长的精神文化需求，提高全民族文明素质，构建社会主义核心价值体系具有重要意义。

进一步加强公共数字文化建设，是加快公共文化服务体系建设，全面提升公共文化服务能力和服务水平，使人民基本文化权益得到更好保障，让人民共享文化发展成果的需要；是深入推进文化体制改革，创新文化发展体制机制，增强文化发展活力与动力的需要；是维护文化安全，积极抢占网络文化阵地，把握信息技术环境下文化发展主导权的需要；是繁荣发展社会主义先进文化、全面提高人民思想道德素质和科学文化素质，构建社会主义核心价值体系的需要。各地文化、财政部门要高度重视公共数字文化建设工作，将其纳入当地政府文化发展规划和公共文化服务体系建设，加强领导，科学规划，加大投入，完善机制，全面推进公共数字文化建设。

二、公共数字文化建设的指导思想、建设原则和目标任务

（一）指导思想。以邓小平理论和"三个代表"重要思想为指导，深入贯彻落实科学发展观和党的十七届六中全会精神，以重点公共数字文化惠民工程为抓手，以现代信息技术为支撑，以资源建设为重点，以打造基于新媒体的服务新业态为目标，努力满足信息化环境下人民群众日益增长的精神文化需求，充分发挥公共数字文化建设在传承先进文化、传播科学知识、提高公民文明素质、丰富群众文化生活、提升城市文化软实力等方面的重要作用。

（二）建设原则。坚持政府主导、社会参与的原则，突出公益性，维护和保障人民群众的基本文化权益；坚持统筹规划、协调发展的原则，发挥重点公共数字文化惠民工程的整体优势；坚持需求主导、服务为先的原则，了解群众对公共数字文化的需求，建设丰富适用的数字资源，加强公共数字文化的惠民服务；坚持规范建设、科学管理的原则，发挥先进信息技术和标准规范在公共数字文化建设中的基础作用；坚持共建共享、开放共赢的原则，加强合作共建，鼓励、引导社会力量参与公共数字文化建设，开创互利共赢的局面。

（三）总体目标。公共数字文化建设包括数字化平台、数字化资源、数字化服务等基本内容，以制度体系、网络体系、资源体系、管理体系和服务体系建设为着力点，构建分级分布式公共数字文化资源库群，到"十二五"末，基本建成内容丰富、技术先进、覆盖城乡、传播快捷、有白银特色的公共数字文化服务体系，为广大群众提供丰富便捷的数字文化服务，切实保障信息技术环境下公共文化服务的公益性、基本性、均等性、便利性。

（四）主要任务。公共数字文化建设重点实施文化共享工程、数字图书馆推广工程和公共电子阅览室建设计划三大公共数字文化惠民工程，在此基础上，广泛动员各方面力量，逐步拓展范围，带动数字美术馆、数字文化馆、数字博物馆、数字爱国主义教育基地等建设，大力整合汇聚非物质文化遗产、国有艺术院团、民间文艺社团等方面的数字化资源，不断丰富和加强公共数字文化建设。

三、实施重点公共数字文化惠民工程

"十三五"时期，重点实施文化共享工程、数字图书馆推广工程和公共电子阅览室建设计划，加强统筹，协调发展，提升三大公共数字文化惠民工程的整体效能。三大惠民工程既有内在联系又各有侧重，在组织实施上，应统一规划，统筹兼顾；在技术平台和网络建设上，应做好协调，不重复建设；在资源建设上，应各有侧重，突出特色；在标准规范上，应统一规则，相互兼容。三大惠民工程互为支撑，互相促进，形成合力，共同在公共数字文化建设中发挥重要作用。

（一）文化共享工程。文化共享工程是公共文化服务体系的基础工程和重要平台。"十三五"时期，文化共享工程要进一步加大整合力度，在公共图书馆、乡镇（街道）综合文化站、村（社区）基层文化宫、中小学校全覆盖的基础上，在文化馆新建基层服务点，进一步完善和巩固覆盖城乡的服务网络，加强管理，改进设备，注重利用，提升服务。大力推进进村入户，广泛开展惠民服务，实施以"农村实用技术人才培养计划"为重点的网络培训；与公共电子阅览室建设计划相结合，加快建设以公共图书馆、乡镇（街道）综合文化站、学校电子阅览室、村（社区）基层文化宫为载体的未成年人公益性上网场所，更好地满足人民群众特别是广大青少年的精神文化需求。

（二）数字图书馆推广工程。数字图书馆推广工程的核心内容是建设覆盖全市城乡的公共图书馆数字资源虚拟服务网、上下五级贯通的数字资源共享系统平台、白银特色数字资源群、一支懂技术、善传播的数字资源推广人才队伍。要建立市级推广中心，不断丰富、完善、提升已建成的白银网络图书馆，利用其已搭建畅通的市、县、镇（街道）、村（社区）四级系统平台与服务网络，使白银网络图书馆与甘肃网络图书馆、国家数字图书馆顺利接轨，从而规范数字化建设，扩大可共享的数字资源总量、形成规模效应，有效提升我市公共图书馆数字化服务质量和水平；要充分挖掘本地优秀特色文化资源，进行数字化建设与传播；要花大力气培养、培训数字资源推广队伍，扩大数字资源的利用范围和使用效益；到"十三五"末，全市可供市民共享的数字资源达到 70TB，为全市的城乡居民提供更先进、更丰富、更便捷、更专业、更特色、更个性化的现代化图书馆数字化服务。

（三）公共电子阅览室建设计划。公共电子阅览室建设工程要以未成年人、老年人、进城务工人员等群体为重点服务对象，依托各级公共图书馆、文化共享工程各级中心、基层服务点以及文化馆（站）、村（社区）基层文化官等公共文化设施，加快标准化公共电子阅览室建设。到"十二五"末，实现标准化公共电子阅览室在全市乡镇（街道）、村（社区）的全覆盖。

四、加强领导，完善投入和保障机制

（一）加强组织领导和统筹规划。各地要高度重视公共数字文化建设工作，将其纳入当地政府文化发展规划和公共文化服务体系建设，切实加强组织领导，做好统筹规划，充分发挥文化共享工程、数字图书馆推广工程、公共电子阅览室建设计划三大数字文化惠民工程的整体优势，依托各级公共图书馆、文化共享工程各级中心、公共电子阅览室以及文化馆（站、室）、村（社区）基层文化官等公共文化基础设施，注重与教育、科研等系统的合作共建，形成合力，共同促进公共数字文化的建设。要重点做好资源建设，开展惠民服务，加大宣传力度，营造全社会共同关注、参与和支持公共数字文化建设的良好氛围，让群众充分享受公共数字文化服务，使公共数字文化建设成果惠及更广泛的基层群众。

（二）完善投入和保障机制。各地要统筹规划，积极争取地方党政领导的重视和支持，科学合理地安排和整合财政资金，确保财政资金足额按时到位，并做好经费管理和使用工作，使财政资金充分发挥效益。要研究制定政策措施，鼓励社会力量投资文化建设，逐步形成政府投入为主、社会多渠道筹资为辅的投入格局；加强对公共数字文化建设有关政策的研究，强化政策保障。文化主管部门要建立管理和考核机制，对公共数字文化建设工作进行督导和检查。

（三）注重人才培养和队伍建设。建立人才培养机制，为公共数字文化建设提供人力资源基础。充分发挥各级公共文化单位积极性，通过分级培训的方式，不断提高从业人员的思想水平和业务素质，培养一支既具备较高技术素质和专业知识，又具备实际技能的人才队伍。各地要组织好本地区的培训工作，重点建设一批爱岗敬业、善于管理服务设施和组织基层文化服务项目的专业队伍；要拓宽视野，把社会工作者、志愿者作为人才队伍建设的有机组成部分，切实做好人才配置工作，以适应公共数字文化建设工作的需要。

各县（市）区文化广电新闻出版局、财政局要按照本意见的精神，结合当地实际，加强调查研究，认真贯彻落实，及时总结经验，不断完善提高，积极探索新时代公共文化服务新方式，进一步加强公共数字文化建设，为文化发展注入新的活力，繁荣和传播社会主义先进文化，推动社会主义文化大发展大繁荣。

二〇一七年一月三十一日

7.4　关于建立白银市公共文化服务体系协调机制工作方案

白银市公共文化服务体系协调机制工作方案设计如下。

《关于建立白银市公共文化服务体系协调机制工作方案》

为贯彻落实《关于加快构建现代公共文化服务体系建设的意见》（以下简称《意见》）（中办发〔2015〕号）和白银市委、市人民政府《关于印发〈白银市创建国家公共文化服务体系示范区工作方案〉的通知》（市委办发〔2015〕85号）精神，为进一步加快构建我市现代公共文化服务体系，特制定本方案。

一、指导思想

以党的十八届三中全会精神为指导，按"完善公共文化服务体系建设，提高服务效能"和"加快构建现代公共文化服务体系"的要求，坚持以政府为主导、以公共财政为支撑、以基层为重点，加强组织协调，统筹公共文化服务资源，建立符合白银实际的网络健全、结构合理、发展均衡、运行高效的城乡公共文化服务一体化、可持续发展协调机制。

二、基本原则

（一）科学规划，加强协调。坚持政府主导和统筹协调原则，综合分析全区公共文化服务资源种类、数量、内容、人才、资金、服务群体及覆盖区域等现状存在的共性与个性，科学规划，分类实施，明确目标，稳步推进，避免资源闲置与浪费，建立统一的公共文化服务综合平台，有效整合基层文化项目、工程、资源，形成与设施网络相匹配的服务网络，提升面向基层的服务能力和服务水平。

（二）分工协作，共建共享。着眼于发挥现代公共文化服务体系的开放性、多元性、创新性特点，立足白银"城乡公共文化一体化"发展目标，根据不同部门的职能分工和资源优势，在分工协作的基础上，从文化体制改革、重大文化政策、文化惠民工程、服务机制创新、部门和社会资源整合等方面统筹协调，共建共享，努力实现政策制定协同化、资源配置最优化、服务管理集约化的目标，发挥公共文化政策和资源的综合效益。

（三）循序渐进，完善体系。根据当前国家重大部署以及市委、市政府交办的具体任务，针对当前亟待解决的重大问题，研究提出协调的立足于文化系统现有文化馆、图书馆、博物馆、美术馆、电影院及综合文化站、村级文化室、文化终端等架构体系，融合文化系统文化资源与社会文化资源，不断拓展服务外延，丰富服务内涵。通过建立协调机构，逐步深化文化与工会、妇联、团委等群团合作关系，形成完整、有力、高效的服务体系。

三、工作内容

（一）总目标。统筹部门资源，逐步破解公共文化服务供给与场馆设施、人才队伍、组织保障、财政支撑、制度研究等体系建设不匹配的难题。在管理体制上，明确层级职责，解决政府规划和部门协调问题；在资源利用上，优势互补，集约集成，共建共享；在科技创新上，推进文化与科技融合，提升公共文化服务数字化水平；在队伍建设上，配齐人员，专兼结合，综合使用，注重发挥文化志愿者作用；在经费保障上，统筹管理和使用，依据规划策划和实施工程项目；在服务管理上，统一标准，强化规范，提高质量，良性运行；实现城乡公共文化服务标准、保障、内容、考核等一体化发展。

（二）具体目标。

一是协调公共文化服务政策、规划、标准制定、实施和考核。开展"十三五"白银市公共文化服务体系建设预可研，编制白银市"十三五"公共文化服务体系建设规划。按照《国家基本公共文化服务指导标准》，制定出台《白银市基本公共文化服务保障标准》。依照国家关于公共图书馆、文化馆（站）评估定级的标准，将有条件的工人俱乐部、青少年活动中心、妇女儿童活动中心纳入评估定级范围。完善公共文化设施免费开放的保障机制，逐步将工人俱乐部、青少年活动中心、妇女儿童活动中心等公共文化服务设施纳入免费开放范围。

二是协调建立稳定、持续增长的公共文化服务投入保障机制。坚持政府主导责任，充分发挥财政资金作用，将公共文化设施、公益性文化产品、文化活动、文化项目以及相关文化服务纳入公共财政经常性支出预算，建立公共文化财政支出持续稳步增长机制。试点推进基层公共文化专项经费统筹，整合、规范公共文化专项转移支付项目，加大一般性转移支付比例，规范公共文化服务专项转移支付。设立农村文化建设专项资金，扶持农村地区开展公共文化服务。确保公共文化服务经费专款专用，任何组织和个人不得侵占、挪用。

三是统筹推进基层公共文化设施和重点惠民项目的共建共享。发挥政府在基本公共文化服务方面的统筹作用，整合公共文化设施资源，完善建设布局，提高服务效能。在镇（街道）、村（社区）建立统一的基层公共文化服务平台，融合部门、社会单位文化资源和文化服务，统筹实施各项重大文化惠民项目。深入推进广播电视村村通、文化共享工程、农家书屋、职工书屋等现有重大惠民项目，使其更好地继续发挥作用。重点推进镇（街道）、村（社区）达标建设全覆盖；以推进全国公共数字文化服务为契机，深化"广播电视户户通""文化信息资源共享工程""数字农家书屋"融合发展、进村入户。融合文化与科技资源，试点建设中国文化网络电视，建设白银市公共文化物联网服务中心。研究设计、培育面向农村未成年人、留守老人以及残疾人士等弱势群体的公共文化民生项目，强调在协调机制的统一框架下统筹安排。互联互通公共文化设施，稳步推进文化馆总分馆、图书馆总分馆、图书馆"一卡通"、文化馆联盟和图书馆联盟建设。在镇（街道）试点建设综合性的公共文化服务平台，依托基层文化阵地在村（社区）推动社区教育，开设梦想课堂，普及群众文化活动。

四是协调推进基层公共文化人才队伍建设。深化文化机制改革，统筹建立城乡公共文化队伍建设机制，加强区内各级各类文化队伍建设。配齐配强镇（街道）文化站人员；市级公共文化机构专业技术人员比例达到国家一级馆（地市级）指标要求，不低于75%；为村（社区）设置由政府购买公共文化服务岗位；探索文化馆、图书馆"总分馆"建设，建立由市文化委、市编办、市人社局和各镇（街道）管理统筹、职能分级的基层文化人才队伍协调机制，完善岗前培训、上岗资格认证制度；深入开展公共文化机构人员继续教育和脱产培训；深化文化志愿者服务项目，发挥高校志愿者服务作用，打造"兼善文化课堂"暨"爱故乡文化促进会"志愿服务载体，在村（社区）建立文化志愿者服务基地。探索建立人才资源与服务项目对接机制，解决部门保障与公共文化服务供给、基层文化需求脱节等难题，实现供给主体多元化和实施主体具体化相统一。

五是协调推进公共文化服务社会化。出台政府购买公共文化服务实施办法，制定公共文化服务政府采购和资助目录，开展政府向演出团体购买公共文化演出服务、公共文化志愿服务，鼓励社会力量、社会资本参与公共文化服务体系建设，培育文化非营利社会组织。

四、实施步骤

（一）调研论证（2016年1~2月）。由市文广局组织相关部门调查摸底，准确掌握现有公共文化设施现状、服务资源、服务内容、规划建设项目、服务保障等基础情况。结合公共文化服务体系示范区建设工作，制定《白银市建立公共文化服务体系协调机制工作方案》。

（二）数据分析（2016年3月）。邀请专家分析调研数据和样本，各部门研制工作利益、服务内容、服务标准、考核评价等问题，论证公共文化服务协调机制的可行性和操作性。确定基本公共服务项目和标准。

（三）试点运行（2016年4~12月）。根据基本服务项目和服务标准，参照文化部对公益性文化场馆免费开放工作要求，加强对外宣传，启动各部门公共文化场馆免费开放试点运行工作。通过试点运行，建立健全群众考评机制，评估免费开放服务效能和管理运行机制。

（四）形成机制（2017年1~3月）。修订完善协调工作机制，建立健全公共文化服务协调工作机制，为创建国家公共文化服务体系示范区提供创新实践。

附件：

1. 白银市公共文化服务体系协调工作领导小组
2. 白银市公共文化服务体系协调工作领导小组议事规则
3. 白银市公共文化服务体系协调工作领导小组成员单位工作职责

附件 1

白银市公共文化服务体系协调机制工作领导小组

为加快构建现代公共文化服务体系，强力推进公共文化服务体系协调机制建立，经区政府同意，决定成立白银市公共文化服务体系协调工作领导小组。领导小组成员名单如下：

组　　长：

副组长：

成　　员：

领导小组设办公室在市文广局，负责组织召开相关调研、工作协调、机制论证及拟定相关制度和规定等工作。办公室主任由市文广局局长张慧中同志兼任。

附件 2

白银市公共文化服务体系协调工作领导小组议事规则

第一条　为贯彻落实党的十八届三中全会精神，加强有关部门的统筹协调，整合资源形成合力，共同构建现代公共文化服务体系，经区政府研究同意，决定成立白银市公共文化服务体系协调工作领导小组。

第二条　主要目的

(一) 促进公共文化服务领域政策、规划等的统筹协调。

(二) 及时、有效地解决公共文化服务体系建设中存在的突出矛盾和问题，促进公共文化服务体系建设规范有序。

(三) 深化公共文化服务管理体制改革和服务机制创新，完善各项公共文化制度，提高文化治理能力。

第三条　协调工作领导小组由市政府办公室、市委组织部、市委宣传部、市编办、市文明办、市法制办、市发改委、市财政局、市教委、市科委、市城乡建委、市农委 (市统筹办)、市民政局、市人力社保局、市文广局、市法制办、市总工会、团市委、市妇联、市科协、市残联，各镇人民政府、街道办事处，市规划分局等部门组成。

协调工作领导小组在市政府领导下工作，由市文广局牵头，市文广局主要领导担任召集人，各成员单位分管领导为组成人员。

第四条　协调工作领导小组成员单位安排相应联络员负责日常工作对接。根据具体工作任务设立若干工作小组，小组成员视工作任务由领导小或成员单位确定。协调工作领导小组成员、联络员和工作小组成员因工作变动需要调整的，由所在单位及时提出名单报送领导小组办公室。

第五条 协调工作领导小组的主要职责范围

（一）协调推进重大公共文化政策、规划、标准的制定和实施。

（二）协调建立稳定的公共文化服务投入保障机制。

（三）统筹推进基层文化设施和文化项目的建设与管理。

（四）协调推进公共文化服务重点惠民项目。

（五）协调推进公共文化人才队伍建设。

（六）建立健全基层公共文化服务体系监督评估机制。

（七）统筹推进公共文化服务体系建设年度重大事项。

第六条 协调工作领导小组办公室设在市文广局，主要负责整理和收集需要协调组讨论决定的重要议题，贯彻落实协调工作领导小组关于协调推进公共文化服务的各项决策和部署，以及相关日常工作。

第七条 协调工作领导小组每年召开不少于3次全体会议。会议由市文广局主要领导召集并主持。必要时，协调工作领导小组成员单位可以提议召开会议。根据工作需要，可邀请相关单位参加会议。每次会议具体议程及议题，由市文广局与其他成员单位会商确定，并以协调工作领导小组名义发文通知。

协调组不定期召开联络员工作会议，重点研究、讨论公共文化服务体系建设有关具体工作任务。

第八条 协调组按照"集体讨论、协商一致"的原则形成会议纪要，明确会议议定事项，并由领导小组办公室印发。

第九条 协调工作领导小组各成员单位在会前应主动研究有关工作，认真准备材料，按时参加会议。

会议结束后，各成员单位应及时向本部门主要领导报告，并根据会议纪要精神，按照职能分工组织落实。

第十条 协调工作领导小组重点围绕公共文化服务体系建设开展工作，不改变现行公共文化管理体制，不替代、不削弱有关部门现行职责分工，不替代市委、市政府决策，重大事项按程序报市委、市政府批准实施。

附件3

白银市公共文化服务体系协调工作领导小组成员单位工作职责

市政府办公室

1. 出台相关公共文化服务体系建设政策、制度、规范文件；

2. 督查协调机制工作落实情况。

市委组织部

指导各镇街在便民服务中心建设中完善文化服务布局和功能，达到国家和重庆标准。

市委宣传部

1. 指导党的十八届三中全会和十七届六中全会有关公共文化服务体系建设重点任务的贯彻落实；

2. 推进公共文化服务与社会主义核心价值体系建设；

3. 指导全区公共文化服务体系协调机制建设；

4. 指导基层文化站开设梦想课堂。

市编办

1. 协调解决综合文化站人员编制达到国家公共文化服务体系示范区西部标准；

2. 积极配合《重庆市加快构建现代公共文化服务体系实施意见》和《重庆市基本公共文化服务实施标准》政策落地。

市文明办

1. 把公共文化服务纳入文明城市、文明村镇创建基本指标并实施；

2. 协调推动面向未成年人、留守妇女儿童以及残障人士等弱势群体的公共文化服务；

3. 将文化志愿服务纳入志愿服务工作。

市发改委

1. 将公共文化服务体系建设纳入白银市国民经济和社会发展"十三五"规划；

2. 指导编制全市基本公共文化服务保障标准；

3. 统筹市内重大公共文化设施建设项目。

市财政局

1. 研究建立基本公共文化服务体系建设和运行的财政保障机制；

2. 牵头制定全市基本公共文化服务财政保障标准。

市教育局

1. 参与公共文化服务专业人才培养；

2. 推动农村中小学参与文化站（室）建设；

3. 大力推动社区教育工作；

4. 探索有条件的学校文化设施向社会开放。

市科技局

1. 推进文化与科技融合，推动科学技术在公共文化服务中的应用；

2. 参与和组织公共文化领域的国家文化科技创新工程；

3. 参与组织推进国家级文化和科技融合示范基地相关工作。

区住建局

在城镇化建设中，积极支持公共文化设施和重大文化项目建设。

区扶贫办

1. 将全市贫困地区公共文化建设纳入全市扶贫工作整体规划；

2. 协助推进全市贫困地区公共文化服务体系建设，参与研究制定贫困地区公共文化服务体系建设的相关政策措施。

市民政局

指导全市各便民服务中心达标建设，打造综合性公共文化服务中心。

市人力社保局

向上级部门争取提高文化类专业技术人才岗位设置结构比例，有效加强市县镇三级文化服务机构人才队伍建设；

市文广局

1. 制定公共文化服务体系建设重大规划政策，编制公共文化服务体系建设总体规划、标准化建设指标体系；

2. 牵头推进白银市基本公共文化服务标准化、均等化、社会化、数字化等相关工作；

3. 牵头召开协调组全体会议，承担全市公共文化服务体系建设协调组办公室日常工作。

市总工会

1. 推进职工文化和企业文化建设；

2. 参与制定农民工文化建设的相关政策措施；

3. 指导所属领域公共文化设施免费开放工作，积极配合将其纳入免费开放绩效评价和市对区年度考核工作内容。

团市委

1. 依托基层文化阵地协调推进青少年文化志愿服务；

2. 参与推进未成年人文化建设；

3. 推动共青团系统所属领域公共文化设施开展公共文化服务；积极配合将其纳入市对区年度考核工作内容。

4. 指导中小学课外教育基地开展公共文化服务。

市妇联

1. 推进家庭文化建设与公共文化服务的融合；

2. 负责所属领域公共文化设施免费开放，积极配合将其纳入免费开放绩效评价和市对区年度考核工作内容；

3. 参与妇女儿童文化权益保障工作；

4. 参与推进巾帼文化志愿服务。

区科技局

1. 推动科学知识普及与公共文化服务的有机融合；

2. 推动所属领域公共文化设施免费开放，积极配合将其纳入免费开放绩效评价和市对区年度考核工作内容。

市残联

1. 统筹指导残疾人文化权益保障工作；

2. 支持公共文化机构为残疾人提供公共文化服务；

3. 参与残疾人公共文化服务标准制定。

市规划局

积极推进市公共文化设施布局规划，并将涉及空间管控的相关内容纳入法定规划进行管理。

各镇人民政府、街道办事处

1. 推进综合文化站和村（社区）文化室免费开放，着眼公共文化效能建设，统筹辖区内公共文化服务资源，形成服务合力；

2. 规范本辖区公共文化设施管理运行，保障本级公共文化服务财政投入；

3. 指导村（社区）文化队伍建设，建立村（社区）文化室免费开放绩效评价机制；

4. 策划开展各类文化活动，保障人民群众基本文化权益；

5. 落实村（社区）文化室专兼职岗位及待遇，责任到人；

6. 配合相关部门推进"总分馆"制度建设。

白银市人民政府办公室

2017 年 1 月 1 日印发

7.5　关于政府向社会力量购买公共文化演出服务实施方案

政府向社会力量购买公共文化演出服务实施方案设计如下。

《关于政府向社会力量购买公共文化演出服务实施方案》

文化演出是文化传播的重要渠道和方式，是人民群众喜闻乐见的文化活动，也是政府提供公共文化服务的重要内容。为了进一步繁荣基层群众文化活动，落实好文化惠民政策，保障人民群众享受到基本文化权益，根据白银市委、市人民政府《关于印发〈白银市创建国家公共文化服务体系示范区工作方案〉的通知》（市委办发〔2015〕85号）等文件要求，结合我市实际，现就政府向社会力量购买公共文化演出服务制定如下实施方案。

一、指导思想和工作原则

（一）指导思想

深入贯彻落实党的十八大、十八届三中全会、全国文化体制改革工作会议、市委四届三次、四次全会以及市委、市政府文化工作座谈会精神，着眼开放文化市场、激发社会活力，拓宽公共文化演出产品供给渠道、增加供给数量和提高公共文化服务质量，转变财政投入支持公共方式，引导鼓励公共文化机构、企事业单位和社会组织创演更多传承中华优秀文化、弘扬社会主义核心价值观和贴近实际、贴近生活、贴近群众的优秀文化作品，不断丰富广大人民群众的文化生活，满足广大人民群众的基本文化需求，推动公共文化服务均等化、标准化，切实保障广大人民群众的基本文化权益。

（二）工作原则

1. 坚持正确的文化导向。坚持以人民为中心，符合社会主义先进文化的前进方向，传播社会主义核心价值观，体现中华民族伟大复兴的"中国梦"；反映改革发展的新成就、新变化，赞颂人民群众用劳动创造美好生活的新人新事、新风新貌；内容积极健康向上，充分发挥文化引领风尚、教育人民、服务社会、推动发展的作用。

2. 保障群众基本文化需求。立足于人民群众基本文化需求，根据服务人口数量和服务半径，合理确定每年为镇（街道）购买公共文化演出的场次和类型，适度向基层学校、特殊群体倾斜。

3. 多元供给及购买。面向全区所有符合条件的各级各类公共文化机构、企事业单位和社会组织举办的演出团队购买，不分国有、民营。在承接市级文化演出服务配送任务的同时完成区级文化演出任务的购买和配送，确保最广泛地为广大人民群众提供公共文化演出服务。

4. 建立健全长效工作机制。坚持公开、公平、公正原则，切实加强采购信息公开，确保各类演出主体平等参与竞争。探索完善政府向社会力量购买公共文化演出服务的工作机制和流程，加强监督审计，建立规范长效的工作机制。

二、有关要求

(一) 购买主体

市政府是购买主体，具体由市文广局组织实施。

(二) 承接主体

各级各类公共文化机构、企事业单位和社会组织举办的演出机构、团体创演的文艺剧（节）目均可参与政府采购。鼓励符合条件的多个演出团体联合提供文化演出服务，但须由其中一个演出团体作为牵头承接主体。

承接主体须具备以下条件：演出团队有固定名称，组织健全，成员相对稳定，管理制度完善，有一定社会影响力；有特色文化演出剧（节）目，有相应的演出设施设备，能长期坚持演出；有专业演出资质，民间文艺团队应在区文化委登记备案；符合我区制定的其他承接条件。

(三) 购买方式

购买公共文化演出服务不同于购买一般商品，既要遵循政府采购规定，又要符合公共文化演出服务的要求，可采取比选、招标等方式确定承接主体。

(四) 购买内容

购买的剧（节）目应思想健康、主题鲜明、积极向上、短小精悍、轻便易行，可以是歌舞、音乐、戏剧、曲艺、杂技等形式。主要选用文艺院团的经典演出剧目，获得国家、市、区或乡镇级奖励的剧（节）目，属国家、市、区级非物质文化遗产传承人表演的剧（节）目，也可以是群众自编自导自演、贴近生活、喜闻乐见的剧（节）目。鼓励购买新创编、改编剧（节）目，原则上每年购买的剧（节）目中应有1/3为新创编、改编剧（节）目。既可购买整台剧目，也可分散购买单个节目。既可购买本区文化团队的演出服务，也可购买其他区、县（自治区）文化团队的演出服务。

（五）购买数量

市政府每年为各镇（街道）购买的文化演出服务原则上不低于4场（全市每年最少购买108场），各镇（街道）为辖区各村、社区居委购买的文化演出服务原则上每年不低于4场。

（六）补助标准

对购买文化演出服务实行补助制，补助标准按照整台剧（节）目的表演时间长短（原则上不少于1小时），兼顾节目形式和演出人数确定。县政府为乡镇（街道）购买的文化演出服务，每场补助标准为3000元，乡镇（街道）为村、社区居委会购买的文化演出服务，每场补助标准为2000元。

（七）配送时间和地点

县（区）政府购买的文化演出服务原则上安排在重大节假日、庆典活动期间，选择群众方便观看的地点进行演出。乡镇（街道）一般安排在赶场天，地点原则上选择便于群众集中观看的文化体育场馆（站、室）、各类广场或公共服务中心等，同时尊重镇（街道）的意见。

（八）实施程序

1. 制定文化演出服务计划。每年11月前，市文广局同市财政局编制下达当年购买公共文化演出服务计划，并通过报纸、电台、电视台、网站等予以公开。

2. 制定采购文本及发布采购信息。每年12月前，市文广局会同政府采购部门，制定市政府购买公共文化演出服务采购文本，并发布正式的采购公告。

3. 组织演出团体报名及资格审查。广泛动员国有、民营演出团队参与报名。市政府购买的公共文化演出服务由市文广局组织专家对报名的团队及剧（节）目进行审查，经初步审核通过的演出团体及剧（节）目方可取得采购资格。市文广局要加快建立健全文化演出团队名录及剧（节）目库，实行动态管理。将一定比例的购买场次向各专业院团倾斜。

4. 按照法定程序承接主体。每年1月，市文广局组织专家对演出团队提交的演出方案文本（含演出形式、演出内容、演出人数、演出时长、演出设施设备、保障措施、演员简介等）进行初审，初步确定政府购买的文化演出项目及承接主体。经公示无异议后，1月底前确定承接主体，由购买主体与承接主体签订正式购买合同。

5. 确认演出场次及演出档期。市文广局会同各镇（街道）统筹安排演出时间、地点，并确定责任人后，将购买的文化演出剧（节）目分别配送到镇（街道）。各镇（街道）要统筹安排好各村、社区居委会的演出时间、地点并将本区域文化演出服务计划报送市文广局备案，要确保文化演出服务取得良好效果。

三、保障措施

（一）加强组织领导。市委、市政府将购买公共文化演出服务纳入政府公共服务。市文广局和市财政局要加强沟通协调，落实购买公共文化演出服务经费。市文广局要加强对我区公共文化演出服务的统筹安排，做好与有关各方的对接，公开、公平、择优选好演出团队，科学排出演出档期，尽可能让更多群众方便看。财政、公安、民政、市政、文化、工商等部门要大力支持文化演出团队的演出及发展。

（二）强化资金保障。购买公共文化演出服务是一项惠民工程，资金补助在每年中央补助地方农村文化建设专项补助资金中的农村文化活动经费以及中央补助地方农村文化建设奖励资金中统筹解决。镇（街道）级文化演出服务不足部分由市财政统筹解决，村、社区居委会文化演出服务不足部分由镇（街道）统筹解决。鼓励社会单位以冠名、赞助等合作方式支持公共文化演出服务事业，支持承接主体在保证社会效益的同时获取经济效益。

（三）鼓励支持文艺创作。坚持以人民为中心的工作导向，贴近实际、贴近生活、贴近群众，大力支持公共文化机构、专业院团、高等院校、民间文艺团队和各界创作各类文艺作品，参与政府公共文化演出服务。市文广局要统筹支持指导好专业与民间院团的创作工作，要动员、组织创作人员深入生活开展创作，及时收集总结群众生产生活中的鲜活文艺作品，不断充实更新公共文化演出内容，为人民群众提供更多更好的精神食粮。

（四）加强配送管理。充分发挥市级文化馆、镇（街道）文化站服务群众文化的作用，建立健全规范的文化配送体系。加快建设公共文化物联网，实现城乡文化互动，与本区域综治、国土、计生、农业、妇联等部门开展的活动相结合，实现资源共建共享。

（五）严格考评监督。市文广局会同市财政局、各县（区）对承接主体完成的演出服务情况进行效益考评，考评结果作为支付购买演出服务经费及下一年度续签合作协议的重要依据。对不履行合同或演出服务效果不好的团队，实行"黑名单"制，取消参与政府购买公共文化演出服务资格。各有关部门要加强制度建设，严格遵守财务管理规定，不得截留、挪用和滞留资金，按规定接受监督检查。同时，要按规定公开相关信息，自觉接受社会监督。各文艺团体应健全财务报告制度，接受有关部门的监督检查。

（六）做好典型宣传。大足电视台、大足新闻社及相关媒体网站要广泛宣传政府向公共文化机构、企事业单位、社会组织购买公共文化演出服务的意义，做好政策解读，加强舆论引导，主动回应群众关切。市文广局将在适当时候对演出服务中涌现的优秀演出团队、优秀作品进行集中展演，提高社会各界参与公共文化服务的积极性。

7.6　白银市公共文化服务体系科学实绩考核办法

白银市公共文化服务体系科学实绩考核办法设计如下。

《白银市公共文化服务体系科学实绩考核办法》

第一章　总　　则

第一条　为认真贯彻落实党的十八届三中全会提出的"构建现代公共文化服务体系"的目标任务和"建立群众评价和反馈机制"等工作要求，进一步明确各级政府的公共文化服务主体责任，规范各类公共文化服务设施、机构的管理运行，切实提高公共文化服务效能，更好地保障人民群众基本文化权益、满足人民群众基本文化需求，全面提升我市现代公共文化服务体系建设水平，依据白银市委、市人民政府《关于印发〈白银市创建国家公共文化服务体系示范区工作方案〉的通知》（市委办发〔2015〕85号）等文件要求，制定本办法。

第二条　公共文化服务体系绩效评估是指市政府依据绩效评估指标体系，运用科学、合理的绩效评估方法，对公共文化服务体系服务效能等进行客观、公正的综合评价。

第三条　公共文化服务绩效评估遵循以下原则：

（一）政府主导、社会参与。围绕不断提高全市公共文化服务效能，进一步明确各级政府在公共文化服务绩效评估工作中的主导职责，积极吸纳社会各界、特别是专业机构和基层群众代表参与具体评估工作，推行由专业机构承担具体评估事务的第三方评估。

（二）规范有序、客观公正。在深入调查研究和充分征求基层群众意见的基础上，科学制订适用于不同对象的公共文化服务绩效评估指标体系。建立科学规范的公共文化服务绩效评估方案与工作流程，并向社会公布。评估全过程坚持重事实、重数据、重群众满意度。评估行为和结果全面接受社会监督。

（三）以评促改、提高效能。评估工作坚持严格要求，结合不同评估对象及其工作特点，详细对照相应的指标体系或服务标准，认真查找不足、发现问题。重在以评促建、以评促改、以评促创，发挥评估对创新工作机制、改进服务质量、提高服务效能的重要作用，带动我市现代公共文化服务体系建设各项工作。

第二章　评估对象、内容与方法

第四条　评估对象分别涉及市直属公共文化服务单位、各乡镇人民政府（街道办事处）、社会力量兴办的公益性文化机构和市级重大公益性文化项目、活动等。

第五条　评估内容：

（一）市直属公共文化服务单位（如文化馆、图书馆、博物馆、展览馆等）公共文化服务情况。主要评估内容如下：

1. 基本服务。包括：场地设施免费开放情况、基本公共文化服务项目提供情况、文化服务活动开展情况、流动服务情况、地方文献整理收藏以及地方特色文化保护传承情况。

2. 服务效能。包括：辖区居民对馆内基本服务项目知晓率、辖区居民参与馆内基本文化服务项目人次及比率、辖区居民人均到馆次数、服务创新和服务品牌建设情况、不同群体对服务的满意度。

3. 管理运行。包括：服务规范、管理制度制订和执行情况。

（二）各乡镇人民政府（街道办事处）公共文化服务情况。评估内容包括文化服务设施、文化惠民项目、重大文化活动等。主要评估内容如下：

1. 基本服务。包括：场地设施免费开放情况、基本公共文化服务项目提供情况、辖区内流动服务点建设情况、群众文化活动开展和群众文化团队建设情况、群众文艺骨干培训情况、地方特色文化保护传承情况。

2. 服务效能。乡镇街及下辖村（社区）图书馆（室）、公共电子阅览室、文化广场、综合活动室等文化设施服务情况，辖区居民对镇街基本文化服务项目知晓率，辖区居民参与基本文化服务项目人次及比率，辖区居民参与各类文化艺术活动人次及比率，辖区内群众文化艺术团队数及覆盖率，服务创新和服务品牌建设情况，不同群体对服务的满意度。

3. 管理运行：服务规范、管理制度制订和执行情况。

（三）社会力量兴办的公益性文化机构公共文化服务情况。将享受政府土地划拨或部分减免土地出让金、获得税收优惠和资金补助的社会力量兴办的非营利性文化设施、机构，纳入公共文化服务绩效评估范围。主要评估内容如下：

1. 公益服务。包括：场地设施免费或低价开放情况、公益文化服务项目提供情况。

2. 服务效能。相关群体对设施及公益服务项目的知晓率、年参观人次及增长率、年举办特色文化艺术活动次数及增长率、业内影响力、文化服务特色和品牌建设情况、群众意见。

3. 管理运行：服务规范、管理制度制订和执行情况。

（四）市级重大公益性文化项目、活动。将市政府及市政府有关部门举办、承办、协办的重大公益性文化活动或重大文化项目，纳入公共文化服务绩效评估范围。主要评估内容如下：

1. 组织准备。包括：组织实施主体的资质、经济实力、专业水准、业内影响力及市场拓展能力，组织实施者对所承接项目了解的深度及前期论证情况，组织实施者制订并提供的项目实施方案及执行情况。

2. 项目实施。项目时间、地点选择的合理性，项目各子项安排顺序、间隔的合理性，项目设施设备的预订、安装和使用情况，项目进程中预热发动、氛围营造、过程宣传、成果传播、经验提炼等安排及执行情况，对参与群体及规模的预测和实际引导和妥善安排情况，项目安全、消防、环保、应急等措施协调配套及落实情况。

3. 资金使用。项目资金预算的合理性、项目资金管理制度及执行情况、项目资金使用决算的及时性和合理性、项目资金透支或结余情况的处理、预算外资金管理使用情况。

4. 服务效果。活动项目参与总人数及增长情况，不同群体对活动项目组织、内容、效果的满意度测评，活动的连续性和品牌建设的影响，活动项目引起重要媒体关注报道的情况。

第六条　评估方式。公共文化服务绩效评估采用政府主导、专业配合、社会监督、群众参与的方式，根据每年的重点工作确定评估项目，通过招标形式委托第三方具体承担评估工作。

第三章　评估的组织与实施

第七条　推进绩效评估主体的多元化，引入外部评价机制，促进绩效评估的民主化，提高绩效评估结果的公信力。

第八条　依托由市文广新局牵头的白银市现代公共文化服务体系建设工作协调机制，统筹负责绩效评估工作的综合协调。

第九条　绩效评估工作每年度开展一次，按以下程序进行：

（一）确定年度评估方案和评估对象。每年4月，市文广新局制订年度评估方案，确定评估对象。

（二）确定第三方评估机构。每年5月，市文广新局按市政府相关规定，以公平、公正、公开的方式确定具体承担评估工作的第三方专业评估机构。

（三）公布年度评估指标和评分细则。每年6~7月，第三方专业评估机构按政府主导的原则，根据当年我市公共文化服务的工作重点和实际情况，制订年度评估指标和评分细则。

（四）组织实施评估。每年8~9月，第三方评估机构对评估对象进行评估，方法如下：

1. 现场检查。对评估对象的服务或活动场所进行检查，对设施管理、使用和维护情况，服务规范及管理制度制订及执行情况，服务人员精神面貌，现场服务状况等进行检查。

2. 现场访谈。以座谈、随机访谈、暗访等方式，对现场或周边群众进行访谈，了解评估对象的服务情况。

3. 问卷调查。以问卷调查方式对现场或服务区域的群众，进行知晓度、满意度测评。

（五）完成评估并形成评估报告。每年10月，第三方评估机构根据现场检查、现场访谈、问卷调查、评估对象日常服务统计数据等各方面情况，形成评估意见和分值。

第十条 评估工作要求：

（一）建立绩效评估制度。制订公共文化服务体系绩效评估办法，明确评估主体、评估内容和标准、评估程序和方法以及评估结果应用，完善绩效评估结果反馈机制。

（二）建立绩效评估责任制。明确评估相关人员职责和纪律要求，评估过程尽可能不影响评估对象正常开展工作。

（三）被评估单位确保提供的信息真实、准确，积极配合绩效评估工作。

第十一条 加强对绩效评估工作的监督，实行公开举报制度，任何个人或组织都可举报评估工作中的不公平、不公正和弄虚作假行为。

第四章 评估结果的应用

第十二条 绩效评估评分为百分制。绩效评估结果分为优（90分以上）、良（80-89分）、中（70-79分）、低（60-69分）、差（60分以下）等五个等次。

第十三条 评估结果在全市进行通报，对评估成绩优秀的乡镇街、单位、机构或活动项目向社会进行通报，对评估成绩不合格的要求限期整改，对效益不理想的活动项目进行调整。

第十四条 评估等次连续两年为"低"或"差"的镇街、单位、机构或活动项目负责单位，要对重点问题进行专项分析，并制订整改方案及措施报市文广新局。

第十五条 经核实在评估中有弄虚作假行为的，在全市通报批评。

第十六条 根据评估结果，总结推广先进经验，整改存在问题，调整评估指标体系，完善和规范日常管理，提高服务质量和效率。

第五章 附 则

第十七条 本办法可根据施行情况，结合国家、省、市对公共文化服务体系建设的新要求，以及相关政策的调整变化，适时作相应调整。

第十八条 本办法由市文广新局负责解释。

第十九条 　本办法自 2017 年 1 月 1 日起实施，有效期至 2020 年 12 月
31 日。

7.7 　关于加强流动文化服务建设的办法

加强流动文化服务建设的办法设计如下。

《关于加强流动文化服务建设的办法》

为贯彻落实党的十八大、十八届三中全会有关精神，加快构建现代公共
文化服务体系，扩大公共文化服务的有效覆盖，提高城乡基层特别是老少边
穷地区公共文化服务水平，打通公共文化服务的"最后一公里"，促进基本
公共文化服务标准化、均等化，现就加强流动文化服务工作，提出如下
意见。

一、加强流动文化服务工作的重要性和必要性

近年来，我国公共文化服务体系建设快速推进，原有设施落后、设备陈
旧、布局分散的状况得到了很大改变，各级公共文化设施网络已经基本建
成。但是仅仅依靠固定文化设施，还不能满足广大群众的基本文化需求，特
别是农村、偏远山区等地方地广人稀，公共文化服务仍存在不少盲区。

大力开展流动文化服务，有利于完善公共文化服务体系，实现与固定设
施服务、数字服务的相互补充、有机结合，扩大服务范围，实现公共文化服
务全覆盖；有利于整合公共文化资源，提高公共文化服务效能，使群众能够
便捷地享受服务，实现公共文化服务低成本、高效率运行；有利于促进基本
公共文化服务均等化，解决老少边穷地区以及老年人、未成年人、残疾人和
农民工等特殊群体公共文化服务供给不足的问题，对于弘扬社会主义核心价
值观，改善文化民生，更好地保障群众基本文化权益具有重要意义。

二、指导思想、基本原则和主要目标

（一）指导思想。按照公共文化服务公益性、基本性、均等性和便利性
要求，突出政府责任，加强统筹协调，以健全基层流动文化服务设施网点为
基础，以各级公共图书馆、文化馆、博物馆和数字文化服务机构为骨干，以

城乡基层特别是老少边穷地区群众为服务对象，通过送文化下基层、区域文化交流以及公共数字文化服务等多种形式，创新服务手段，拓展服务领域，提升服务效能，实现公共文化服务项目、活动、人才和信息等各项资源的综合利用和共建共享，推进城乡文化一体化发展，更好地保障广大群众基本文化权益。

（二）基本原则。

1. 政府主导，社会参与。发挥政府的主导作用，协调相关部门、动员社会力量广泛参与，共同推进流动文化服务工作开展。

2. 面向基层，按需提供。把基层作为流动文化服务的重点，以需求为导向，开展群众便于参与、乐于参与的文化服务，提高工作的针对性和精准度。

3. 创新机制，整合资源。创新流动服务的工作模式和运行机制，统筹利用各方资源，丰富服务内容，为群众提供更多优质的公共文化产品和服务。

4. 因地制宜，注重实效。根据各地经济社会发展水平、自然条件和文化工作基础等因素，采取符合实际的措施和方法开展流动文化服务，确保取得良好效果。

（三）主要目标。开展流动文化服务的工作目标是：到 2020 年，流动文化服务成为基层公共文化服务的常态性工作，各级公共文化机构及基层综合性文化服务中心成为流动文化服务的骨干和支撑，公共文化机构配备与需求相匹配的流动文化服务设备，流动文化服务网点基本健全，区域文化交流广泛开展，通过实施图书馆、文化馆总分馆制，实现行业文化资源流动共享，培育一批不同层次、各具特色的流动文化服务品牌，建立科学规范的流动文化服务工作机制和管理模式，使流动文化服务成为现代公共文化服务体系建设的重要组成部分。

三、完善流动文化服务网络

（一）加强基层文化服务网点建设。基层文化服务网点是开展流动文化服务的落脚点。要结合基层综合性文化服务中心和小型文体广场建设，整合宣传文化、党员教育、科学普及、体育健身等各类公共资源，坚持改扩建为主、新建为辅，在城市以提升便利性为目标，以街道和社区文化服务中心为载体，加强文化服务网点建设；在农村特别是老少边穷地区，以促进均等化为目标，选择人口集中、交通便利、群众经常活动的地段，设立基层文化服务网点，为开展流动服务提供基本阵地。

（二）配备流动文化服务器材设备。加大流动文化服务所需器材设备的配备，逐步使县以上公共文化单位具备经常性开展流动服务的条件。继续实施流动图书车、流动舞台车等流动文化服务项目。开发生产适应不同类型文化单位和不同地方需要的流动服务车及其他流动文化服务器材设备。东部地区根据实际需求，自主采购和配备流动文化服务设备，中西部地区和其他老少边穷地区，采取中央和省级财政统筹、地方适当自筹的办法，分期分批配备与服务人口、区域相适应的流动文化设备。

（三）强化各级公共文化机构的流动服务职能。把开展流动文化服务纳入公共文化机构的职能职责，在推进各级公共图书馆、文化馆、博物馆和数字文化服务体系建设发展时，充分考虑开展流动文化服务的需要，增加相应建设内容，提出明确的职能要求；加强公共文化机构对村和社区文化建设的指导和服务，充分考虑公共文化资源分布不均衡的现实情况，按照重心下移、资源下移和服务下移的要求，更多地面向基层特别是老少边穷地区开展流动文化服务。

四、创新流动文化服务运行方式

（一）推动流动文化服务标准化。把流动文化服务纳入基本公共文化服务保障标准。制定流动文化服务标准，明确公共文化机构特别是基层服务网点在流动文化服务所需场地、功能设置和设备配备等方面的具体指标；明确各级各类公共文化机构开展流动文化服务的对象、范围、种类、数量和质量要求，形成流动文化服务规范，推动流动文化服务工作科学、规范、有序开展。

（二）建立流动文化服务供给目录制度。围绕读书看报、参加文化活动、进行文化鉴赏和看电影看戏等重点内容，结合流动文化服务特点，创作生产一批形式多样、小型轻便的群众文艺作品，精选一批文艺类获奖作品、文化培训讲座和文物美术展览，储备一批能够经常参与流动文化服务的各类文化艺术专家人才，形成流动文化服务资源库，建立供给目录和供需对接平台，通过新闻媒体、服务公示栏等向社会公布，便于群众根据自身需求，可选择地参与和享受流动文化服务。

（三）推动流动文化服务社会化。在发挥政府、各级文化行政部门和公共文化机构对流动文化服务内容、运行和保障等方面主导作用的同时，鼓励和支持社会力量广泛参与流动文化服务，通过政府采购、委托运营、以奖代补等多种方式，吸引各类文化非营利组织、民办文化实体、文化企业及其他社会力量积极参与。充分利用群众文艺团队和文化志愿者开展流动文化服务，实现群众文化的自我服务和自主创造。

五、丰富流动文化服务内容

（一）依托公共图书馆开展流动服务。扩大实施以县（区）图书馆为总馆，乡镇（街道）文化站为分馆，以村（社区）文化室、农家书屋为流动服务点的总分馆制，定期为分馆和流动服务点配送和更新图书、报刊和农业技术资料，开展读书活动、读者咨询、培训讲座等延伸服务。利用流动图书车广泛开展便民服务，为群众借阅图书提供便利。鼓励和支持各地开展图书漂流、阅读推广、图书换读等流动图书服务活动。

（二）依托文化馆（站）开展流动服务。探索文化馆总分馆制，形成文化馆系统资源有效整合、统一管理和高效利用的模式。各级文化馆利用流动服务车等多种方式，根据群众需求，结合重要节日纪念日，把小戏小品等群众喜闻乐见、健康向上的文艺作品送到群众身边；整合各类文化艺术人才资源，为基层群众免费开展美术、文学、舞蹈、音乐、戏曲、书法等各类培训；组织非物质文化遗产展览展示，弘扬优秀传统文化；开展"文化结对子"、"文化走亲"等流动服务，通过定点服务、互动交流，为群众提供丰富多彩的文化活动。

（三）依托各级博物馆开展流动服务。推广"流动博物馆"的服务方式，设计开展集多媒体互动、传统展板等多种形式于一体的新型流动展览，把文物展览办到边远山区、贫困地区、民族地区和革命老区，办到城乡基层的群众身边，让更多人享受博物馆的文化服务。利用流动展览和博物馆网络课堂等方式，丰富中小学教育资源，在中小学生中开展历史文化知识普及和爱国主义教育活动。

（四）依托数字文化工程开展流动文化服务。发挥全国文化信息资源共享工程、数字图书馆推广工程、公共电子阅览室项目的资源优势和传播优势，为流动文化服务提供数字资源支持、搭建对接平台并开展宣传推广。在中西部地广人稀的地方特别是牧区设立小型无线服务站点，为尚未实现网络覆盖的地区提供数字文化服务，使群众可以通过手机、电脑、电视等移动终端获取文化资源和服务。

（五）依托农村电影放映工程开展流动文化服务。创新农村流动电影放送方式，制定年度农村电影放映计划；提高农村电影放映采购的片源质量，根据群众实际需求,增加新片数量;拓展影片类型,把送故事片与送科教片、普法宣传片等结合起来;在送电影进农村的同时,扩大服务范围,有针对性地把电影送到中小学校、社区、军营、厂矿、农场等地,增加影视宣传、影视知识讲座等服务内容。

六、培育流动文化服务品牌

(一)实施流动文化服务政府示范项目。深入开展"三下乡"、"四进社区"、"送欢乐下基层"等传统流动文化服务活动,提高服务水平。充分利用国家公共文化服务体系示范区和示范项目创建成果,开展区域文化联动,实现公共文化资源在区域间的优势互补和流动共享。鼓励和支持专业文艺院团开展多种形式的流动文化服务。根据东、中、西部的不同特点,总结推广具有地域特色的流动文化服务模式。

(二)培育流动文化服务行业品牌。各级公共文化服务机构探索总结本行业、本系统在整合文化资源、开展流动服务方面的典型经验,重点围绕图书馆、文化馆、博物馆、美术馆以及数字文化等领域,结合自身业务实际,结合保护、传承和弘扬优秀传统文化,创造性地实施流动文化服务项目,着力打造一批行业品牌,促进公共文化单位开展流动服务。

(三)打造流动文化服务社会品牌。培育一批由企业和社会组织实施的流动文化服务品牌。深入开展"春雨工程"——全国文化志愿者边疆行活动,采取双向互动的方式,进一步加强内地与边疆民族地区的文化交流。组织开展"志愿服务·点亮生活"等地方系列文化志愿服务活动。以关爱空巢老人、留守儿童、农民工和残疾人等为重点,打造一批流动文化服务品牌。

七、健全流动文化服务工作机制

(一)完善公共文化服务协调机制。加强组织领导,发挥公共文化服务体系建设协调机制的作用,整合宣传、文化、新闻出版广电、教育、卫生、体育、旅游等各方面资源,推动各相关部门结合职能、发挥优势参与流动文化服务,完善社会力量参与流动文化服务的激励机制,促进流动文化服务规划指导集约化、资源配置最优化和服务运行高效化。

(二)实施流动文化服务绩效评估。建立群众评价和反馈机制,引入第三方群众满意度测评,对各级各相关部门和公共文化机构开展流动文化服务的质量和效果进行科学评估。要把流动文化服务列入公共文化服务绩效考评指标,并适当提高分值和权重。评估结果与经费补贴、项目申报和人员奖惩等挂钩。

（三）加强流动文化服务经费保障。坚持以政府为主导，把流动文化服务经费保障纳入公共财政预算，加大政府采购力度，不断增加对流动文化服务的财政投入。各级农村文化建设专项资金，应扩大对农村流动文化服务的支持。积极拓展社会筹资渠道，鼓励社会力量捐赠、赞助流动文化服务活动。

（四）为流动文化服务提供人才支持。利用全国基层文化队伍培训网络，对基层公共文化从业人员开展流动文化服务培训。各级公共文化单位应明确专职或兼职人员负责流动文化服务工作。加大"边远贫困地区、边疆民族地区和革命老区人才支持计划"文化工作者专项实施力度，鼓励更多优秀文化人才参与基层流动文化服务。鼓励和扶持业余文艺团队、优秀文化人才和乡土文化能人等，以多种方式参与流动文化服务。

（五）总结推广典型经验。总结各地在开展流动文化服务方面的好做法、好经验，同步做好宣传推广工作，充分利用报刊、电台、电视台等传统媒体，以及新闻网站、手机报、微博、微信等新媒体，大力宣传流动文化服务的重要意义，充分反映各地开展流动文化服务的重要举措、工作成效和典型经验，让全社会更多的人了解和参与流动文化服务。

各地文化行政部门要按照本意见的精神，结合实际、深入调研，尽快制定贯彻落实的工作计划并抓好组织实施。

7.8 关于加快构建现代公共文化服务体系的实施意见

加快构建现代公共文化服务体系的设计方案如下。

《关于加快构建现代公共文化服务体系的实施意见》

为认真贯彻落实《中共中央办公厅国务院办公厅印发〈关于加快构建现代公共文化服务体系的意见〉的通知》和《中共甘肃省委办公厅甘肃省人民政府办公厅印发〈关于加快构建现代公共文化服务体系的实施意见〉的通知》精神，加快我市公共文化服务基础建设，提升公共文化服务水平，推进公共文化服务标准化、均等化，进一步满足人民群众的精神文化需求，结合公共文化服务体系示范区创建工作要求，提出如下实施意见。

一、指导思想

以邓小平理论、"三个代表"重要思想、科学发展观为指导,全面贯彻党的十八大、十八届三中、四中、五中全会精神和习近平总书记系列重要讲话精神,以华夏文明传承创新区建设和国家公共文化服务体系示范区创建为契机,适应文化发展规律,突出白银地域特色,加快公共文化服务体系建设进程,促进我市基本公共文化服务标准化、均等化,不断提高公众文化素养,增强文化凝聚力,为建设繁荣文明新白银提供强有力的文化支撑和精神动力。

二、基本原则

坚持正确引领、服务公众。牢固树立为人民服务的工作导向,以社会主义核心价值观为引领,发展先进文化,创新传统文化,扶持通俗文化,引导流行文化,改造落后文化,抵制有害文化,巩固基层文化阵地,倡导健康文明的生活方式,促进全社会形成积极向上的精神追求。

坚持政府主导、社会参与。立足实际,因地制宜,科学规划,分类指导,加快构建满足群众基本文化需求的公共文化服务体系,切实保障人民群众基本文化权益。持续简政放权,减少行政审批项目,引入市场机制,激发社会力量参与公共文化建设的积极性,提供丰富多样的文化产品和服务。

坚持城乡一体、文化扶贫。从满足广大群众特别是农民群众、社区居民的文化需求出发,探索具有白银特色的城乡一体化公共文化服务体系建设模式。扎实推进双联行动和脱贫攻坚,大力开展文化扶贫活动,持续推进文化惠民、文化民生工程,在改善人民群众物质生活条件的同时,优先满足人民群众的基本文化需求。

坚持改革创新、深化合作。深化文化体制改革,加快转变政府职能,完善管理体制机制,进一步创新公共文化服务内容和形式,促进文化与科技深度融合,充分发挥整体优势,加强文化交流合作,不断提升综合效益,营造健康向上的社会文化氛围。

坚持统筹协调、共建共享。建立协同机制,强化统筹管理,优化资源配置,推动文化事业和文化产业协调发展。发挥行业部门优势,积极探索实现公共文化服务普惠均等的路径和方式,加强公共文化设施建设,提升管理和服务水平。

三、主要目标

围绕建设文化先进市，着力夯实文化设施建设和公共文化服务两大基础，大力实施精品带动、特色文化、人才培养三大工程，积极培育工业文化、红色文化、黄河文化、丝路文化和民间民俗文化五大品牌。到 2017 年，实现全市农村（指行政村）综合文化服务中心（"乡村舞台"）、数字广播电视全覆盖，人民群众读书看报、收听广播、观看电视电影、观赏文艺演出、参观展览、参加文体活动等基本文化权益得到更好保障。到 2020 年，社区、村级文化活动和体育健身工程基本覆盖，有线广播电视入户率达到 60% 以上。县（区）"三馆一站"（公共图书馆、文化馆、博物馆、乡镇综合文化站）覆盖率达到 100%，实现市县乡村四级公共文化设施标准化，城乡和区域公共文化服务项目均等化，各级文化服务机构编制规范化，基本建成覆盖城乡、便捷高效，保基本、促公平，与全面小康社会要求相适应的现代公共文化服务体系。公共文化设施网络全面覆盖、互联互通，公共文化服务的内容和手段更加丰富，服务质量显著提升，公共文化管理、运行和保障机制进一步完善，政府、市场、社会共同参与公共文化服务体系建设的格局逐步形成，人民群众基本文化权益得到更好保障，公民道德基本素质和社会文明程度得到明显提升。

四、基本任务

（一）均衡发展，加强城乡公共文化基础设施建设

1. 整合资源，加强农村基层文化基础设施建设。按照"345"工程要求（即实现农民群众"自我表现、自我教育、自我服务"，坚持"公益性、基本性、均等性、便利性"，做到"有组织、有队伍、有场地、有设施、有活动"），整合宣传文化、党员教育、新闻出版、广播影视、文艺演出、体育健身、科学普及、卫生计生等方面的资金、项目、场所、设施、人才资源，建设集宣传思想教育、文化知识传播、文体娱乐活动、民俗文化传承创新、法制科教普及为一体的村综合文化服务中心（"乡村舞台"），组建村级民间自办文化社团。完善乡镇综合文化站建设，对不达标乡镇综合文化站进行新建或改扩建。加快农村电影固定放映场所建设，实施村农民体育健身工程。

2. 合理布局，推进城市社区公共文化设施建设。整合厂矿企业、社会团体、闲置学校等设施场所，推进社区综合文化服务中心和体育健身中心建

设，实施城市社区 15 分钟"文化娱乐圈"、"体育健身圈"工程，消除城镇社区特别是城乡结合部公共文化服务"盲区"。比照村综合文化服务中心（"乡村舞台"）建设要求，加快推进社区综合文化服务中心和文化活动场所规划建设，引导广场舞健康有序发展。

3. 文化扶贫，推进贫困地区公共文化设施建设。结合双联行动开展和脱贫攻坚，整合相关行业和部门的文化资源，有重点、有计划地向贫困地区配置设备、投放资金、实施项目，加强图书馆、文化馆、博物馆和乡镇综合文化站建设，显著改善其公共文化服务条件。大力发展基层民俗文化，大规模组织培训贫困地区非物质文化传承人，提高传统工艺品的设计制作水平和实用程度；提炼白银文化遗产典型元素，扩大历史文化遗产衍生品的开发、设计、创意，形成有特色的文化旅游产品；推进"乡村舞台"与"农家乐"等村级旅游示范点融合建设，加大文化扶贫力度，促进贫困群众脱贫致富。

4. 项目支撑，推进公共文化服务设施建设。加快推进市文化艺术中心和国际青少年儿童美术博览馆建设，加快推进县区、乡镇文化设施及农家书屋、社区图书馆建设，新建或改扩建未达到国家标准的县区图书馆、文化馆、博物馆。采取多种方式实施县（区）文艺院团建设。深入推进文化遗产"历史再现"工程，努力建设与经济社会发展和群众精神文化需求相适应的、具有白银特色的博物馆体系。鼓励历史文化名城名镇建立非物质文化遗产博览中心（馆）。支持有条件的县（区）建设美术馆、科技馆和符合国家规定的纪念馆。

（二）扩大服务，增强公共文化产品供给能力

1. 打造品牌，创作生产优秀公共文化产品。完善市级文化艺术评选和评奖机制。支持鼓励群众文艺创作，推动群众文艺蓬勃发展。建立优秀传统文化传承体系，加强优秀文化艺术普及推广，广泛开展戏剧等优秀文化遗产、高雅艺术进社区、进校园、进厂矿等公益性展演，推进送戏、送书、送电影下乡和优秀出版物推荐、展销活动。促进优秀传统文化和当代文化精品的网络传播，提高网络文化产品供给能力。加强知识产权审核和版权保护，打击侵权和盗版行为，防止违法产品进入公共文化服务供给体系。大力发展公益广告，积极推广公益慈善理念。

2. 规范服务，推进公共文化设施免费开放。按照国家、省上统一部署，深入推进公共图书馆、文化馆、博物馆、美术馆、纪念馆、乡镇综合文化站等免费开放工作，逐步将民办博物馆、行业博物馆纳入免费开放范围。推动

科技馆、工人文化宫、妇女儿童活动中心，以及青少年校外活动场所免费提供基本公共文化服务项目。建立公共文化服务机构年度服务目录公示制度，进一步明确服务内容、项目和标准。各级公共文化服务机构要积极开展咨询、讲座、培训、展览等活动，以及图书、文博、科技等流动文化服务、联网服务，推动公共文化服务更好地向基层延伸。

3. 统筹协调，提高公共文化设施使用率。整合县（区）、乡镇（街道）公共文化设施资源，统筹推进公共文化服务均衡发展。各级体育彩票公益金建设的室外健身场地和健身路径，一律免费使用，并实行属地安全与管理维护责任制。促进学校体育场馆课余时间向学生开放，推动有条件的学校体育场馆向社会开放。鼓励全市党政机关、国有企事业单位文体设施向社会开放。加大对跨部门、跨行业、跨地域公共文化资源的整合力度，以行业联盟等形式推进公共文化机构互联互通、公共文化巡演巡展巡讲等服务，实现区域文化设施资源共建共享。进一步调整优化广播电视播出机构数量、布局和结构，鼓励广播电视网络向农村和城市角落延伸，充分利用广播、电视、网络双向互动功能，为各级政府部门便民服务提供窗口和平台。

4. 为民惠民，深入实施公共文化服务项目。加大对民间文化艺术的扶持力度，推进"三农"出版物出版发行、广播电视涉农节目制作和农村题材文艺作品创作。建立农家书屋出版物补充更新机制。创新文化载体、下沉文化资源，进一步实施好全市文化志愿者服务活动，以"大讲堂""大舞台""大展台"为载体，大力开展文化惠民服务项目。实施"农村文化艺术展演""公共文化季""拉团队送文化"等文化惠民服务活动。建立广播电视村村通、户户通长效运维机制，统筹推进农村广播电视用户接收设备配备工作，鼓励建设农村广播电视维修服务网点，保障广播电视长通、久通、优质通。

5. 完善举措，广泛组织开展群众文体活动。突出群众文化主体地位，充分调动群众的积极性、主动性、创造性，推动公共文化建设、管理、服务创新发展。深入开展和谐社区、"美丽乡村"等精神文明创建活动，持续推进城市文明单位与农村结对共建。推动红色文化、社区文化、乡土文化、校园文化、企业文化、家庭文化建设，培育积极健康、多姿多彩的社会文化形态。利用节会、集市和农闲时节，组织开展政策咨询、科技培训、文艺展演、电影放映、法制教育等形式多样的群众性文化活动。深入开展全民阅读活动，推动阅读进农村、进社区、进家庭、进校园、进企业、进机关。积极开展全民艺术普及、全民健身、全民科普活动，培育基层特色文化品牌。支持成立各类群众文化团队，加强辅导培训和管理引导，促进群众自办文化特别是广场文化活动健康、规范、有序开展。推动群众性文化活动对外交流，支持群众文化走出去。

6. 项目扶贫，丰富贫困地区公共文化产品。以贫困地区、革命老区、民族地区基层群众最需要的文化服务为重点，集中实施一批广播电视服务网络、数字文化服务、民俗文化传承创新、乡土人才培养等扶贫项目。挖掘、保护、弘扬少数民族优秀传统文化，鼓励和扶持具有民族特色和时代气息的文化艺术创作。

(三) 创新服务，提高公共文化服务水平

1. 统筹谋划，保障特殊群体基本文化权益。充分发挥村（社区）综合文化服务中心和县（区）图书馆、文化馆总分馆机制在村（社区）基层服务点的作用，将老年人、未成年人、残疾人、农民工、农村"三留守"人员、生活困难群众作为公共文化服务的重点对象，研究制定服务内容、项目和保障计划；大力实施"文化进村入户暖心工程"，广泛开展送图书、送戏曲、送电影、送书画、送科普、送展演等服务项目入户到家庭活动，充分满足特殊群体的文化需求。建设老年人、未成年人、残疾人文化活动场所，积极开展公益性文化艺术培训、展演和科技普及活动。开展学龄前儿童基础阅读促进工作和向中小学生推荐优秀出版物、影片、戏剧工作。加强青少年俱乐部、青少年户外体育活动营地和乡村学校少年宫建设，将中小学生定期参观博物馆、美术馆、纪念馆、科技馆纳入中小学教育教学计划。实施青少年体育活动促进计划，广泛开展青少年阳光体育活动。进一步加强对残疾人文化艺术的扶持力度，完善残障人士专用文化设施设备。创造条件，鼓励电视台增加手语节目或加配字幕。宣传、引导农民工积极参与驻地文化活动，在农民工等流动人口集聚地开展流动图书借阅、流动电影放映和数字文化服务等活动。实行残疾人等特殊群体在县级城市数字影院观影票价补贴制度。实施面向困难家庭和农村留守儿童的文化艺术免费培训及其他文化帮扶活动。

2. 扶持引导，培育和规范文化类社会组织。组建基层各类文化社团，加强对文化类行业协会、基金会、民办非企业文化单位等社会组织的引导、扶持和管理，制定规范文化类社会组织的规章，引导文化类社会组织依法依规开展公共文化服务。鼓励各类公共文化服务机构成立行业协会，加快推进文化行业协会与行政机关脱钩。加强政府管理和社会监督，严格执行社会组织年检制度和信息公开制度，开展运营绩效评估和社会信用评估，实现依法

管理、依法运营。

3. 政策扶持，培育和促进文化消费。鼓励和扶持有条件的公共文化机构挖掘特色资源，创新内容生产和运作模式，拓展服务项目，改善服务条件，为群众提供差异化的文化服务。建立政府引导、企业参与、市场运作的文化艺术组织模式，形成一批影响力较大、参与面广、延续性强的文体活动品牌。利用互联网等新媒体，大力发展文化电商，在知名网站开通文化产品窗口，加快文化集市建设。积极发展教育培训、演艺会展、体育健身、旅游休闲等产业，引导和支持各类文化企业开发公共文化产品，满足人民群众多层次的文化消费需求。

4. 完善机制，大力推进文化志愿服务。建立文化志愿者服务队伍，制定文化志愿者招募管理办法，完善注册招募、服务记录、管理评价和激励保障机制，充分利用志愿者服务平台，建立文化志愿者与村（社区）"结对子、种文化"工作机制。创新服务内容、工作方式和活动载体，探索具有地方或行业特色的文化志愿服务模式。动员组织专家学者、艺术家、优秀运动员等社会知名人士参加志愿服务，提高文化志愿服务的社会影响力。

（四）创新融合，提升公共文化科技服务能力

1. 整合资源，推进公共文化服务数字化建设。结合"宽带中国""智慧城市"等国家重大信息工程建设，加快推进公共文化机构数字化建设。鼓励和扶持影视制作机构加快推进科技创新和技术改造升级，实现设备的数字化、网络化、高清化和超高清化。鼓励和扶持全媒体集成播控平台建设，促进传统媒体与新媒体融合发展。统筹实施全市文化信息资源共享工程及公共电子阅览室、数字图书馆、数字文化馆、数字博物馆、数字纪念馆、直播卫星和地面无线数字广播电视、农村数字电影放映、数字农家书屋、城乡电子阅报屏等建设项目，构建标准统一、互联互通的公共数字文化服务网络。鼓励各县（区）整合优秀文化资源，科学规划公共数字文化资源建设，开发特色数字文化产品，提高资源供给能力。支持数字版权公共服务平台建设，有效保护公共数字文化资源。加强公共文化大数据采集、存储和分析处理，加快推进数字文化资源在智能社区中的应用，实现"一站式"服务。

2. 拓宽渠道，提升公共文化服务现代传播能力。实施广播电视高山台站基础设施建设工程和中央广播电视节目无线数字化覆盖工程，加强广播电视台、发射台（站）、转播台（站）和市级广播电视播出设施建设。灵活运用宽带互联网、移动互联网、广播电视网、卫星网络等，进一步拓宽公共文

化资源传输渠道。加快有线电视网络建设和数字化双向化改造、全市地面数字电视覆盖网建设，实现广播电视节目无线数字化传输覆盖、广播电视村村通、户户通。

（五）创新机制，保障公共文化管理规范有序

1. 统筹城乡，建立公共文化服务联动机制。推进总分馆制建设，探索建立以市图书馆、文化馆、博物馆、美术馆为总馆，县（区）图书馆、文化馆为分馆，乡镇（街道）综合文化站及村（社区）综合文化服务中心为基层服务点的运行模式，推动城乡文化一体化。加强城乡基层文化阵地、队伍的管理，对乡镇（街道）综合文化站、村（社区）综合文化服务中心和乡镇文化专干、公共财政补贴的村（社区）公共文化服务岗位人员实行上级文化部门（单位）和乡镇（街道）双重管理，建立县级文化部门对乡镇（街道）文化站长（专干）、村（社区）综合文化服务中心由公共财政补贴公共文化服务岗位人员的考核评价制度。加强城乡人才交流和项目支援，推动市图书馆、文化馆、博物馆、美术馆、县（区）院团和体育运动队等专业人员到基层教帮带。

2. 探索创新，鼓励和引导社会力量参与公共文化服务体系建设。深入推进简政放权，进一步减少行政审批项目，引导社会资本投入公共文化领域，促进公共文化服务提供主体和提供方式多元化发展。建立健全政府向社会力量购买公共文化服务机制。支持社会力量兴办具有公益性和准公益性特点的民俗博物馆、乡村舞台、群众文艺团队、社区文化服务组织，面向社会公众提供文化服务。研究制定鼓励和支持社会力量兴办公共文化办法，建立公开透明的社会捐赠管理制度，通过项目补贴、定向资助、贷款贴息等措施，引导社会力量以投资捐助设施设备、兴办实体、资助项目、赞助活动、提供产品和服务等方式参与公共文化服务体系建设。创新公共文化设施管理模式，支持有条件的地方探索开展公共文化设施社会化运营试点，通过委托或招标等方式吸引有实力的社会组织和企业参与公共文化设施运营。

3. 健全制度，加大公益性文化事业单位改革力度。建立完善事业单位法人治理结构，落实公益性文化事业单位法人自主权，强化公共服务功能，增强发展活力，发挥公共文化服务骨干作用。全面推进人事、收入分配、社会保障、经费保障、税收优惠制度改革。推动公共图书馆、文化馆、博物馆、纪念馆、科技馆等组建理事会，吸纳有关方面代表、专业人士、各界群众参与管理，健全决策、执行和监督机制。完善年度报告和信息披露、公众

监督等基本制度，依法依规加强管理。加强和改进公益性文化事业单位党组织建设，充分发挥基层党组织的战斗堡垒作用和共产党员的先锋模范作用。

4. 统一规范，建立基本公共文化服务标准体系。按照国家基本公共文化服务指导标准、甘肃省基本公共文化服务实施标准和甘肃省加快构建现代公共文化服务体系百项重点任务推进计划，结合我市经济社会发展水平，建立全市基本公共文化服务实施标准，明确各级政府的保障责任和保障底线，做到保障基本、统一规范。各县区要参照全市公共文化服务实施标准，依据地方财力和文化特色，从基本服务项目、建设用地、硬件设施、人员配备、经费保障等方面，制定本地基本公共文化服务实施标准，逐步形成上下衔接、有机配套的公共文化服务标准体系。

5. 总结推广，加强公共文化服务体系研究。认真做好国家公共文化服务体系示范区创建工作，总结推广示范区创建的经验做法。组建公共文化服务体系建设专家库，完善专家委员会工作机制，设立公共文化研究机构，进一步加强公共文化服务体系建设理论研究，论证形成一系列推进公共文化服务体系建设的政策和措施。广泛开展公共文化服务课题研究，着力促进课题成果转化，推动公共文化服务体系科学发展。

6. 服务群众，创新公共文化管理机制。建立市、县、乡、村四级自下而上的群众文化需求反馈机制，按需求制定公共文化服务供给目录，开展"菜单式""订单式"服务。充分发挥城乡基层群众性自治组织的作用，推动开展公共文化服务参与式管理，健全民意表达和监督机制，推广居民、村民评议等行之有效的做法，引导村民和城市社区居民参与公共文化服务项目规划、建设、管理和监督，维护群众的文化选择权、参与权和自主权。调动驻村（社区）单位、企业和社会组织等多方面力量，共同参与基层文化管理和服务，形成联动格局。探索将公共文化服务纳入基层社区服务网格进行管理，培养城乡互动互助文化，营造社区和谐环境。

7. 健全机制，完善公共文化服务评价体系。建立公共文化机构服务水平绩效考评制度，考评结果作为确定预算、收入分配及负责人奖惩的重要依据。加强对重大文化项目资金使用、实施效果、服务效能等方面的监督和评估。完善公共文化服务质量监测体系，研究制定公众满意度指标，建立群众评价和反馈机制。探索建立公共文化服务第三方评价机制，增强公共文化服务评价的客观性和科学性。

（六）组织支撑，加大公共文化服务保障力度

1. 加强组织领导。成立由市政府主要领导任组长，市直有关部门和单位负责同志为成员的公共文化服务体系建设协调组，统筹推进公共文化服务体系建设，协调解决重大问题。协调组成员单位要按照职责分工做好规划设计、业务指导、协调推进等专项工作。各县区要成立由政府主要负责同志任组长，党委政府分管领导任副组长的相应的工作机构。

2. 强化考核督查。将公共文化服务体系建设纳入科学发展、精准脱贫考核体系，作为考核评价各级党委、政府及各部门、各单位领导班子和领导干部政绩的重要内容，以规划、投入、建设、管理、服务效能为基本要素设定考核指标和权重。各县区要将公共文化服务体系建设任务完成情况作为重点督查内容之一，进一步健全完善督查机制，加大督促检查力度，确保各项目标任务落到实处、见到实效。要强化宣传和舆论引导，努力营造全社会支持和参与现代公共文化服务体系建设的良好氛围。

3. 加大财税支持力度。合理划分各级政府基本公共文化服务支出责任，建立健全公共文化服务财政保障机制，按照基本公共文化服务实施标准，落实提供基本公共文化服务项目所必需的资金。逐年加大财政投入力度，到2020年，全市人均公共文化服务财政支出不低于200元。进一步完善转移支付体制机制，加大市级财政转移支付力度，着力支持基层公共文化服务设施建设，保障基层城乡居民公平享有基本公共文化服务。按照财政部《中央补助地方农村文化建设专项资金管理暂行办法》（财教〔2013〕25号），及时落实农家书屋出版物更新、文化设施维护和文化体育活动开展等补助经费。各级政府要按照购买公共文化服务项目清单，加大对政府购买公共文化服务的支持力度。进一步拓展资金来源渠道，加大政府性基金与一般公共预算的统筹力度。市、县（区）两级政府每年都要根据创建目标，预算安排用于公共文化服务的专项资金，并逐年递增。创新公共文化服务投入方式，支持各类文化机构参与提供公共文化服务。落实现行鼓励社会组织、机构和个人捐赠公益性文化事业所得税税前扣除政策规定。加强对公共文化服务资金管理使用情况的监督和审计，开展绩效评价。

4. 加强文化队伍建设。加强对农村文化队伍的管理，在现有编制总量内，落实每个乡镇综合文化站编制配备不少于2名的要求（其中1名为副科级的文化站长），规模较大的乡镇适当增加。在村（社区）设立城乡基层公共文化服务岗位，配置由县级公共财政补贴的工作人员，负责综合文化服务

中心的管理服务工作。深入实施贫困地区文化人才培养计划，完善基层公共文化服务人才培养和保障机制，将公共文化服务专业人才培养纳入国民教育体系。稳步推进基层公共文化服务队伍培训，建立培训上岗制度，全面提高从业人员素质。乡镇综合文化站（中心）从业人员应熟悉广播电视技术，具备组织群众文化活动等多方面的服务能力。探索开展专业技术评定，支持文艺院团人才培养，探索实行乡村综合文化站（中心）从业人员准入机制。加强基层乡土文化人才队伍建设，扶持培养乡土文化能人、民族民间文化传承人、非物质文化遗产项目代表性传承人，发展壮大社会体育指导员队伍，鼓励和扶持基层文化人才、文化活动骨干积极发挥作用。

参 考 文 献

B. 盖伊·彼得斯. 2002. 政府未来的治理模式. 吴爱明, 夏宏图, 译. 北京: 中国人民大学出版社.

E. 萨瓦斯. 2002. 民营化与公私部门的伙伴关系. 周志忍, 等译. 北京: 中国人民大学出版社.

H. 乔治·弗笛德里克森. 2011. 新公共行政. 丁煌, 方兴, 译. 北京: 中国人民大学出版社.

阿弗纳·格雷夫. 2005. 文化信仰和社会的制度结构: 从历史和理论的角度看集体主义社会和个人主义社会. 李敏, 杨建梅, 译. 经济社会体制比较, 5: 103-116.

爱弥尔·涂尔干, 马塞尔·莫斯. 2011. 原始分类. 汲哲, 译. 北京: 商务印书馆.

蔡辉明. 2008. 新农村公共文化服务供给均等化的制度设计. 老区建设, (10): 47-50.

曹爱军, 杨平. 2011. 公共文化服务的理论与实践. 北京: 科学出版社.

曹文, 邹婷. 2011. 我国公共文化供给的政府缺位与改革. 山东艺术学院学报, (2), 90-93.

陈波. 2014. 我国农村公共文化服务体系的财政保障机制研究. 北京: 中国社会科学文献出版社.

陈坚良. 2007. 新农村建设中公共文化服务的若干思考. 科学社会主义, (1): 98.

陈威. 2006. 公共文化服务体系研究. 深圳: 深圳报业集团出版社.

陈威. 2007. 中国公共文化服务发展报告 (2007). 北京: 社会科学文献出版社.

陈瑶. 2012. 公共文化服务: 制度与模式. 杭州: 浙江大学出版社.

戴丽华. 2012. 我国公共文化服务供给机制的创新与发展. 群文天地, (10): 281.

戴琦. 2014. 创新与跨越: 公共文化服务体系前沿报告. 南京: 南京师范大学出版社.

戴维·奥斯本, 特德·盖布勒. 1996. 改革政府——企业精神如何改革着公营部门. 周敦仁, 译. 上海: 上海译文出版社.

戴维·波普诺. 1999. 社会学. 李强, 等译. 北京: 中国人民大学出版社.

丹尼斯·C. 缪勒. 1999. 公共选择理论. 韩旭, 杨春学, 等译. 北京: 中国社会科学文献出版社.

邓子基. 2010. 财政学 (第二版). 北京: 中国人民大学出版社.

丁晓萍. 2008. 治理视角下的公共文化产品供给研究——以银川市为例. 北京: 中央民族大学博士学位论文.

董朝君. 2011. 深圳大部制改革研究. 武汉: 武汉大学博士学位论文.

费孝通. 2008. 乡土中国. 北京: 人民出版社.

冯佳. 2013. 国内外公共文化资源供给模式研究. 公共文化服务, (2): 32-39.

高培勇. 2010. 公共经济学 (第二版). 北京: 中国人民大学出版社.

高喜月．2014．我国公共文化服务供给的主体特征和路径选择——基于政府间关系．政治研究，
　16：64-65.

顾金孚．2009．农村公共文化服务市场化的途径与模式研究．学术论坛，(5)：59.

郭俊民．2007．构建河南公共文化服务体系的思考．学习论坛，(3)：49-52.

哈维·罗森．2006．财政学（第七版）．陈共，译．北京：中国人民大学出版社．

韩军．2008．论公共文化服务体系的构建．党政干部论坛，(1)：16-17.

韩小威．2012．中国农村基本公共服务供给的制度模式探析．上海：上海人民出版社．

贺雪峰．2006．文化建设再造农民福利．瞭望新闻周刊．(03)：63.

赫伯特·西蒙．2001．今日世界中的公共管理：组织与市场．经济社会体制比较，(5)：55-61.

胡守勇．2014．农村公共文化产品和服务供给研究综述．河南大学学报（社会科学版）.
　54 (2)：75-81.

华弈垂．2013．城市政府公共文化服务提供机制创新研究．湘潭：湘潭大学硕士学位论文．

江立华．2011．乡村文化的衰落与留守儿童的困境．江海学刊，(4)：110.

姜涵．2014．我国城市公共文化服务的分类供给研究．青岛：青岛大学硕士学位论文．

姜亦凤．2008．我国公共文化服务体系构建中的公民参与研究．青岛：中国海洋大学硕士学位
　论文．

蒋鹏．2009．新农村建设中政府的文化职能研究——兼论农村公共文化服务体系的构建．传承，
　(1)：56-57.

杰尔拉德·米勒．2004．政府财政管理学．谭新娇，译．北京：经济科学出版社．

金国栋．2013．杭州市萧山区闻堰镇农村公共文化产品供给调查研究．成都：电子科技大学硕
　士学位论文．

金雪涛，王艳，柳安琪．2012．公共财政与公共文化多元化供给——来自发达国家的经验与启
　示．经济与管理战略研究，(4)：53-61.

金雪涛，于晗，杨敏．2013．日本公共文化服务供给方式探析．全球视野理论月刊，(11)：
　173-177.

孔进．2010．公共文化服务供给政府的作用．济南：山东大学博士学位论文．

李海娟．2011．试析公共文化服务发展的整合战略．毛泽东邓小平理论研究．(11)：26.

李楠楠．2012．基层政府公共文化服务供给状况研究——以河南省沈丘县为例．北京：中央民
　族大学硕士学位论文．

李宁．2009．农村公共文化服务绩效评估机制构建研究．宁夏大学学报（人文社会科学版）.
　(6)：22.

李少惠，穆朝晖．2010．非政府组织参与西部农村公共文化产品供给的路径分析．四川师范大
　学学报（社会科学版），(5)：17-22.

李少惠，王苗．2010．农村公共文化服务供给社会化的模式构建．国家行政学院学报，
　(2)：110.

李燕．2006．构建农村公共文化服务体系．科学社会主义，(6)：85.

李杨．2013．基于服务创新四维度模型的农村公共文化服务供给模式研究——以湖北省鄂州市

区为例. 武汉：华中师范大学硕士学位论文.

厉以宁，吴易风，李彭. 1984 西方福利经济学述评. 北京：商务印书馆.

梁蕾. 2010. 西部农村公共文化服务发展问题及思路探讨. 安徽农业科学，29：1675-1677.

廖青虎. 2014. 公共文化服务设施供给的创新模式及其融资优化路径. 天津：天津大学博士学位论文.

林挺. 2014. 广州番禺区公共文化服务体系研究. 长春：吉林大学博士学位论文.

刘晨曦. 2015. 我国现代公共文化服务建设存在问题及对策研究. 哈尔滨：哈尔滨商业大学博士学位论文.

刘杰. 2012. 农村文化建设中的问题：需求与供给错位——来自 S 县的调查. 消费经济.（4）：65-68.

刘如珍. 2009. 当代农村公共文化产品供给新策略——以福建省农村为例. 福建论坛.（9）：65.

刘淑兰. 2008. 政府创新与新农村公共文化服务体系的构建——以福建省为例. 福建农林大学学报（哲学社会科学版），（2）：41-45.

刘卫，谭宁. 2007. 进一步完善新农村公共文化服务体系的思考. 经济与科技，12：73-74.

刘晓坷，孙浩. 2012. 善治视角的农村公共文化服务供给模式. 学习月刊，（1）：79.

刘彦武. 2012. 社会力量与新农村公共文化服务供给. 四川行政学院学报，（3）：45.

龙兴海，曾伏秋. 2009. 农村公共服务研究. 北京：人民教育出版社.

罗伯特·B. 登哈特. 2010. 新公共服务：服务，而不是掌舵. 丁煌，译. 北京：中国人民大学出版社.

马洪范，王瑞涵. 2010. 完善农村公共文化服务体系建设的财政研究. 中国财政，11：54-55.

马社故. 2013. 公共文化服务中的政府与市场——"一元剧场"的渭南模式与周口棋式比较及思考. 武汉：华中师范大学硕士学位论文.

马艳霞. 2013. 公共文化服务供给模式研究综述. 图书情报工作，（12）：137-143.

曼昆. 2006. 经济学原理（第四版）. 梁小民，译. 北京：北京大学出版社.

毛坚. 2014. 政府财政扶持文化产业发展研究——以宁波为例. 杭州：浙江大学硕士学位论文.

毛少莹. 2009. 深圳公共文化服务实践与中国公共文化服务模式创新. 南方论坛，（12）：59-69.

毛少莹. 2014. 公共文化服务概论. 北京：北京师范大学出版社.

聂华林，李莹华. 2007. 中国西部农村文化建设概论. 北京：中国社会科学出版社.

诺斯. 1994. 经济史中的结构与变迁. 陈郁，罗华平，译. 上海：三联书店.

彭升. 2014. 武汉市蕃甸区公共文化产品供给问题研究. 武汉：湖北大学硕士学位论文.

彭益民. 2010. 文化需求：优化农村公共文化服务的关键. 湖湘论坛.（5）：36.

钱勇晨. 2014. 地方政府公共文化服务供给效率研究. 杭州：浙江大学硕士学位论文.

尚静. 2013. 北京市杜区公共文化产品供给机制研究. 北京：中央民族大学硕士学位论文.

世界银行. 1997. 1997 年世界发展报告：变革世界中的政府. 北京：中国财政经济出版社.

疏仁华 . 2007. 论农村公共文化供给的缺失与对策 . 中国行政管理 . （1）：45.

宋超 . 2010. 试论山东省农村公共文化服务体系的建设 . 中国济南市委党校学报，（4）：93-94.

苏红 . 2009. 论农村公共文化服务体系及其构建 . 兰州大学学报（社会科学版），（4）：54.

隋军先 . 2006. 对新农村文化建设的探讨 . 山东省农业管理干部学院学报，（3）：49-50.

孙浩，朱宜放 . 2012. 公共文化服务供给中的农民需求表达研究 . 湖北工业大学学报，（6）：9-12.

孙浩 . 2011. 农村公共文化服务有效供给的体制性保障研究 . 甘肃行政学院学报，（6）：36.

孙浩 . 2012. 农村公共文化服务有效供给研究 . 北京：中国社会科学出版社 .

孙逊 . 2014. 2013 年中国公共文化服务发展报告 . 北京：商务印书馆 .

单正平 . 2009. 成就、问题与机遇——关于海南文化建设的思考 . 海南研究，166（10）：23.

谈森 . 2013. 地方政府体制创新中公共文化供给路径研究 . 苏州：苏州大学硕士学位论文 .

王爱民 . 2008. 构建公共文化服务体系加快新农村建设步伐 . 湖南行政学院学报，（2）：96-97.

王鹤云 . 2014. 我国公共文化服务政策研究 . 北京：中国艺术研究院硕士学位论文 .

王琳 . 2008. 构建农村文化服务体系，促进文明社会和谐发展 . 天津大学学报（社会科学版），10（5）：419-420.

王苗 . 2011. 甘肃农村公共文化服务供给社会化研究 . 兰州：兰州大学硕士学位论文 .

王亚南，等 . 2014. 文化蓝皮书：中国文化消费需求景气评价报告（2014）. 北京：社会科学文献出版社 .

王迎春 . 2013. 中国特色社会社会主义文化发展模式研究 . 长春：吉林大学硕士学位论文 .

吴声功 . 2006. 服务型政府的构建 . 北京：中国社会科学文献出版社 .

吴文平 . 2012. 公共治理视域中的西部农村公共文化发展机制研究 . 吉林大学学报（社会科学版），33：105-107.

夏国锋，吴理财 . 2011. 公共文化服务体系研究述评 . 理论与改革，（1）：156-160 .

夏书章 . 2009. 行政管理学 . 北京：高等教育出版社 .

肖婷 . 2014. 美国公共文化良务体系建设研究 . 武汉：湖北大学硕士学位论文 .

徐程程 . 2015. 河北省公共文化服务供给绩效及其改进对策研究 . 石家庄：河北经贸大学硕士学位论文 .

徐平 . 2006. 社会主义新农村的文化建设 . 科学社会主义，（1）：56-59.

闫平 . 2008. 服务型政府的公共特征与公共文化服务体系建设 . 理论学刊，（12）：92.

闫平 . 2014. 公共文化供给与文化消费 . 中共济南市委党校学报，（2）：56-59.

杨德辉 . 2007. 大力加强公共文化服务体系建设的战略思考 . 创新，（3）：54-57.

叶海瑛 . 2006. 完善宁波市公共服务政府采购制度研究 . 上海：同济大学硕士学位论文 .

俞一楠 . 2011. 城市公共文化服务供给方式比较研究——以管理职能为视角 . 上海：华东理工大学硕士学位论文 .

约瑟夫·E. 斯蒂格利茨，等 . 2005. 经济学 . 张帆，黄险峰，译 . 北京：中国人民大学出版社 .

詹姆斯·M. 布坎南 . 1968. 公共物品的需求与供给 . 马增，译 . 上海：上海人民出版社 .

詹姆斯·S. 鲍曼，等.2005. 职业优势：公告服务中的技能三角. 张秀琴，译. 北京：中国人民大学出版社.

张东婷.2013. 南通市崇川区公共文化服务供给体系问题研究. 苏州：苏州大学硕士学位论文.

张航航.2010. 公共图书馆为新农村文化建设服务的措施探讨. 中国科技信息，16：195-196.

张良.2012. 政府主导、社会参与、市场配置：农村公共文化服务体系建设的理想模式. 理论与现代化，(4)：25-30.

张天一，栗春玉，过仕明.2015. 我国公共文化服务供给研究的共词聚类分析. 情报科学，(4)：104-109.

张玮玲.2014. 公共文化服务理论与实务. 银川：宁夏人民出版社.

赵康.2012. 我国公共文化发展的财政支持问题研究. 济南：山东财经大学硕士学位论文.

浙江省宁波市财政局.2009 引入市场机制——探求公共文化设施建设运营管理新模式. 行政事业资产与财务，(3)：66-69.

珍妮特·V. 登哈特，罗伯特·B. 登哈特.2010. 新公共服务：服务，而不是掌舵. 方兴，丁煌，译. 北京：中国人民大学出版社.

郑丽萍.2012. 社会力量参与公共文化服务研究——以浙东南地区的实践为例. 上海：华东理工大学硕士学位论文.

郑晓燕.2012. 中国公共文化服务供给主体多元发展研究. 上海：上海人民出版社.

中国财政学会公共服务均等化研究课题组.2007. 公共服务均等化问题研究. 经济研究参考，(8)：2-34.

周和平.2006 开创农村文化建设的新局面. http：//news. xinhuanet. com/politics/2006-06/15/content_ 4702644. htm［2013-10-11］.

周赢，赵川芳.2006. 新农村文化服务. 北京：中国社会出版社.

邹晓东.2007. 从公共服务的政府垄断到多元化供给——面向新公共管理的政府管制研究. 上海：复旦大学博士学位论文.

Amira Mustafa. 1999. Public-private partnership：An alternative institutional model for implementing the private finance initiative in the provision of transport infrastructure. The Journal of Structured Finance. 5 (1)：56.

Coase R H. 1974. The Light house in economics . Journal of Law and Economics，17 (2)：357.

Harold Demsetz. 1970. The private production of public goods. Journal of Law and Economics，13 (2)：293-306.

附　录

1. 乡村文化阵地建设调查问卷

尊敬的朋友：

　　您好！为了深入了解和把握当前农村文化建设的情况及您对农村文化建设的意见和看法，进一步加强农村文化建设，组织了这次调查。本次调查采取无记名形式，保护您的隐私权，希望能得到您的支持与配合。对您的合作与支持，我们表示衷心的感谢！

　　（请在符合您情况的项目内划"√"）

一、基本情况

性别	男　女	政治面貌	A 中共党员 B 群众 C 民主党派 D 团员
年龄		A 10-19　　B 20—44　　　C　45—59　　　D　60 以上	
文化程度		A 小学及以下　B 初中　　C 高中　　D 大专及以上	
职业		A 农民　　B 基层干部　　C 个体户　　D 公司职员　　E 其他_____	

二、调查内容

1. 您了解农村文化建设吗？（限选一项）

　　A. 比较了解　　　　　　　　　　　B. 只是听说过，不太了解

　　C. 没听说过，不了解

2. 您对农村文化生活是否满意？（限选一项）

　　A. 满意　　　　　　　　　　　　　B. 较满意

　　C. 不满意　　　　　　　　　　　　D. 很不满意

3. 您的家庭 2011 年全年收入_____　（限选一项）

　　A. 3000 元以下　　　　　　　　　　B. 3000 ~ 7000 元

　　C. 7000 ~ 10000 元　　　　　　　　D. 10000 ~ 20000 元

　　E. 20000 ~ 50000 元　　　　　　　　F. 50000 元以上

4. 您家文化生活支出占家庭总支出_____（限选一项）

    A. 0～3%　　　　　　　　　　　　B. 4%～7%

    C. 8%～12%　　　　　　　　　　　D. 12%～16%

    E. 16% 以上

5. 平时，您的文化体育娱乐生活主要有哪些？（可多项选择）

    A. 看文艺演出　　　　　　　　　　B. 看书读报，听广播

    C. 体育健身活动 如秧歌等　　　　　D. 打牌、打麻将

    E. 上网　　　　　　　　　　　　　F. 其他（请注明）_____

6. 国家要求改造落后文化，抵制腐朽文化。你认为棋牌文化在当地属于

    A. 赌博，是不良风气

    B. 平常小玩一会是可以的，毕竟没什么其他活动

    C. 玩玩没什么坏处，只要开心就好

    D. 不清楚

7. 您更喜欢哪种文化体育娱乐活动？（可多项选择）

    A. 农民自编自演文艺演出　　　　　B. 亲身参与的文体活动

    C. 政府组织的乡镇文艺会演　　　　D. 政府组织的送图书科普知识下乡

    E. 营利性文艺演出活动（电影、演戏）

    F. 其他（请注明）_____

8. 您们村建设哪些文化公共设施？（可多项选择）

    A. 乡镇文化活动中心　　　　　　　B. 安装广播电视

    C. 村广播室　　　　　　　　　　　D. 村级文化室

    E. 村级文化活动器材　　　　　　　F. 农家书屋

    G. 体育健身器材　　　　　　　　　H. 其他_____

9. 您们村有相应的科技、文化卫生三下乡服务（培训）么，效果怎么样？

    A. 有，作用明显　　　　　　　　　B. 有，只是形式

    C. 没有　　　　　　　　　　　　　D. 不清楚

10. 您们村有相应的文化产业么？（有　没有 ）有什么样的产业（可多项选择）

    A. 葡萄旅游文化节　　　　　　　　B. 蘑菇采摘园

    C. 农村风俗文化园　　　　　　　　D. 生态农家乐

    E. 其他_____

11. 您村有农家书屋吗？（有　没有）经常到农家书屋么？（限选一项）

    A. 经常　　　　　　　　　　　　　B. 偶尔

    C. 几乎不去　　　　　　　　　　　D. 没听说过

12. 您所在的行政村有文化活动中心吗？是否经常到村文化活动中心参加活动？
（限选两项）

    A. 有   B. 没有   C. 不清楚   D. 经常参加

    E. 偶尔参加   F. 没有参加

13. 您认为乡镇党政领导对农村文化工作是否重视？（限选一项）

    A. 重视   B. 较重视   C. 一般   D. 不重视

    E. 不了解

14. 您们村有专门的文化管理部门么？

    A. 有   B. 没有

15. 你对本村的评价怎么样？（限选一项）

    A. 环境优美，人民生活和谐   B. 生活水平较差

    C. 治安不好，风气差   D. 环境污染严重

    E. 其他_____

16. 您们村在哪些传统节日举行集体活动（可多项选择）

    A. 春节   B. 元宵节   C. 重阳节   D. 中秋节

    E. 其他_____

17. 您们村有那一类的传统文化？（可多项选择）

    A. 手工艺，如剪纸

    B. 饮食文化，如徽菜、茶叶等

    C. 文学，如戏曲

    D. 科学技术，如天文地理等方面的成就

18. 你对传统文化的看法？（限选一项）

    A. 继承传统，并发扬之

    B. 是文化财富，可以给生活带来色彩

    C. 不关注

    D. 不喜欢这些传统项目，喜欢新颖的活动

19. 您认为农村文化建设亟待解决的问题是哪些？（可多项选择）

    A. 加大文化设施建设   B. 指导开展各类文体活动

    C. 加强文化骨干队伍建设   D. 发展农村特色文化

    E. 增加政府经费投入

20. 您认为在本村文化建设中面临的困难是（可多项选择）

    A. 缺乏农村文化优秀人才   B. 政策支持的力度不大

    C. 文化建设经费短缺   D. 文化基础设施不健全

    E. 其他_____

2. 白银市乡镇综合文化站调查表

所属县区	所属乡镇	主要功能	建筑形式	占地面积/m²	投资规模/万元	资金来源

3. 白银市乡村文化活动室、乡村舞台、农家书屋调查表

所属县区	所属乡镇	村组名称	单体名称	主要功能	建筑形式	占地面积/m²	投资规模/万元	资金来源

4. 国家公共文化服务体系示范区（项目）名单

第一批国家公共文化服务体系示范区名单（2013 年）

序号	示范区名称	序号	示范区名称
1	北京市朝阳区	15	湖北省黄石市
2	河北省秦皇岛市	16	湖南省长沙市
3	山西省长治市	17	广东省东莞市
4	内蒙古自治区鄂尔多斯市	18	广西壮族自治区来宾市
5	辽宁省大连市	19	海南省澄迈县
6	吉林省长春市	20	重庆市渝中区
7	黑龙江省牡丹江市	21	四川省成都市
8	上海市徐汇区	22	贵州省遵义市
9	江苏省苏州市	23	云南省保山市
10	浙江省宁波市鄞州区	24	西藏自治区林芝地区
11	安徽省马鞍山市	25	陕西省宝鸡市
12	福建省厦门市	26	甘肃省金昌市
13	江西省赣州市	27	青海省格尔木市
14	山东省青岛市	28	新疆维吾尔自治区喀什地区

第一批国家公共文化服务体系示范项目名单（2013 年）

序号	地区	创建示范项目名称	序号	地区	创建示范项目名称
1	北京	东城区：公共文化资源分类供给 大兴区：公共文化设施空间拓展方式	6	吉林	松原市：积极探索"种"文化模式推动农民自办文化健康发展
2	天津	北辰区：文化品牌活动长效机制 东丽区：群众文艺创作激励机制	7	黑龙江	大兴安岭地区：北极村北极光节系列节庆活动
3	河北	邯郸市："千村万户"文化家园工程 廊坊市：霸州县级公共文化服务体系	8	上海	宝山区：国际民间艺术交流平台建设 浦东新区：高雅艺术走进百姓的运作模式
4	山西	太原市：文化精品惠民基层行			
5	辽宁	沈阳市：社区文化建设"五个一"工程运作模式	9	江苏	连云港市：社区文化中心标准化建设 南通市：环濠河博物馆群

续表

序号	地区	创建示范项目名称	序号	地区	创建示范项目名称
10	浙江	嘉兴市：城乡一体化公共图书馆服务体系建设	19	广西	河池市：罗城仫佬族自治县乡镇文化站规范管理
		温州市：苍南农村文化中心建设创新模式	20	海南	陵水黎族自治县：群众文化活动示范项目
11	安徽	铜陵市：城市文化社区建设项目	21	重庆	大渡口区：文化馆和图书馆总分馆制
		淮南市：少儿艺术发展项目			南川区：文化中心户标准化建设
12	福建	福州市等：艺术扶贫机制建设	22	四川	攀枝花市：大地书香新农村家园工程
		福州市等：村级文化协管员队伍建设			泸州市：泸县农民演艺网
13	江西	宜春市："一乡一色"、"一村一品"特色文化建设	23	云南	昆明市：社区文化沟通机制建设
		南昌市：社区文化在线			楚雄彝族自治州：农民素质教育网络培训学校建设
14	山东	泰安市：肥城县级公共文化服务志愿者递进培养工程	24	西藏	山南地区：民族地区公共文化服务体系建设机制
		威海市：农村文化大院规范化建设与服务	25	陕西	渭南市："一元剧场"演出项目
15	河南	南阳市：邓州创建文化茶馆			铜川市：公共图书馆服务一体化建设
		周口市：周末公益性剧场演出活动	26	甘肃	兰州市：群众自发文艺团队建设机制
16	湖北	武汉市："武汉之夏"群众文化活动	27	新疆	克拉玛依市：图书馆联建、共享一体化服务体系
		荆州市：小太阳读书节暨全民阅读活动			乌鲁木齐市："新疆情"文化讲坛的拓展和创新
17	湖南	衡阳市：公共文化服务进社区活动	28	兵团	农八师：石河子市广场活动机制
		常德市：鼎城民间艺术团体惠民演出			
18	广东	佛山市：南海区县域公共文化服务体系建设工程			
		中山市：农村文化室全覆盖工程			

第二批国家公共文化服务体系示范区（2016 年）

序号	示范区名称	序号	示范区名称
1	北京市东城区	17	湖北省襄阳市
2	天津市河西区	18	湖南省岳阳市
3	河北省廊坊市	19	广东省深圳市福田区
4	山西省朔州市	20	海南省保亭黎族苗族自治县
5	内蒙古自治区包头市	21	广西壮族自治区玉林市
6	辽宁省沈阳市沈河区	22	重庆市北碚区
7	吉林省延边朝鲜族自治州	23	四川省南充市
8	黑龙江省哈尔滨市南岗区	24	贵州省贵阳市
9	上海市浦东新区	25	云南省楚雄彝族自治州
10	江苏省无锡市	26	西藏自治区山南市
11	浙江省嘉兴市	27	陕西省渭南市
12	安徽省安庆市	28	甘肃省张掖市
13	福建省三明市	29	青海省西宁市
14	江西省新余市	30	宁夏回族自治区石嘴山市
15	山东省烟台市	31	新疆维吾尔自治区克拉玛依市
16	河南省洛阳市	32	新疆生产建设兵团农八师（石河子市）

第二批国家公共文化服务体系示范项目（2016 年）

序号	省级行政单位	示范项目名称
1	北京市	海淀区"高新技术企业园区构建公共文化服务长效机制研究"
2		延庆区村级群众文化组织员建设工程
3	天津市	宝坻区"挖掘传统文化资源 促进公共文化发展"项目
4	河北省	张家口市张北县城乡文艺演出服务体系项目
5		石家庄市井陉县文化广场项目
6	山西省	晋中市民办文化扶持引导与规范管理项目
7		大同市"红领巾艺术团再建设"项目
8	内蒙古自治区	乌海市"书法五进"项目
9		兴安盟乌兰浩特市少数民族地区公共文化产品供给机制建设
10	辽宁省	丹东市"打造具有地域特色的传统节日文化"项目
11		本溪市群众文化"双进双建"项目

续表

序号	省级行政单位	示范项目名称
12	吉林省	吉林市松花江河灯文化节
13		白城市"歌舞鹤乡 放飞梦想"群众文化系列活动
14	黑龙江省	黑河市北安红色文化系列活动
15		哈尔滨市阿城区版画艺术园区项目
16	上海市	松江区万部图书、千场电影、百场文艺下农村、进社区、到工地、入军营
17		普陀区苏州河文化品牌打造
18	江苏省	南京市文化惠民"百千万工程"
19		常州市电视图书馆项目
20	浙江省	杭州市余杭区乡镇综合文化站服务效能提升工程
21		绍兴市电视图书馆绍兴模式
22	安徽省	宣城市村级文化广场建设
23		蚌埠市"花鼓灯"特色文化建设
24	福建省	福州市激情广场大家唱活动
25	江西省	九江市文化亲民"八个一"工程
26		吉安市农村文化"星火"工程
27	山东省	淄博市张店文化协管员项目
28		济宁市"政府搭台，百姓听戏，激情广场大家唱"文化惠民工程
29	河南省	信阳市"关爱留守儿童：信阳市平桥区农村公共图书馆一体化建设"
30		漯河市"幸福漯河健康舞"项目
31	湖北省	孝感市楚剧展演活动
32		黄冈市"激情新黄冈，欢乐大舞台"东坡广场大型文化活动
33	湖南省	郴州市东江旅游摄影艺术惠民公益平台建设
34		株洲市"乡村大舞台"文化服务点项目
35	广东省	广州市越秀区"中心城区公共文化服务体系创新工程"
36		惠州市文化惠民卡制度
37	海南省	琼中黎族苗族自治县乡村大舞台项目
38		三亚市城市休闲娱乐文化广场项目
39	广西壮族自治区	柳州市"鱼峰歌圩"建设项目
40		桂林市临桂五通农民画引领文化致富模式
41	重庆市	南岸区社区图书馆标准化服务项目
42		九龙坡区企业共建共享公共文化服务项目

续表

序号	省级行政单位	示范项目名称
43	四川省	达州市全国新农村文化艺术展演平台建设项目
44		乐山市"文瀚嘉州·百姓直通车"项目
45	贵州省	黔南布依族苗族自治州"幸福进万家——文化精品乡村行"
46		六盘水市公共文化服务机构的队伍拓展模式
47	云南省	昭通市"送文化百千万工程"
48		红河哈尼族彝族自治州"开远自然村四位一体阵地建设工程"
49	西藏自治区	江孜县基层群众自办文艺团队建设
50		昌都市公共图书馆服务拓展与创新项目
51	陕西省	安康市"汉剧兴市"创新公共文化服务体系建设
52		西安市高陵公共文化服务"110"示范项目
53	甘肃省	定西市"百姓舞台"机制建设
54		酒泉市"图书漂流志愿服务活动"
55	宁夏回族自治区	吴忠市公共文化服务进慈善产业园区
56	新疆维吾尔自治区	巴音郭楞蒙古自治州"幸福家园·特阅服务"公共图书阅览及文化信息共享服务
57	新疆生产建设兵团	第六师文化信息资源共享工程"进连入户"

第三批国家公共文化服务体系示范区创建名单（2016年）

序号	组别	省级行政单位	创建城市	评审结果
1	东部组	广东省	佛山市	合格
2		上海市	嘉定区	合格
3		北京市	海淀区	合格
4		福建省	福州市	合格
5		山东省	东营市	合格
6		江苏省	南京市江宁区	合格
7		天津市	北辰区	合格
8		浙江省	台州市	合格
9		辽宁省	盘锦市	合格

续表

序号	组别	省级行政单位	创建城市	评审结果
10	中部组	湖北省	宜昌市	合格
11		安徽省	铜陵市	合格
12		黑龙江省	哈尔滨市道里区	合格
13		江西省	九江市	合格
14		吉林省	吉林市	合格
15		湖南省	株洲市	合格
16		河北省	沧州市	合格
17		河南省	济源市	合格
18		山西省	晋中市	合格
19	西部组	陕西省	铜川市	合格
20		四川省	乐山市	合格
21		重庆市	江津区	合格
22		内蒙古自治区	呼和浩特市	合格
23		云南省	曲靖市	合格
24		宁夏回族自治区	吴忠市	合格
25		广西壮族自治区	防城港市	合格
26		新疆维吾尔自治区	昌吉回族自治州	合格
27		西藏自治区	拉萨市	合格
28		甘肃省	白银市	合格
29		贵州省	毕节市	合格
30		新疆生产建设兵团	第六师五家渠市	合格

第三批国家公共文化服务体系示范项目创建名单（2016 年）

序号	创建项目	评审结果	序号	创建项目	评审结果
1	北京市石景山区公共文化服务目录制	合格	4	山东省潍坊市借助文化行业协会提升公共文化服务机制	合格
2	北京市房山区基层公共文化资源整合的"房山模式"	合格	5	上海市奉贤区"唱响贤城——群文四季歌"	合格
3	山东省临沂市"激情四季·唱响临沭"群众文化活动品牌	合格	6	上海市闸北区闸北"智"文化服务平台	合格

续表

序号	创建项目	评审结果	序号	创建项目	评审结果
7	浙江省丽水市乡村春晚	合格	20	安徽省池州市基层群众文化结对辅导	合格
8	浙江省温州市"城市书网"公共图书馆现代服务模式	合格	21	吉林省白山市公共文化服务配送	合格
9	天津市滨海新区文化随行——公共文化服务百姓互动数字平台	合格	22	吉林省四平市红色文化建设	合格
10	天津市西青区群众文化队伍长效发展管理机制	合格	23	河南省平顶山市"文化客厅"公益课堂	合格
11	江苏省扬州市"四位一体"公共图书馆服务体系	合格	24	河南省安阳市政府-高校-社区"321"公共文化共建	合格
12	江苏省淮安市公共数字文化综合服务平台	合格	25	湖北省荆门（京山）建设农村文化广场 拓展群众公共活动空间	合格
13	广东省梅州市建设"三多三促"模式农村文化俱乐部	合格	26	湖北省十堰市图书馆总分馆体系+建设	合格
14	广东省深圳市罗湖区09剧场（《军哥剧说》系列）	合格	27	黑龙江省佳木斯市同江市中国同江"赫哲族文化辐射带"项目	合格
15	辽宁省辽阳市灯塔市燕州乡村大舞台	合格	28	黑龙江省绥化市庆安县中国庆安弘扬抗联文化系列活动	合格
16	辽宁省朝阳市凌河沿岸群众文化活动带建设	合格	29	河北省石家庄市文化惠民卡	合格
17	湖南省湘潭市少年儿童主题读书活动	合格	30	河北省迁安市基层公共文化服务中心社会文化资源共享	合格
18	湖南省湘西土家族苗族自治州民族传统节庆活动	合格	31	江西省抚州市油画惠民	合格
19	安徽省亳州市五禽戏群众文化普及活动	合格	32	江西省景德镇市中华陶瓷文献数字服务	合格

序号	创建项目	评审结果	序号	创建项目	评审结果
33	新疆生产建设兵团第一师阿拉尔市文化、图书信息资源数字化共享平台	合格	44	甘肃省陇南市"乡村舞台"建设	合格
34	重庆市荣昌县文、图、美、博四馆讲座、培训、展览联盟	合格	45	甘肃省平凉市泾川县城乡"文化社团"建设项目	合格
35	重庆市潼南县政府购买公共文化服务	合格	46	西藏自治区那曲地区班戈县"乡音乡情"牧区流动文化服务机制	合格
36	宁夏回族自治区固原市公共文化服务进移民新村	合格	47	西藏自治区阿里地区噶尔县民间艺术团队伍建设机制	合格
37	宁夏回族自治区中卫市"民办公助"民族文艺团体惠民服务	合格	48	广西壮族自治区柳州市柳南区为老工业区特殊人群提供公共文化均等化服务的探索与实践	合格
38	云南省大理白族自治州"大喇叭、小广场"配套建设工程	合格	49	陕西省西安市公共图书馆总分馆信息化建设平台	合格
39	云南省昭通市西部贫困地区精神文化家园建设	合格	50	陕西省榆林市榆林古城六楼民俗文化展演	合格
40	贵州省黔东南苗族侗族自治州"千村百节"活跃民族地区群众文化生活	合格	51	新疆维吾尔自治区哈密地区村级公共文化服务"九位一体"建设	合格
41	贵州省铜仁市农村文化"种子工程"	合格	52	新疆维吾尔自治区塔城地区文化馆"边境地区群众文化艺术人才培育"	合格
42	四川省宜宾市珙县农民文化理事会机制建设	合格	53	福建省宁德市古田县溪山书画院建设、管理、服务模式	基本合格
43	四川省眉山市丹棱县引导民间众筹文化院坝建设	合格	54	新疆生产建设兵团第十师一八五团西北边境文化长廊国土教育体验基地建设	基本合格

5. 白银市基本公共文化服务实施标准（2015~2020 年）

项目	内容	标准
基本服务项目	读书看报	1. 公共图书馆（室）、文化馆（站）和村（社区）综合文化服务中心等配备图书、报刊和电子书刊，并免费提供借阅服务，积极开展优秀读物推荐和读书活动。 2. 在城镇主要街道、公共场所、居民小区等人流密集地点和有条件的村设置阅报栏或电子阅报屏，提供时政、"三农"、科普、文化、生活等方面的信息服务，适时更新内容。 3. 各级各有关部门每年举办全民阅读活动不少于 1 次，活动持续时间不少于 3 天。 4. 市县公共图书馆人均藏书量不少于 0.6 册，年开展流动图书服务不少于 10 次。 5. 市级图书馆图书年入藏量不少于 4000 种，报刊年入藏量不少于 500 种；县级图书馆图书年入藏量不少于 1500 种，报刊年入藏量不少于 120 种。
	收听广播	6. 建设市、县（区）二级应急广播中心（市级辖应急广播信息制作播出和调度平台），实现市到县的应急广播信息统一制作、播出和实时调度。积极推进县（区）、乡镇、村三级"村村响"农村大喇叭应急广播工程建设，在全市所有行政村和 20 户以上自然村实现全覆盖。 7. 通过直播卫星提供不少于 17 套广播节目，通过无线模拟提供不少于 6 套广播节目，通过数字音频提供不少于 15 套广播节目。
	观看电视	8. 通过直播卫星提供 25 套电视节目，通过地面数字电视提供不少于 15 套电视节目，未完成无线数字化转换的地区，提供不少于 5 套电视节目。
	观赏电影	9. 按照"一村一月一场"放映目标，优质完成全市所有行政村、农林场放映点 8628 场公益电影放映任务，其中国产新片（院线上映不超过 2 年）比例不少于 25%。 10. 加快农村电影固定放映点建设，在充分利用好现有 16 个乡镇固定放映点的基础上，到 2020 年，力争实现全市 68 个乡镇固定放映点全覆盖。 11. 加快校园院线建设，力争全市中小学每学期观看 2 部爱国主义教育影片。 12. 开展广场和社区电影放映。
	送地方戏	13. 根据群众实际需求，采取政府采购等方式，为每个村（社区）每年送戏曲等文艺演出不少于 3 场。
	设施开放	14. 公共图书馆（室）、文化馆（站）、美术馆、博物馆、纪念馆等公共文化设施免费开放，基本服务项目健全。 15. 工人文化宫、青少年宫、科技馆、中小学校外活动基地等免费提供基本公共文化服务项目。 16. 公共图书馆、文化馆、乡镇（街道）综合文化站、村（社区）综合文化服务中心（"乡村舞台"）建立公共电子阅览室，免费提供上网服务，面向社会开放。

续表

项目	内容	标准
基本服务项目	设施开放	17. 有条件的公共文化机构建有面向群众的网站，场馆内免费提供无线 WiFi 服务。 18. 有条件的公共图书馆可根据实际，在辖区内选择人流密集的公共场所安放"24 小时图书借阅机"、电子图书借阅机等设备。 19. 博物馆依托馆藏文物资源，每年举办 1 个以上的基本陈列和规模适当的临时展览，每个临时展览展期不少于 7 天。
	文体活动	20. 县（区）艺术院团组织送戏下基层活动，每年每个院团不少于 30 场。 21. 公共图书馆每年组织公益性讲座等活动，市级馆不少于 10 次，县级馆不少于 4 次。 22. 市级文化馆每年组织开展大型群众文化活动不少于 5 次，举办文化艺术培训班不少于 20 期，举办大型展览不少于 4 次，馆办文艺团队下基层演出不少于 30 场次；县级文化馆每年组织开展大型群众文化活动不少于 4 次，举办文化艺术培训班不少于 15 期，举办大型展览不少于 3 次，馆办文艺团队下基层演出不少于 40 场次。 23. 乡镇（街道）综合文化站每年举办大型文化活动不少于 1 次，组织单项文体活动不少于 2 次。 24. 村（社区）综合文化服务中心举办综合性文化活动不少于 1 次，组织文艺娱乐活动不少于 20 次，组织科技普及活动不少于 4 次。 25. 各级体育部门每年组织开展"全民健身日""全民健身在陇原"系列群众体育健身活动，市上每年组织开展全民健身活动不少于 10 次，县（区）不少于 8 次，乡镇（街道）不少于 3 次，村（社区）不少于 1 次。 26. 各级博物馆、美术馆、纪念馆根据要求举办各类公益性文化活动。
	社会管理	27. 各级公共文化服务单位均设立文化志愿者服务站，组建服务队伍，吸收社会人员参与，每月开展 1 次以上文化志愿者服务活动。 28. 各级文化行政部门结合展览展示等活动，每年组织开展文物和非物质文化遗产宣传活动不少于 1 次。
	特殊群体服务	29. 公共图书馆应配备盲文书籍，有条件的建立盲人有声读物阅览室，开展盲人阅读服务。 30. 文化馆应组织开展针对老年人、未成年人、残疾人和农民工等特殊群体的文化活动。 31. 老年人、未成年人、残疾人、现役军人和低收入人群参观文物建筑及遗址类博物馆实行门票减免，文化遗产日免费参观。 32. 村（社区）综合文化服务中心和图书馆、文化馆总分馆机制在村（社区）的服务点实施"文化进村入户暖心工程"，每年向孤寡老人、农村"三留守"人员及残疾人开展送图书、送戏曲、送电影、送书画、送科普、送展演等服务项目入户到家庭活动不少于 2 次，每次服务人数不少于 20 人。 33. 有条件的文化馆开办老年大学。

续表

项目	内容	标准
硬件设施	文化设施	34. 市、县（区）公共图书馆、文化馆、乡镇（街道）综合文化站，按照国家颁布的《公共图书馆建设标准》（建标108-2008）、《文化馆建设标准》（建标〔2010〕136号）、《乡镇综合文化站建设标准》（建标〔2010〕136号）规划建设，到2020年全部建成且不低于国家最低建设标准。 35. 村综合文化服务中心（"乡村舞台"）按照《甘肃省"乡村舞台"建设验收评估标准》（试行）规划建设，到2017年实现全市所有行政村全覆盖；社区综合文化服务中心参照《甘肃省"乡村舞台"建设验收评估标准》（试行）规划建设，到2020年实现全市所有社区全覆盖。 36. 由政府投资建设的市、县（区）博物馆、美术馆、纪念馆依据国家有关标准进行规划建设。 37. 实施文化遗产"历史再现"工程，大力发展各类行业博物馆、专题博物馆、民办博物馆和"乡村记忆"博物馆，2020年基本形成覆盖全市的博物馆网络体系。 38. 剧院（场）、文化广场等文化设施按国家、省、市有关标准建设。
	广播影视设施	39. 有条件的乡镇可建设独体固定放映点，也可利用乡镇综合文化站建设面积不少于100平方米，净高不少于4.5米，宽度不少于8米，长度不少于12米，能容纳110人观影的数字放映厅。 40. 县级以上应设立广播电视播出机构和广播电视发射（转播）台，按照广播电视工程建设标准进行建设。
	体育设施	41. 乡镇及社区体育健身中心占地面积不少于2000平方米，具体标准：2个硬化的标准篮球场（其中1个为硅PU层面带灯光、看台的球场），2个硬化标准羽毛球场，1块可配置4张室外乒乓球台和1块500平方米左右可安装室外健身器材的区域。器材配置：2副可移动篮球架、2副羽毛球架、4张乒乓球台、一套25件健身器材。 42. 行政村农民体育健身工程占地面积不少于1200平方米，以室外场地为主，水泥硬化面积不少于800平方米。配置1副可移动篮球架、2副乒乓球台、1套8—10件的健身器材。
	流动设施	43. 根据实际，为每个县（区）配备用于图书借阅、文艺演出、电影放映等服务的流动文化车，开展流动文化服务。市、县两级图书馆、文化馆逐步配备流动服务车。图书馆每年下基层的流动服务次数不低于30次，文化馆每年组织流动演出8场以上，流动展览6场以上。
	辅助设施	44. 各级公共文化服务机构（场所）应当为残疾人配备无障碍设施，有条件的配备安全设备。

续表

项目	内容	标准
人员 配备	人员 编制	45. 县级以上各级各类公共文化机构按照职能和本地人社、编办等部门核准的编制数配齐 工作人员。 46. 每个乡镇农村综合文化中心配备有编制人员不少于 2 名，其中主任 1 名（副科级）， 规模较大的乡镇适当增加；街道社区文化服务中心人员编制参照乡镇农村文化服务中 心人员编制执行。 47. 村（社区）综合文化服务中心（"乡村舞台"）设有县（区）财政补贴的公共文化服 务岗位 1 个。
	业务 培训	48. 县级以上公共文化服务机构从业人员每年参加脱产培训时间不少于 15 天，乡镇（街 道）、村（社区）文化专兼职人员每年参加集中培训时间不少于 5 天。县、乡村基层 文化专兼职人员参加全国基层文化队伍远程网络培训时间每年不少于 50 课时。
组织 保障	协调 机制	49. 市县区党委、政府建立公共文化服务体系建设协调机制，负责公共文化服务体系建设 的统筹协调和组织实施。